Dietrich Brehde
Der Blaue Komet
Geschichte des IV. Bataillons
des Luftlande-Sturmregiments
im Zweiten Weltkrieg

Copyright © 1986
by Dietrich Brehde, Oerlenbach
erschienen im Eigenverlag, Auflage 300
Computersatz mit Apple Macintosh
Printed in Germany

Vorwort

Der Blaue Komet,
ursprünglich Kennzeichen für das 1940 aufgestellte IV. Bataillon des Luftlande-Sturmregiments, hat seinen Verband auch nach dessen Umgliederung und Umbenennung begleitet und ist für die Überlebenden zu ihrem Traditionszeichen geworden.

Der Blaue Komet,
auf vielfachen Wunsch, mit Unterstützung durch Kameraden von Dietrich Brehde in dankenswerter Weise als Buch herausgegeben, schildert Begebenheiten und Kampfhandlungen, die mit dem IV. Bataillon und seiner Aufstellung in Helmstedt beginnen, beim II. Bataillon des Fallschirmjägerregiment 6 in Frankreich ihre Fortsetzung finden und schließlich mit dem Fallschirmjägerregiment 11 in Italien enden.

Der Blaue Komet
ist keine kriegsgeschichtliche Dokumentation, schildert daher auch nicht den genauen taktischen Verlauf der verschiedenen Kampfhandlungen, sondern ist für diejenigen geschrieben, die selbst dabei waren und für deren Nachkommen, die eines Tages wissen wollen, wie es damals gewesen ist. So zieht sich das eigentliche Kriegsgeschehen nur wie ein roter Faden durch all die Begebenheiten, die für die damalige Situation typisch waren.
Eindrücke und Erlebnisse des Einzelnen sind naturgemäß recht unterschiedlich, und so kann das hier Niedergeschriebene nur stellvertretend für vieles betrachtet werden, das ein jeder von uns in jenen Jahren erlebt hat.

Der Blaue Komet
enthält auf den letzten Seiten des Buches eine Gedenktafel mit den Namen unserer gefallenen Kameraden, die Walter Gruber zusammengestellt hat. Sie ist nicht vollständig, da nicht alle Namen ermittelt werden konnten. Durch die Aufnahme ihrer Namen in dieses Buch soll das Andenken auch an diejenigen Kameraden bewahrt werden, die nicht in gepflegten Gräbern eines Soldatenfriedhofes bei Maleme, Pomezia oder am Futa-Paß ihre letzte Ruhestätte gefunden haben, deren Gräber bei Stalino und am Wolchow keinen Namen und kein Kreuz mehr tragen und die es besonders verdient haben, nicht vergessen zu werden!

Der Blaue Komet
soll auch dazu beitragen, daß bei dem einen oder anderen eigene Erlebnisse wieder wach werden!

Generalmajor a.D. Walter Gericke
Alsfeld, im Juli 1986

Inhalt

Einleitung   Seite   8

I. Teil
Das IV. Bataillon / Luftlande-Sturmregiment
    Aufstellung in Helmstedt   Seite   12
    Kreta   24
    Rußland / Stalino   45
    Wolchow   69

II. Teil
Das II. Bataillon / Fallschirmjägerregiment 6
    Frankreich   Seite   100
    Monterotondo   108

III. Teil
Das Fallschirmjägerregiment 11
    Anzio - Nettuno   Seite   164
    Rückzugskämpfe in Italien   182

IV. Teil
Gedenktafel   Seite   205

Einleitung

Mit der Geschichte des Blauen Kometen habe ich versucht, schon fast vergessene Erlebnisse aus gemeinsamen Jahren im Zweiten Weltkrieg wieder in Erinnerung zu bringen, oder bildlich gesprochen: einige Blätter aus dem Papierkorb der Geschichtsschreibung wieder herauszufischen, zu glätten und abzuheften, damit sie nicht für immer verloren gehen und damit auch nach uns noch jemand darin blättern kann.

Selbstverständlich kann sich das hier Geschilderte nicht mit all dem decken, was der einzelne in einem großen Verband zu anderer Zeit an anderer Stelle erlebt hat. Auch mag mancher etwas aus anderer Sicht mit anderen Augen gesehen haben. Aber selbst wenn sich hier und da ein Fehler eingeschlichen haben sollte, was bei einer solchen Darstellung nie auszuschließen ist, so ist doch nichts daran erfunden. Alles beruht auf wahren Begebenheiten!

Es war ein wiederholt geäußerter allgemeiner Wunsch, daß eine Geschichte, Chronik oder Dokumentation erstellt wird, die sich ursprünglich auf die 13. Kompanie beschränken sollte.
Weil diese Kompanie nicht lange existiert hat und ihr Personal auf das ganze Bataillon und dann auf das Regiment verteilt wurde, habe ich mich für die vorliegende Form entschieden. Spätestens mit der Anfang 1943 erfolgten Umgliederung in Frankreich läßt sich die Geschichte der 13. Kompanie nicht mehr von der des Bataillons trennen.

Da ich leider nur wenige Textbeiträge von Kameraden erhalten habe beschränkt sich der Inhalt dieses Buches neben der Auswertung von Quellen notgedrungen auf das, was in meinem eigenen Gesichtskreis geschehen und in meinen eigenen Aufzeichnungen enthalten ist.

Besonders danken möchte ich denjenigen Kameraden, die mich durch Beschaffung von Dokumenten, Kartenmaterial und anderen Unterlagen bereitwillig und nach besten Kräften unterstützt haben. Ohne ihre Hilfe wäre der Blaue Komet in dieser Form nicht entstanden.

Dank gebührt vor allem den Kameraden in Berlin, die unter der Regie von Walter Gruber in tagelanger Arbeit an der dortigen Dienststelle die Namensliste unserer Gefallenen zusammengestellt haben. Eine Liste, die nicht nur wegen ihrer Länge erschütternd ist, sondern auch wegen der in ihr enthaltenen Geburtsdaten, die aussagen, daß diese vielen jungen Kameraden in einem Alter gestorben sind, in dem für sie das Leben gerade erst beginnen sollte. Walter Gruber hat den Gedanken, diesem Buch die Namen unserer Gefallenen anzufügen, sofort aufgegriffen und viel Zeit und Mühe für die rechtzeitige Erstellung der Gedenktafeln aufgewendet.

Anstoß und Leitsatz für meine Arbeit an diesem Buch war die Tatsache, daß die Zeit nicht stillsteht und daß die Sache angepackt werden mußte, ehe weiterhin nichts geschieht.

Ebenhausen, im August 1986

Euer
Dietrich Brehde

I.Teil

Das IV. Bataillon / Luftlande-Sturmregiment

Aufstellung in Helmstedt

Die Geschichte des Luftlande-Sturmregiments beginnt im November 1939 mit der Aufstellung der "Versuchsabteilung Friedrichshafen" aus einer Kompanie und einem Pionierzug des Fallschirmjägerregiments 1 und einem Lastensegler-Kommando. Die Abteilung wird später nach ihrem Führer in "Sturmabteilung Koch" umbenannt.
Auf Grund der sensationellen Erfolge dieser Abteilung im Westfeldzug bei Eben Emael sowie anderer Fallschirm-Einheiten in Dänemark, Norwegen und Holland wird im Zuge der Vergrößerung der 7. Fliegerdivision aus der Sturmabteilung ein Sturmregiment, bestehend aus 4 Bataillonen, aufgestellt.
Im August 1940 beginnt beim Regimentsstab in Hildesheim der Zulauf der Freiwilligen und ihre Verteilung auf die künftigen Bataillone. Regimentskommandeur wird Oberst Eugen Meindl, der als Gebirgsjäger bereits in Norwegen ohne vorherige Sprungausbildung mit dem Fallschirm abgesprungen ist.

Regimentsemblem als taktisches Erkennungs- und Traditionsabzeichen wird ein Komet in verschiedenen Farben für die einzelnen Bataillone. Kennzeichen des IV. Bataillons wird

der b l a u e Komet.

Teile des Bataillons, die 13. und die 14. Kompanie, beginnen in Behelfsunterkünften in Halberstadt bereits im August mit der

Aufstellung. Abweichend von der im Heer * geltenden Gliederung unterstehen diese Kompanien nicht dem Regimentskommandeur unmittelbar als sogenannte Regimentskompanien, sondern sind im Sturmregiment mit zwei weiteren Kompanien, einer Maschinengewehrkompanie und einer Pionierkompanie, in einem **IV.Bataillon** zusammengefaßt. Diese Gliederung einzigartig in der Wehrmacht - soll dem Regimentskommandeur in besonderem Maße die Möglichkeit zur Schwerpunktbildung bieten.

In die ersten Wochen der Aufstellung fallen bereits die Vorbereitungen für das Unternehmen "Seelöwe". Das ist der Deckname für die geplante Landung in England. Die 13. und die 14. Kompanie sollen mit je einem Zug an der das Unternehmen einleitenden Luftlandung teilnehmen. Die für ihren Transport vorgesehenen Lastensegler (DFS 230) liegen bereits in Halberstadt und stehen der Truppe für laufende Übungen zur Verfügung. Der Kompaniechef der 13. Kompanie stellt für das Unternehmen eigens einen Zug zusammen, den er selbst führen will.

Anfang September sind die Vorbereitungen schon so weit gediehen, daß die Vorkommandos zu den Starträumen an der Kanalküste in Marsch gesetzt werden und die Luftwaffe die vorgesehenen Ziele der Luftlandetruppe auf der Insel bombardiert, während die Truppe alarmbereit in den Garnisonen den Einsatzbefehl erwartet. Aber dann wird der Alarm aufgehoben und der gesamte Plan endgültig aufgegeben. Erst sehr viel später erfährt man, daß "Seelöwe" wegen "Barbarossa" * zurückgestellt wurde.

Die Einheiten des IV. Bataillons werden auf den Truppenübungsplatz Bergen in der Lüneburger Heide zur weiteren

---

* In der Wehrmacht gehörte die Fallschirmtruppe zur Luftwaffe

* Deckname für Rußlandfeldzug

Ausbildung verlegt. Dort sind sie dem Kommandeur des I. Bataillons, dem bereits erwähnten Major Koch, unterstellt. Dieser führt ein strenges Regiment und ist daneben auf eine gesunde Lebensweise seiner Soldaten bedacht. So gibt es morgens zum Frühstück täglich Milchreis, und das Rauchen am Vormittag ist durch schriftlichen Befehl für alle Dienstgrade schlicht und einfach verboten. Dafür werden die Soldaten auch ganz schön rangenommen.
Schwerpunkte der Ausbildung sind Gefechtsschießen, Waffenausbildung und Märsche.
Ein Zug der 13. Kompanie wird eines Tages zum Gefechtsschießen mit einer Kompanie des I. Bataillons eingeteilt. Nachdem die Jäger der 1. Kompanie ihr Pensum erledigt haben, sind die schweren Granatwerfer der 13-ten an der Reihe. Sie sollen Sperrfeuer und danach eine Nebelwand vor die eigene Linie legen. Das Sperrfeuer liegt genau vor den eigenen Stellungen, so dicht, daß die Männer der 1. Kompanie die Köpfe einziehen müssen. Das scheint dem Leitenden zu gefallen. Die Nebelwand zieht sich bei leichtem Seitenwind wie eine weiße Mauer vor die angenommenen Feindstellungen.

Ende der Übung und "Manöverkritik" durch Major Koch : "Alles Mist ! Muß noch sehr viel besser werden !" Das einzige was ihm gefallen hat, ist das schöne Wetter und das Schießen der 13. Kompanie ! Sowas hört man gerne ! Welches Risiko der Zugführer eingegangen ist, wie sehr er sich auf die Maßarbeit seiner Werferbedienungen hat verlassen müssen, weiß nur er selbst.
Ende November geht es endlich zur Sprungausbildung an die Springerschule in Braunschweig-Broitzem. Schon auf dem Bahnhof in Braunschweig sehen die Männer eine Junkers-52, die mit offener Tür über die Stadt hinwegdonnert. Ob da womöglich schon welche rausspringen ? Tatsächlich ! Ein kleiner schwarzer Punkt schießt aus der offenen Tür, noch einer und noch einer! Die Schirme öffnen sich, wie kleine, weiße Flocken, und man sieht die Männlein daran pendeln und sich drehen, bis sie allmählich hinter den Häusern am Horizont verschwinden.

Die Braunschweiger scheint das überhaupt nicht zu interessieren. Das ist ja unerhört! Aber die sehen das wohl jeden Tag, und sie sehen es sicher mit anderen Augen als die eben angekommenen Soldaten, die demnächst selbst den ersten Sprung aus einem Flugzeug wagen wollen.

An der Schule spielt sich zu ihrem Leidwesen vorerst mit Springen noch gar nichts ab. In den ersten vierzehn Tagen werden nur verrückte Bodenübungen gemacht und Fallschirme gepackt, die man anschließend gleich wieder aufreißt. Man kann höchstens mal einen Blick durch das Tor der großen Flugzeughalle nach draußen werfen, wo andere Schülerkompanien an den Start marschieren und wenig später an ihren Fallschirmen auf dem Platz landen.

Das Einzige, was alle mit großem Ernst und äußerst gewissenhaft mitmachen, ist das Fallschirmpacken. Ein jeder Springer muß seinen Schirm selbst packen, und das erhöht die Spannung ganz beträchtlich. Die Haare sträuben sich einem, wenn man hört, welche winzigen Kleinigkeiten zu einem Absturz führen können. So müssen beispielsweise die Fangleinen alle 25 cm mit "Rohschwitz Seide Nr.10" abgebunden werden. Das hört sich einfach an, ist aber ein ganz diffiziler Vorgang, denn beim Öffnen des Fallschirmes müssen diese Fäden von oben nach unten aufgehen und so die Fangleinen zur vollständigen Öffnung frei geben. Das Abbinden erfolgt deshalb mit einem bestimmten Knoten, der bei mäßigem Zug aufgeht, sofern die Enden in der richtigen Länge abgeschnitten sind. Wenn diese Fäden nicht leicht genug aufgehen, weil der Knoten falsch geknüpft ist, und sich womöglich auch noch zu einem Bündel zusammenschieben dann kann sich der Fallschirm nicht öffnen und der Springer stürzt mit einer sogenannten "Fahne" ab. Öffnen sich die Fäden dagegen zu leicht, so kann das eine schlagartige Entfaltung des Schirmes bewirken, die so heftig ist, daß der Schirm reißt, was zum gleichen Endeffekt führen kann.Also packen und immer wieder packen ! Für den ersten Schirm brauchen die meisten drei Stunden, aber mit der Zeit geht es immer flotter, und man schafft es schon in einer halben Stunde.

Dann gibt es einen schwarzen Tag : Bei einer anderen Schülerkompanie stürzen 8 Mann tödlich ab. Ihre Schirme haben nicht versagt. Sie konnten nicht aufgehen, denn das Ankerseil in der Maschine, an dem die Springer ihre Aufziehleinen einhaken, war gerissen.*

Aber schon am Nachmittag geht der Sprungdienst weiter, den Lehrgangsteilnehmern soll wohl gar nicht erst Zeit zum Angstkriegen gelassen werden. Die Bodenübungen spielen sich hauptsächlich in der Halle ab. Nur der "Windesel" und die "Türattrappe" befinden sich im Freien. Beides recht unbeliebte Ausbildungsstationen. Der Windesel, das sind drei alte tschechische Bomber, die aufgebockt, mit laufendem Motor am Rande des Flugplatzes stehen. Der Sprungschüler legt sich mit einem angeschnallten, offenen Übungsfallschirm hinter eine der Propellermaschinen, und zwei andere Sprungschüler heben die Kappe seines Fallschirms an. Der Bomber gibt jetzt Vollgas und ab geht die Post. Der Springer wird im Propellerwind am treibenden Schirmüber den Platz geschleift und da heißt es : Überschlag und rennen, so schnell die Beine tragen und den Schirm einfangen ! Wer nicht schnell genug ist und vom Schirm nochmals umgerissen wird, hat dann meist nicht mehr die Kraft hochzukommen und wird geschleift, bis der Fallschirm zusammenfällt.

Die Türattrappe ist eine hölzerne Nachbildung der Flugzeugtür, vor der sich, etwas tiefer, eine Grube mit Sägemehl befindet. Der Springer muß vorschriftsmäßig in die Tür treten und auf das Kommando "Ab!" mit einem kraftvollen Hechtsprung vorschnellen. Je schöner der Absprung, desto unsanfter die Bauchlandung in der Grube, und der Springer hat Sägemehl im Kragen und zwischen den Zähnen.

In der Halle dreht sich alles um die Kunst des Hinfallens. Dabei ist es wichtig, daß man sofort wieder auf die Beine kommt. Das ganze nennt sich "Rolle", und die gibt es in den Varianten links- oder rechts vorwärts und links- oder rechts rückwärts. Das wird

---

* Es gab in der Wehrmacht für die Fallschirmtruppe keinen Reserveschirm

immerzu geübt und dazwischen zur Abwechslung auch mal die Hechtrolle über alle möglichen Hindernisse.
Beim "Fall vorwärts" muß der Springer sich mit den Händen auf dem Rücken nach vorne fallen lassen, wobei er sein Gesicht tunlichst zur Seite wendet, um es sich nicht zu aufzuschlagen. Diese Übung wird zunächst aus kniender Stellung und dann aus dem Stehen ausgeführt. Eine hinterlistige Angelegenheit ist das "Pendelgerät". Der Sprungschüler wird im Gurtzeug an einer Leine hochgezogen, die über eine Rolle an der Decke der Halle läuft. Meist so hoch, daß der Ausbilder gerade noch seine Füße erreichen kann. Dieser dreht sein Opfer einige Male um die eigene Achse, um ihm einen schönen Drall zu verpassen und versetzt es dann mit einem kräftigen Schwung in eine weite Pendelbewegung. Mit geübtem Auge beobachtet er den schwingenden und sich drehenden Sprungschüler und klinkt ihn je nach Laune in einem Augenblick aus, in dem dieser sich in eine günstigen oder ungünstigen Position befindet. Das heißt, eine günstige Position gibt es am Pendel eigentlich gar nicht. Aus der gleichzeitigen Pendel- und Drehbewegung fällt der Springer fast immer ziemlich hilflos wie ein Mehlsack zu Boden und aus der vorschriftsmäßigen Landung wird meist nur eine klägliche Andeutung.

Natürlich haben alle in den ersten Tagen einen fürchterlichen Muskelkater, der aber nach einer Woche abklingt. Die Lehrgangsteilnehmer werden von Tag zu Tag mehr abgehärtet und zu wahren "Gummimännern" gemacht.

Bei einer so harten Ausbildung geht es nicht ohne Verletzungen ab, aber das muß wohl in Kauf genommen werden, um schwereren Unfällen beim Sprungdienst vorzubeugen.
Im Dezember ist es dann endlich so weit : für den nächsten Tag ist Sprungdienst angesetzt. Jeder Springer muß auf der Schreibstube im verschlossenen Umschlag seinen "Letzten Willen " hinterlegen, und auf den Stuben blödeln die Kerls in ihrem Übermut herum, was sie da alles geschrieben haben. "Mein letzter

Wille, eine Frau mit Brille !" oder " Der Spieß soll an meinem Grabe 50 Kniebeugen machen! " Aber als es dann abends ans Einschlafen geht, da will das bei vielen doch nicht so ganz klappen. Man geht im Geiste nochmals den gesamten Packvorgang an seinem Schirm durch. " Verdammt nochmal, die Schere, wo ist die Schere geblieben, ich habe sie nicht mehr gesehen ? Habe ich sie womöglich in den Schirm mit eingepackt ?" Und dann hört man den Nebenmann sich hin-und herwälzen und merkt, daß der auch nicht schlafen kann. Aber am Morgen ist alles verflogen, und jeder freut sich auf das bevorstehende Erlebnis. Bald darauf große Enttäuschung : der Sprungdienst fällt aus ! Eine Stunde später : "Fertigmachen zum Sprungdienst !" Diesmal bleibt es dabei. Schirme fassen, Anlegen, eine letzte Belehrung, dann geht es mit dem Fallschirmjägerlied "Rot scheint die Sonne" an die Maschinen. Vor dem Einsteigen ein kurzer Halt. Jedem Springer wird der Schnapphaken seiner Aufziehleine über die Schulter gereicht. Man nimmt ihn vorschriftsmäßig zwischen die Zähne, um die Hände frei zu haben. Der letzte Springer steigt zuerst, der erste Springer zuletzt in das Flugzeug.

Einen " Gewöhnungsflug " hat es für alle schon gegeben, so daß jeder schon einmal mit der " Tante Ju " gestartet ist. Allerdings auch wieder gelandet !
Diesmal steigt man mit der Gewißheit in die Maschine, daß man nicht wieder mit ihr landen wird, daß es kein Zurück mehr gibt ! Daß man so verrückt sein wird, sich in wenigen Minuten aus großer Höhe in die Tiefe zu stürzen, mit einem Bündel Seide auf dem Rücken, das man selbst zusammengepackt hat und das sich in einem komplizierten Vorgang zu einem Fallschirm öffnen und einen sicher zur Erde tragen soll. Die innere Spannung erreicht ihren Höhepunkt, als der Flugzeugführer Vollgas gibt und es die Männer in die Sitze zurückdrückt. Die Maschine hebt ab, und auch die ersten Kurven in Erdnähe sind noch unangenehm. Aber dann f l i e g t man. Die Erde ist weit weg, und die Spannung löst sich. Die Maschine fliegt einen weiten Bogen. Dann beginnen die Vorbereitungen zum Absprung, jeder Handgriff, jeder Schritt

hundertmal geübt. Die Aufziehleinen werden am Ankerseil eingehakt, und die Springerreihe rückt zur Tür auf. Der erste Springer stellt sich in die Tür. Im lauten Motorengedröhn hat er das Kommando "Fertigmachen!" wohl als "Fertigmachen zum Absprung!" verstanden. Jedenfalls hängt er sich schon aus der Tür in den tosenden Fahrtwind. Aber eine feste Hand ergreift sein Gurtzeug im Rücken. Erst jetzt erkennt er, daß sich das Flugzeug noch mitten über Braunschweig befindet. Der "Überwacher" an der Tür zieht den Springer nicht zurück, läßt ihn im Fahrtwind hängen, hält ihn aber mit eisernem Griff am Gurtzeug. Es sind lange Sekunden, der Luftstrom zerrt wie ein brausender Wasserfall am voreiligen Sprungschüler. Langsam verschwindet unter ihm das Häusermeer, der Griff in seinem Gurtzeug lockert sich, und dann fühlt er einen leichten Klaps am Gesäß. Wie so oft geübt, stößt er sich mit ganzer Kraft ab und hechtet ins Leere. Eine Schrecksekunde, in der oben und unten durcheinandergeraten, dann ein heftiger Schlag ins Kreuz und plötzliche Stille. Er pendelt an seinem prall geöffneten, weißen Schirm. Es ist herrlich! Nur der Entfaltungsstoß des RZ-1, sprich "Rückenfallschirm mit Zwangsauslösung", war nicht von schlechten Eltern. Als wenn es einem das Kreuz brechen würde. Aber da ertönt über ihm aus der Kappe seines Fallschirms eine Stimme, die ihn aus seiner Begeisterung reißt. Die Stimme des Ausbilders, der mit seiner "Flüstertüte" unten am Boden steht. Die Schallwellen kommen aus dem geblähten Fallschirm reflektiert, gebündelt an das Ohr des Springers, wie das Licht durch ein Brennglas. Toll! Die Erde kommt nun immer schneller auf ihn zu. Die Stimme schreit: " Füße zusammen - Füße zusammen, Achtung - dreißig Meter - fünfzehn Meter ! " und da haut es ihn auch schon mit voller Wucht auf den gefrorenen Boden. Er hat Glück, er landet vorwärts und kann eine zünftige Rolle links vorwärts machen. So zünftig, daß die linke Schulter verdammt weh tut. Aber das spielt jetzt alles keine Rolle mehr, man hat den ersten Sprung hinter sich und weiß jetzt, wie das geht! Abends ist das Sprungerlebnis einziges Thema im Kameradenkreis, und jeder hat dazu etwas Tolles beizutragen.

Ein wenig "Fracksausen" will natürlich keiner gehabt haben. In den kommenden Tagen geht es dann mit dem Sprungdienst zügig weiter. Während der erste Sprung aus 350 m Höhe merkwürdigerweise o h n e Stahlhelm ausgeführt wurde, wird bei den folgenden fünf Sprüngen der Helm getragen. Dabei wird die Absprunghöhe von Mal zu Mal verringert. Der letzt Sprung soll aus nur 120 m Höhe erfolgen, was nicht bedeutet, daß das weniger gefährlich ist ! Die Zeitspanne zwischen voller Öffnung des Schirmes und der Landung wird dadurch sehr kurz, und die Gefahr für den Springer wird deshalb größer. Sinn dieser Maßnahme ist es, den Springer im Ernstfall möglichst kurze Zeit wehrlos dem Feuer des Gegners am Boden auszusetzen.
Mitte Dezember ist es dann so weit, der sechste Sprung steht auf dem Dienstplan. Prellungen, Beulen und sonstige Blessuren zählen jetzt nicht mehr, niemand will so kurz vor dem Ziel noch auf der Strecke bleiben.

Ausgerechnet beim letzten Sprung kommt es kurioserweise in einer der Maschinen zu einer "Verweigerung". Der betreffende Springer muß wohl bei den vorhergegangenen Sprüngen Schwierigkeiten gehabt haben und ist sich seiner selbst nicht sicher, denn er bittet die Kameraden, ihn rauszuwerfen für den Fall, daß er Hemmungen bekommt. Tatsächlich verweigert er in der Tür, und es kommt zu einem Gerangel mit den Kameraden, die ihn, wie gewünscht, mit Gewalt aus dem Flugzeug werfen. Ein Ausbilder dürfte soetwas nicht tun !
Die kurze Verzögerung an der Tür hat immerhin ausgereicht, daß der letzte Springer zu spät abspringt. Er landet auf halber Strecke zwischen Braunschweig und Broitzem an der Straßenbahnlinie und muß seinen Fallschirm ein schönes Stück Weges zurückschleppen.
Dann geht es nach Halberstadt zurück und voller Stolz dürfen die frischgebackenen Springer jetzt den stürzenden Adler, das Springerabzeichen , an der Fliegerbluse tragen.
Ende des Jahres 1940 verlegen die Kompanien aus Halberstadt in den endgültigen Standort Helmstedt. Hier trifft wenig später auch

der neue Bataillonskommandeur ein, Hauptmann Walter Gericke. Wie der Regimentskommandeur hat auch er in diesem Jahr schon einen Einsatzsprung hinter sich. Er ist am 9. April mit seiner Kompanie in Dänemark abgesprungen und hat die Brücke zwischen den Inseln Falster und Seeland besetzt und unbeschädigt für die nachfolgenden Heeresverbände offengehalten.

Dieser erste Fallschirm-Sprungeinsatz der Kriegsgeschichte war mit weiteren Fallschirmeinsätzen bei Stavanger und Oslo der Auftakt zum Norwegenfeldzug. Die Wehrmacht kam dabei einer britischen Landung in Norwegen nur um Stunden zuvor, durch die die Alliierten Deutschland von der Erzzufuhr aus Schweden abschneiden wollten.

Der Fliegerhorst Helmstedt ist eine moderne, neue Anlage, wenige Kilometer von der Stadt entfernt. Nach Dienstschluß besteht regelmäßige Busverbindung bis zum Zapfenstreich.

Helmstedt hat eine lange, wechselvolle Geschichte. Im Jahre 952 erstmals als " Helmonstede " urkundlich erwähnt, erhielt es 1247 Stadtrecht. 1426 wurde Helmstedt Mitglied der Hanse. 1576 wurde in Helmstedt eine Universität gegründet. Im Dreißigjährigen Krieg verlor die Stadt ein Drittel ihrer Einwohner durch Pest und Brandschatzung. 1812 wurde unter napoleonischer Verwaltung die Universität zu Gunsten der von Göttingen geschlossen. Seit 1832 ist Helmstedt eine Kreisstadt.

Die Fallschirmjäger des IV.Bataillons lernen ihre neue Garnisonsstadt und ihre Einwohner bald schätzen, und es zeigt sich in späteren Jahren, daß Helmstedt ihnen zu einer zweiten Heimat geworden ist.

Das Bataillon hat inzwischen seine volle Stärke erreicht. Die Stellenbesetzung zur Zeit der Aufstellung ist :

Bataillonskommandeur:	Hptm.	Gericke, Walter
Bataillonsadjutant:	Lt.	Wenk
Chef 13. Kp: (10,5 cm Granatwerfer)	Olt.	Sauer, Paul
Chef 14. Kp: (3,7 cm Panzerabwehrkanone)	Hptm.	Kiesel, Gerhard
Chef 15. Kp: (schwere Maschinengewehrkompanie)	Olt.	Dobke, Arthur
Chef 16. Kp: (Pioniere)	Olt.	Hoefeld, Robert

Die ersten Monate des Jahres 1941 sind ausgefüllt durch intensive Ausbildung im Standort und auf Truppenübungsplätzen. Die Stimmung der Truppe ist trotz der Härte des Dienstes hervorragend. Aus dem Überangebot an Freiwilligen haben sich die Kompaniechefs ihre Leute sorgfältig aussuchen können. So kann beispielsweise kein Nichtschwimmer passieren und ebenso wenig ein kriminell Vorbestrafter. Die Ausbildung ist vielseitig und auf die Lage luftgelandeter Truppen in Feindesland zugeschnitten. Jeder Mann lernt - ob mit oder ohne Führerschein - ein Kraftfahrzeug zu fahren, Sprengungen auszuführen und ausländische Waffen zu bedienen.

Im Gegensatz zur 13. Kompanie in einem Heeresregiment ist im Sturmregiment die **13.Kompanie** statt mit dem Infanteriegeschütz mit dem ursprünglich als "Nebelwerfer 35" eingeführten schweren Granatwerfer 10,5 cm ausgestattet. Dieser läßt sich, zerlegt in drei Lasten, sowohl mit dem Fallschirm absetzen, als auch im Lastensegler transportieren. Er kann notfalls auch in Traglasten im Gelände bewegt werden, was allerdings bei den Trägern grosse Körperkraft voraussetzt. Nach einer Vorführung in Kummersdorf werden auch Versuchsschießen mit dem von Oberst Dornberg neu entwickelten "Do - Gerät", einer frühen Version der späteren Raketenwerfer, durchgeführt. Wegen der großen Streuung und dem damit verbundenen hohen Munitionsaufwand entschließt sich der Chef der 13.Kompanie, zumindest für einen Luftlandeeinsatz mit beschränktem Transportraum, auf diese sonst bestechende, neuartige Waffe zu verzichten und den treffgenaueren Granatwerfer beizubehalten.

Auch die **14.Kompanie** kann mit Rücksicht auf den Lufttransport nur mit der 3,7 cm Panzerabwehrkanone ausgestattet werden, die im Einsatz von dem schweren Zündapp-Beiwagenkrad gezogen wird. Für den Fallschirmeinsatz werden die Kanone und das Krad an einer besonderen Vorrichtung unter je einer Ju-52 eingehängt und können so an einer" Traube " von 5 Fallschirmen abgesetzt werden.

Die **15.Kompanie** unterscheidet sich von den Maschinengewehrkompanien des Heeres und der übrigen Fallschirmjägerregimenter dadurch, daß sie über keine mittleren Granatwerfer (8 cm) verfügt, sondern "reinrassig" mit schweren Maschinengewehren ausgerüstet ist, was in offenem Gelände eine beachtliche Feuerkraft ergibt.
Die Ausbildung und Ausstattung der **16. Kompanie**, der Pionierkompanie, entspricht zwangsläufig den Aufgaben von Sturmpionieren, wobei auch hier den beschränkten Transportmöglichkeiten der Luftlandetruppe Rechnung getragen werden muß.

Kreta

Anfang 1941 kommt es auf Betreiben Englands zu einem Staatsstreich in Jugoslawien. Eine deutschfeindliche Regierung kommt an die Macht. Gleichzeitig ist ein britisches Expeditionskorps auf dem griechischen Festland gelandet, und auch Griechenland tritt in den Krieg gegen Deutschland ein. Damit ist für das Deutsche Reich an seiner Südflanke eine bedrohliche Lage, eine neue Front entstanden. Am 6. April beginnt der **Balkanfeldzug**, und die deutschen Truppen dringen unaufhaltsam nach Süden vor.
Schon während dieses Feldzuges entschließt sich das Oberkommando der Wehrmacht, die Mittelmeerinsel **K r e t a** durch eine Luftlandeoperation in Besitz zu nehmen. Mit ihren 3 Flugplätzen und mehreren Häfen, insbesondere **S u d a**, ist diese Insel der wichtigste britische Stützpunkt im östlichen Mittelmeer, von dem aus auch die Schifffahrtsverbindungen aus dem Schwarzen Meer und damit die deutsche Ölversorgung auf dem Seeweg vom Schwarzmeerhafen Konstanza bedroht werden.
Mitte Mai versammeln sich die für das sogenannte Unternehmen **"Merkur"** vorgesehenen Verbände der Luftwaffe und des Heeres in Griechenland, das am 21. April kapituliert hat, und von dessen Festland die Engländer wenige Tage zuvor vertrieben worden sind.

Das bis Rumänien per Bahn, und danach im Motmarsch herangeführte Sturmregiment stellt sich im Raum südlich Athen bereit.

Das IV. Bataillon bezieht Biwak bei **Korinth**. Die Verteidigungsbereitschaft und Kampfkraft des Gegners auf der Insel werden von der deutschen Führung auf Grund der eigenen Aufklärungsergebnisse nicht sonderlich hoch eingeschätzt.

Wie sich später herausstellt, ein folgenschwerer Irrtum. Denn durch Meldungen seiner Geheimdienste alarmiert, greift der britische Premier, Winston Churchill, persönlich ein und sorgt für eine Verstärkung der Verteidigungsbereitschaft auf Kreta.
Der bisherige Befehlshaber wird durch den erfahrenen und bewährten neuseeländischen General Freyberg ersetzt, die Inselbesatzung wird von Ägypten aus verstärkt, und die Verteidigungsstellungen werden in aller Eile ausgebaut. Auch einige Panzer werden auf die Insel geschafft, eine größere Zahl ist allerdings erst im Zulauf.
Schon Mitte Mai kann General Freyberg melden, daß die Abwehr auf Kreta steht, und daß ein deutscher Angriff auf die Insel keine Aussicht auf Erfolg haben würde.

Von all dem haben die Fallschirmjäger in Griechenland keine Ahnung. Sie wissen nur, daß ein Einsatz bevorsteht. Seit Verlassen der Garnison besteht Feldpostsperre. Aber w o h i n es geht, weiß niemand. Die üblichen Parolen gehen um und werden mit mehr oder weniger Sachkunde diskutiert. Man spricht von Cypern, Malta, und auch von Kreta ist die Rede.

Gibraltar scheint zu weit entfernt zu sein, aber man kann nicht wissen, es kann ja um eine Täuschung des Gegners gehen. Auch auf Alexandrien und Suez wird getippt. Aber im allgemeinen nehmen die Landser diese Ungewißheit mit Gelassenheit hin. Sie genießen die paar Tage Sommerfrische in einer nie gekannten, schönen Umgebung, das Schwimmen im Meer und den strahlend blauen Himmel über dem Peloponnes. Sonnenbrand und Atebrin-Tabletten, die der Kompaniearzt gegen Malaria verabreicht, und die bei den meisten Übelkeit und Durchfall hervorrufen, sind die einzigen Unannehmlichkeiten in diesen Tagen.

Die veränderte Feindlage auf Kreta ist der deutschen Führung weitgehend verborgen geblieben. Nach mehrtägiger Bombardierung der vorgesehenen Angriffsziele beginnt in den frühen Morgenstunden des **20. Mai 1941** der Angriff auf Kreta, ein Unternehmen, das später als die kühnste Operation des Zweiten Weltkrieges bezeichnet wird, das aber auch ungeheure Opfer gefordert hat.

Der Gegner auf der Insel wird gleichzeitig von 3 Kampfgruppen aus der Luft angegriffen, den Gruppen " **West** ", "**Mitte** " und " **Ost** ". Jede der Kampfgruppen hat den Auftrag, den in ihrem Bereich liegenden Flugplatz in Besitz zu nehmen und für eine nachfolgende Landung von Gebirgsjägern offen zu halten. Während die Kampfgruppen Mitte und Ost bei Rethymnon und Iraklion abspringen werden, hat das verstärkte Sturmregiment den Auftrag, den Flugplatz und den Ort **M a l e m e** zu nehmen. Luftbildern und Karten zufolge steigt das Gelände am Südrand des Flugplatzes zu einer von Olivenbäumen und Weinbergen bedeckten Höhe an, der **H ö h e 1 0 7**, von der aus der Flugplatz und das Dorf einzusehen sind und aller Voraussicht nach mit Feuer beherrscht werden.
Der Angriffsplan des Sturmregiments sieht deshalb vor, daß das I. Bataillon (ohne 2 Kompanien) mit Lastenseglern im Nordteil, das II. Bataillon mit Fallschirmen weiter südlich auf der Höhe landen und die dort erkannten Feindstellungen ausschalten. Gleichzeitig springt das IV. Bataillon mit dem Regimentsstab westlich des Flugplatzes ab mit dem Auftrag, diesen entsprechend dem Auftrag des Regiments freizukämpfen.
Das III. Bataillon springt einige Kilometer weiter ostwärts mit dem Auftrag, die bei Maleme vermuteten Feindkräfte von Osten her, also im Rücken anzugreifen.
Im Verband des Regiments startet das IV. Bataillon am **20. Mai 1941** bei Sonnenaufgang von den Feldflugplätzen **Korinth** und **Megara**. Die Staubentwicklung auf den kleinen, unbefestigten Plätzen ist entsetzlich und bereitet den Piloten große Schwierigkeiten.

Von oben, wo schon strahlender Sonnenschein herrscht, sieht es ganz lustig aus. Als ob da unten im Finstern ein Schlupfwinkel von Wespen oder Hornissen ausgeräuchert würde. Nacheinander kriechen die Insekten aus der rauchenden Höhle und beginnen zu fliegen. Nach geraumer Zeit hat der Verband im gleißenden Morgenlicht gesammelt und nimmt Kurs nach Südost. Die roten Ausläufer des Peloponnes verschwinden im Dunst, und die Fallschirmjäger sehen durch die offenen Türen nur noch grünblaues Wasser. Es beginnt sehr bald heiß in den Maschinen zu werden, und die Männer schwitzen in ihren dicken Tuchuniformen unter der Kombination, dem sogenannten "Knochensack". Manche bringen es fertig zu schlafen, oder sie tun zumindest so. Die anderen schauen aus den Türen und sehen mit Staunen, daß nicht nur links und rechts von ihnen, sondern auch oben und unten unzählige Transportflugzeuge in gleicher Richtung fliegen. Eine riesige Armada, die erstmals in der Geschichte im Begriff ist, ohne Unterstützung zu Lande oder von See her eine große, vom Gegner verteidigte Insel zu erobern.
Das heißt, ohne Unterstützung von See her stimmt nicht ganz, denn gerade sieht man unten einen kleinen Schiffsverband ebenfalls nach Südosten streben, weiße Fäden im grünen Wasser hinter sich lassend. Die leichte Schiffsstaffel, sie soll ein Bataillon Gebirgsjäger und vor allem auch schwere Waffen nach Kreta bringen. Der Verband besteht aus beschlagnahmten kleinen griechischen Kuttern, sogenannten Kaiks, und macht von oben besehen einen eher putzigen Eindruck.
Aber dann wird der eigene fliegende Verband von Jägern und Zerstörern überholt. Sie fliegen teilweise so dicht an den Transportmaschinen vorbei, daß man die Gesichter der Piloten deutlich erkennen kann. Diese winken den Fallschirmjägern zu, und die winken durch die offenen Türen ihrer Ju-52 zurück. Die Zerstörer Me-110 haben Haifischzähne auf ihre Kanzeln aufgemalt, und sofort gibt es Diskussionen, ob das wohl Oberst Mölders mit seinem berühmten Haifischgeschwader ist. Beim Überfliegen einer einsamen Insel hat es schon in den meisten Maschinen blinden Alarm gegeben, aber kurz nach 07 Uhr wächst aus dem

dunstigen Horizont eine gewaltige Gebirgs-Barriere, kein Zweifel, Kreta !
Die Maschinen gehen steil nach unten, und im Tiefflug überfliegen sie die kretische Küste. Palmen, weiße Häuser und Weinberge ziehen unter ihnen weg. " Fertigmachen !" Die Springerreihen stehen fertig vor den Türen. Der erste Springer hat meist noch eine "Türlast" hinauszuwerfen, ein mit Fallschirm versehenes Klappfahrrad oder bei der 13.Kompanie die fast zwei Zentner schwere Bodenplatte des Granatwerfers, die nicht in einen Waffenbehälter paßt.
Diese Waffenbehälter spielen eine besondere Rolle. Sie werden, mit Fallschirmen versehen, jeweils 4 aus einer Maschine, vom Piloten wie Bomben aus den Bombenschächten ausgeklinkt. In ihnen ist alles fein säuberlich verpackt, was die Fallschirmjäger nicht am Mann mitnehmen können. Dazu gehören neben Funkgeräten, Munition usw. auch die sperrigen Waffen, von Maschinenpistolen, Karabinern und leichten Maschinengewehren aufwärts.
Das bedeutet, daß die Fallschirmjäger in dem Augenblick, in dem sie feindlichen Boden berühren, nur mit ihrer Pistole und einigen Handgranaten bewaffnet sind. Ein findiger Kopf hat deshalb mit echt deutschem Ordnungssinn sicherstellen wollen, daß jeder Fallschirmjäger schon in der Luft s e i n e n Waffenbehälter erkennen kann und sieht, wo er mit s e i n e m Karabiner oder MG hinfällt. Ein kompliziertes System von farbigen Strichen und Punkten zeigt die Zugehörigkeit des Waffenbehälters innerhalb des Verbandes bis hinunter zur Gruppe an. Ganz so perfekt wird dieses System wohl kaum klappen, aber manchmal kann es sicher eine Hilfe sein, wenn es sich um einen ganz speziellen Inhalt handelt.
Der Verband des IV. Bataillons fliegt das Zielgebiet nach rechts weit ausholend von Westen an. Seit Überfliegen der Küste sind nur Sekunden vergangen. Dann tauchen vorne ein weites, trockenes Flußbett und eine Brücke auf. Der **Tavronitis** ! Links dahinter muß der **Flugplatz** liegen, um den es geht. Flakstellungen sind dort zu erkennen , und plötzlich ist die Luft

voller kleiner, schwarzer Wölkchen. Kaum vernehmbar im Motorengedröhn hört man das Bellen der feindlichen Flak. Die Hupe ertönt, jetzt nichts wie raus!
Die meisten springen zum ersten Mal mit dem neuen, tarnfarbenen RZ-16 und erleben eine Schrecksekunde, weil dieser Schirm sich langsam und sanft öffnet. Zwischen den Schirmen stürzen sich Zerstörer aus allen Rohren feuernd auf sandsackverstärkte Flakstellungen der Briten. Ihre Tragflächen scheinen fast die sinkenden Fallschirme zu berühren. Drüben am grünen Hang - - das muß die Höhe 107 sein - kreisen die Lastensegler des I.Bataillons und tauchen dann steil zwischen die Feindstellungen. Eindrücke in Sekundenbruchteilen, aber unvergeßlich für die, die es erlebt und überlebt haben. Auch die Männer des IV. Bataillons erhalten gezieltes Feuer in der Luft und am Boden, aber sie können meist Deckung finden, das Bataillon ist nicht unmittelbar in feindlichen Stellungen gelandet und kann zumindest mit Teilen sammeln. Es gelingt auch, die meisten Waffenbehälter zu bergen und in Besitz der weittragenden Waffen zu gelangen. Lediglich die 16. Kompanie, die weiter südlich im Flußbett des Tavronitis abspringen und nach Süden in Richtung Kandanos sichern soll, kommt zu weit nach Süden ab und verliert in heftigen Kämpfen mit bewaffneten Freischärlern und griechischen Soldaten den Anschluß an das Bataillon. Der am linken Flügel der Kompanie eingesetzte 2. Zug gerät dabei in einen Hinterhalt und hat schwere Verluste. Unter den Toten befindet sich auch der Hauptfeldwebel der Kompanie.
Da Teile der 14. Kompanie zum III. Bataillon abgestellt und mit diesem ostwärts Maleme gesprungen sind, stehen dem Bataillonskommandeur bei Tavronitis neben seinem Stab nur die 13. und 15. Kompanie und ein Zug der 14. Kompanie zur Verfügung. Von der 16. Kompanie greift lediglich der 1. Zug auftragsgemäß das Zeltlager am Westhang der Höhe 107 an, wobei der Zugführer durch Kopfschuß fällt.
Trotz der unerwartet starken Abwehr gelingt es dem Bataillon, auf der Insel Fuß zu fassen und sich zum Angriff auf den Flugplatz bereitzustellen. Aber der Flugplatz liegt jenseits des Tavronitis

und ist von starken Feindkräften besetzt. Das ausgetrocknete Flußbett ist zwar kein Hindernis, aber es wird von Maschinengewehrfeuer bestrichen, und unter der Brücke liegen die ersten Toten des Bataillons, die den Übergang wagen wollten. Auch der Regimentskommandeur, Generalmajor Meindel, ist an der Brücke bereits schwer verwundet worden. Nur vorderste eigene Teile haben den Westrand des Flugplatzes erreicht und sich in Stellungen festgesetzt, aus denen sie die Briten, zum Teil im Nahkampf, vertrieben haben. An eine Eroberung des Flugplatzes, der auch von der Höhe 107 aus mit Feuer beherrscht wird, ist vorerst nicht zu denken. Das Bataillon kämpft, auf engem Raum zusammengedrängt, ums Überleben.

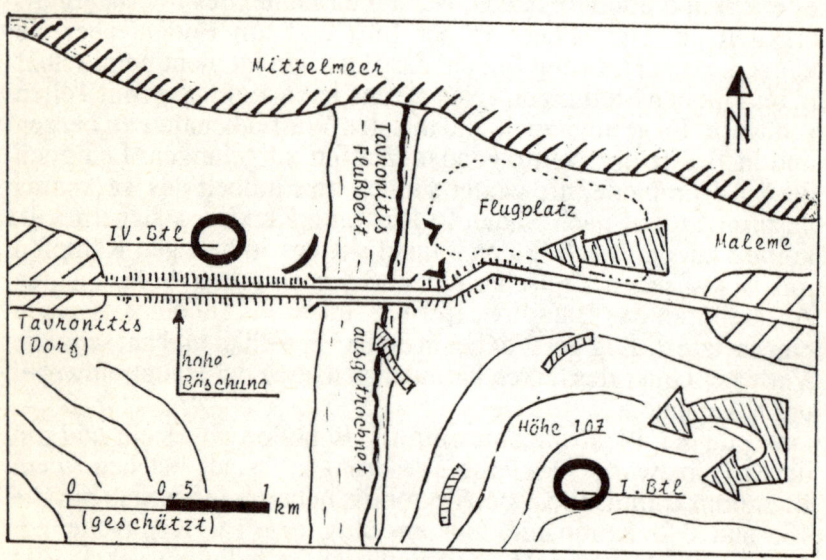

Lage bei Maleme am 20.05.1941

In dieser ohnehin kritischen Lage wird das Bataillon auch noch von einem britischen **Gegenstoß mit Panzerunterstützung** getroffen. Es gibt zu diesem Zeitpunkt noch keine Panzernahbekämpfungsmittel, und die Fallschirmjäger an der Brücke stehen fast wehrlos einem dieser Kolosse gegenüber, der unter der Brücke hindurch mitten unter sie fährt. Sie springen ihn mit Handgranaten und Nebelkerzen an und versuchen in aller Eile eine geballte Ladung * zu basteln.

Die Rettung kommt aus einem Gebüsch, in dem eine 3,7 cm Pak der 14. Kompanie, von den Landsern geringschätzig als Panzeranklopfgerät bezeichnet, unbemerkt in Stellung gegangen ist. Die Zieleinrichtung ist bei der Landung verloren gegangen, und der Richtschütze visiert den Panzer auf weniger als hundert Meter durch das Rohr seiner Kanone an. Der Panzer erhält mehrere Treffer am Bug, aber sie ziehen als Abpraller wie silberne Fäden in den Himmel.
Auch der Panzer schießt, aber unbegreiflicherweise daneben. Die Besatzung ist offenbar sichtbehindert. Und dann scheinen die Abpraller der kleinen 3,7 cm Kanone doch eine zumindest moralische Wirkung im Innern des Panzer ausgeübt zu haben, denn die Luke geht auf und es erscheint ein weißes Taschentuch, gefolgt von einem sonnengebräunten Panzerkommandanten in Badehose und flachem Tommy-Stahlhelm. "That was a fair fight, do you have a cigarette?"
Der zweite Panzer fährt sich nahe der Küste im steinigen Flußbett fest, und die Besatzung steigt ebenfalls aus, während der dritte in Richtung Maleme das Weite sucht.
Die begleitende Infanterie ist ihren Panzern nur zögernd gefolgt und hat sie im entscheidenden Augenblick im Stich gelassen. So ist mit etwas Glück für das IV. Bataillon dieser gefährliche Angriff abgewehrt worden.

Auf der Höhe 107 ist das I. Bataillon zwischen dicht besetzten, stark ausgebauten Feindstellungen gelandet und hat sofort schwere Verluste erlitten. Der Bataillonskommandeur, Major Koch, ist durch Kopfschuß ausgefallen und der Bataillonsarzt,

---

* aus mehreren Handgranaten zusammengesetzte, verstärkte Ladung

Oberstabsarzt Dr. Neumann, hat das Kommando über eine kleine Kampfgruppe übernommen, die sich auf der Höhe inmitten feindlicher Stellungen verteidigt.

In diesem Zusammenhang muß erwähnt werden, daß das Sanitätspersonal der Fallschirmtruppe auf Kreta keine Rotkreuz-Armbinden trägt und zur Selbstverteidigung bewaffnet ist.

Dr. Neumann hat über Funk beim IV. Bataillon um Verstärkung durch schwere Waffen gebeten, und Hauptmann Gericke erteilt der 13. Kompanie Befehl, zur Unterstützung des I.Bataillons einen Granatwerferzug auf die Höhe zu schicken. In Anbetracht des schweren Gerätes und der Tatsache, daß der Weg durch feindbesetztes Gelände führt, eine heikle Aufgabe.

Der schwere Granatwerfer hat eine verhältnismäßig hohe Feuergeschwindigkeit. Man kann aus ihm in der Minute bequem 10 und noch mehr Granaten verschießen. Der Zugführer entschließt sich deshalb, nur einen Werfer und dafür mehr Munition auf die Höhe mitzunehmen, denn es muß alles getragen werden.

Die erste Schwierigkeit ist das Überwinden des Flußbettes, das immer noch unter der Brücke hindurch vom Feind bestrichen wird. Unter dem Feuerschutz der schweren Maschinengewehre der 15.Kompanie hetzen die Männer schwer beladen, nacheinander, sprungweise von Pfeiler zu Pfeiler. Aus dem Flußbett jenseits der Straße schießt der Gegner wie wild unter der Brücke hindurch. Gleich einen der ersten erwischt eine Kugel am Bein, und er kann gerade noch hinter einen Pfeiler in Deckung kriechen. Auch einer der Mg-Schützen oben auf dem Straßendamm rollt mit Kopfschuß tot die Böschung hinunter, und sein Nebenmann muß weiterschießen. Als letzter Mann des Werferzuges rennt der Richtschütze mit dem schweren Rohr los. Er macht keine Pause hinter den Pfeilern, sondern will das Flußbett in einem Stück durchlaufen. Keuchend und fast blind vor Anstrengung übersieht er nach dem letzten Pfeiler den dort liegenden Stacheldraht, stolpert und schlägt mitsamt dem schweren Rohr ins Wasser, das hier in dieser Jahreszeit als kleines Rinnsal vom Tavronitis übrig ist. Er liegt bewußtlos nur wenige Meter vom jenseitigen Ufer entfernt im flachen Wasser,

und um ihn klatschen Geschosse auf die Steine, schwirren als Querschläger davon. Sofort springen Kameraden von der Uferböschung hinzu und ziehen ihn zu sich herauf in Deckung. Nachdem ihm der Helm abgenommen und etwas Kaffee aus einer Feldflasche eingeflößt und ins Gesicht geschüttet wird, kommt er wieder zu sich, und der Zug kann nach einer kurzen Verschnaufpause mit dem Aufstieg beginnen.
Wie erwartet gibt es alsbald Feindberührung und Schußwechsel mit dem Gegner, der hier am Nordwesthang der Höhe überall noch drin sitzt. Einige Stellungen können umgangen werden, aber immer wieder wird der Zug von versteckten Scharfschützen aufgehalten. Die Männer kommen an Lastenseglern vorbei, deren tote Besatzungen so vor der Maschine liegen, wie sie nacheinander herausgesprungen sind.
Es wird dunkel, und der Zug muß mit äußerster Vorsicht vorgehen, um in keinen Hinterhalt zu geraten. Dann schließlich gedämpfte Stimmen auf Deutsch. "Halt, wer da, Parole!" und die Antwort: "Reichsmarschall!"
Die Männer der 13-ten werden freudig begrüßt, aber Dr. Neumann ermahnt sie sofort, sich leise zu verhalten und auch nicht zu rauchen, weil sie dicht vor den feindlichen Stellungen liegen.

Unten am Flugplatz hat das IV. Bataillon seine Stellung behaupten und noch ausweiten können, aber auch dort sind die Verluste hoch. Der Chef der 13.Kompanie und ein weiterer Kompanieoffizier sind verwundet, die Chefs der 14. und 15.Kompanie gefallen. Die 13.Kompanie wird jetzt von Leutnant Nitzschke, dem einzigen verbliebenen Offizier geführt. Der Kompaniearzt der 13-ten hat am Dorfrand von Tavronitis unter einem Fallschirm als Sonnenzelt zu operieren begonnen und hat alle Hände voll zu tun. Sein erster Patient ist der Regimentskommandeur, General Meindl.
Die Nacht verläuft ohne Zwischenfälle. Auf der Höhe 107 haben inzwischen Teile des II.Bataillons von Süden aufgeschlossen, und bei Hellwerden treten alle verfügbaren Kräfte zum Angriff

an. Die Briten werden bis auf den Hinterhang der Höhe zurückgedrängt. Der Einsatz des schweren Granatwerfers beeindruckt den Gegner sichtlich, denn so schwere Kaliber haben die Fallschirmjäger oben auf der Höhe bislang nicht zur Verfügung gehabt. Ein Volltreffer in eine erkannte feindliche Geschützstellung löst bei den Männern des I.Bataillons Jubel aus.

Unten an der Küste stößt auch das IV. Bataillon jetzt weiter vor und besetzt den Flugplatz und den Ort Maleme. Obwohl der Platz jetzt in eigener Hand ist, liegt er unter Artilleriefeuer einer entfernten Batterie.
Da keiner der anderen Flugplätze in eigene Hand gekommen ist, wird trotzdem schon am **21.5.** mit der **Landung der ersten Gebirgsjäger** auf dem Flugplatz Maleme begonnen.
Die Landung im Artilleriefeuer wird zu einem Inferno. Obwohl die landenden Maschinen kaum halten und die Gebirgsjäger im Ausrollen hinausspringen und vom Platz galoppieren, kommen viele Ju-52 nicht mehr zum Starten. Die Wracks zerschossener Transportmaschinen beginnen sich zu türmen. Mit Beute-Traktoren wird die Landebahn für die nachfolgenden Flugzeuge, soweit möglich, frei gemacht.
Zwischen rauchenden Trümmerhaufen geht die Landung weiter, in dichter Folge kommen die Maschinen herein. Die Luftwaffe verliert bei Maleme etwa 150 Transportmaschinen, und auch die Gebirgsdivision hat bei dieser erzwungenen Landung erhebliche Ausfälle.
Im Laufe des 21.5. meldet sich eine Reihe von Kraftfahrern des IV.Bataillons, die als Nichtspringer beim Nachkommando in Griechenland zurückgelassen waren, bei ihren erstaunten Kameraden in Maleme.
Als die Nachricht von der kritischen Lage ihres Bataillons sie auf dem Festland erreichte, setzten sie beim Nachkommandoführer durch, daß er sie - obwohl nicht als Springer ausgebildet - mit einer der nachfolgenden Wellen mitfliegen und bei Maleme abspringen ließ, um ihren bedrängten Kameraden zu Hilfe zu kommen.

Erst jetzt scheint Brigadier Hargest, der neuseeländische Kommandeur in diesem Abschnitt, die Gefahr zu erkennen, die von Maleme für die ganze Inselbesatzung ausgeht. Er zieht Kräfte zusammen, um in einem **Gegenangriff den Flugplatz zurückzugewinnen** und damit die Landung weiterer Verstärkungen auf deutscher Seite zu verhindern. Aber die Heranführung der Reserven verzögert sich, und der Angriff findet an diesem Tage nicht mehr statt.

Anstelle des erwarteten Gegenangriffs der Neuseeländer erleben die Fallschirmjäger bei Einbruch der Nacht etwas, das sie zunächst nicht begreifen können. Ein schweres Gewitter scheint von See her heraufzuziehen. Dumpfer Donner, begleitet von Blitzen. Der Himmel beginnt sich rot zu färben. Der Donner wird zu einer prasselnden Kanonade, das reinste Silvester-Feuerwerk. Das ist kein Gewitter ! Und dann fällt bei jemand der Groschen : " Mein Gott, unsere leichte Schiffsstaffel !" Wenn das stimmt, dann Gute Nacht ! Gott sei den armen Teufeln gnädig ! Die trotz der eigenen nicht gerade rosigen Lage doch zuversichtliche Stimmung ist verflogen. Als es ruhig wird auf See und wieder schwarze Nacht, da lastet diese bedrückende Stille schwer auf den Männern und selbst ihr unverwüstlicher Galgenhumor läßt sie in dieser Nacht im Stich.*

Aber ihnen bleibt nicht viel Zeit für trübe Gedanken. Am Morgen, es ist der 22.5., greift der Gegner mit einem Maori- und einem weißen neuseeländischen Bataillon mit Artillerieunterstützung beiderseits der Küstenstraße das verstärkte IV.Bataillon bei Maleme an. Die Fallschirmjäger haben sich hinter Hecken und Mauern, in Häusern und auf Dachböden verschanzt. Wo immer möglich, haben sie ihre Deckung mit Sandsäcken aus britischen Stellungen verstärkt.

So zäh und tapfer sich die Neuseeländer in der Verteidigung

---

* : Hitler persönlich hatte gegenüber General Student auf der Bildung dieser Schiffsstaffel bestanden. Sie wurde von einem britischen Flottenverband vor der Küste Kretas aufgespürt und nahezu restlos versenkt

geschlagen haben, so unbeholfen und lahm ist diese gute Truppe erstaunlicherweise im Angriff. Zögernd gehen die Schützenketten durch Maisfelder und Weinberge frontal gegen die deutschen Stellungen vor. Ihre Artillerie hilft ihnen nicht viel, das Feuer liegt zu weit. Die Fallschirmjäger lassen sie herankommen und eröffnen erst auf kurze Entfernung schlagartig das Feuer. Das bringt die Neuseeländer völlig durcheinander. Sie kommen nirgends bis an die deutschen Stellungen heran, und der Angriff bricht zusammen, ehe er richtig begonnen hat.

Unten am Strand kommt es im über mannshohen Schilf allerdings zu Nahkämpfen. Mal müssen die Engländer, mal die Deutschen ins Wasser, um aus der Schußlinie der anderen zu kommen. In den ausgedehnten Schilfpartien sind Trampelpfade eingetreten, auf denen sich Freund und Feind mitunter auf wenige Schritte gegenüberstehen. Eine Ladehemmung kann man sich hier nicht leisten. Und gerade die sind bei den Fallschirmjägern, die eine Maschinenpistole tragen, leider an der Tagesordnung. Die Federn in den in Deutschland viel zu früh bis oben voll geladenen Magazinen sind lahm geworden und transportieren nicht mehr zuverlässig. Das hat einige böse Überraschungen gegeben, und man sieht manche Dienstgrade, die ihre Maschinenpistole gegen den guten, alten Karabiner 98 eingetauscht haben.
Oben an der Straße setzt das Bataillon, die augenblickliche Schwäche des Gegners ausnutzend, zum Gegenstoß an und erreicht die Ortschaft **Pyrgos**. Das Scheitern dieses Gegenangriffs bei Maleme wird später, vor allem auch von britischer Seite, als mitentscheidend für ihre Niederlage in der Schlacht um Kreta gewertet.
Bei Pyrgos bieten sich den Männern des IV.Bataillons grausige Bilder.Hier ist die Masse des III.Bataillons in ein laut Aufklärung feindfreies Gelände gesprungen, in dem in Wirklichkeit unter Olivenbäumen gut getarnt ein ganzes neuseeländisches Bataillon lag. Den Fallschirmjägern blieb nicht die geringste Chance. Sie wurden aus nächster Nähe abgeschossen, noch bevor sie sich vom Schirm befreien und an ihre Waffen gelangen konnten. Viele

hängen noch an ihren Schirmen in den Olivenbäumen, bereits von der Hitze entstellt, von Fliegen umschwärmt. Kaum einer, der sich vom Schirm befreien konnte. Es sind hunderte, einschließlich des Bataillonskommandeurs und fast aller Offiziere. Auch die hier eingesetzten Teile der 14.Kompanie sind nahezu aufgerieben. Nur wenige sind diesem Blutbad entgangen. Der neuseeländische Bataillonskommandeur, Oberstleutnant Leckie, schreibt in seinem Gefechtsbericht, er habe, ohne seinen Gefechtsstand zu verlassen, persönlich fünf deutsche Fallschirmjäger abgeschossen.

Vieles deutet darauf hin, daß sich auch kretische Zivilisten an diesem Massaker beteiligt haben. Verstümmelungen und Beraubungen mancher Fallschirmjäger dürften kaum der gegnerischen Truppe zugeschrieben werden, die sich bei aller Härte im allgemeinen doch fair verhalten hat.

Immerhin hat auch ein griechischer Brigadegeneral in einer späteren Studie über den Kampf um Kreta ausdrücklich die aktive Teilnahme der kretischen Bevölkerung an der Verteidigung der Insel hervorgehoben, auf die seiner Meinung nach die hohen Verluste der Deutschen zurückzuführen sind.

Während die gelandeten Gebirgsjäger zu einer weiten Umfassungsbewegung nach Süden in die Berge ziehen, greift das Sturmregiment entlang der Küstenstraße weiterhin nach Osten an. Für den verwundeten General Meindel hat jetzt Oberst Ramcke die Führung des Sturmregiments übernommen. Er ist von Athen eingeflogen worden und bei Maleme mit dem Fallschirm abgesprungen. Die Neuseeländer leisten erbitterten Widerstand, und es kommt immer wieder zu heftigen Kämpfen.

Ein Bericht über den Fallschirmeinsatz auf Kreta wäre unvollständig, würde man nicht das landesübliche, von den Fallschirmjägern sofort übernommene Transportmittel erwähnen: die kleinen Kreta-Esel. Es ist unglaublich, was diese kleinen, fast zierlich anmutenden Tiere für schwere Lasten geduldig befördern. Die Landser haben bald erkannt, daß diese Esel weder dumm noch faul sind. Ihre Neigung, sich gelegentlich zu widersetzen, entspringt wohl nur einem gesunden Selbsterhaltungstrieb als einer Art " eingebauten Sicherung gegen Überlastung", über Jahrtausende im Orient entwickelt.

Am **23.5.** erreichen Teile des Bataillons das jenseitige Ufer des kleinen Flusses bei **Platanias** , werden aber auf Befehl von Oberst Ramcke vor Einbruch der Dunkelheit wieder auf das Westufer zurückgezogen, um die Front zu begradigen. Die Briten stoßen sofort nach, und der Übergang muß am nächsten Morgen erneut erzwungen werden.

Am **24.5.** erreicht das Bataillon eine weite, nach der Küste hin offene Ebene. Davor erhebt sich nordwestlich des Ortes **Agia Marina** eine Höhe, die auf einer Landzunge nach Norden bis in das Meer hineinragt. Die **Höhe 105**. Diese natürliche Barriere haben die Briten als Riegelstellung ausgebaut, um hier das von Westen angreifende Sturmregiment zum Stehen zu bringen.

General Student, der bei Maleme gelandet ist, erscheint am **25.5.** auf dem Gefechtsstand des Sturmregiments und gibt persönlich den Angriffbefehl.

Das Sturmregiment wird den Gegner frontal angreifen, während die Gebirgsjäger nach Süden ausholend in seine tiefe Flanke stoßen. Kurz nach Mittag treten die Kompanien zum Angriff an. Sie müssen fast einen Kilometer flaches Gelände ohne viel Deckung bei voller Feindeinsicht überwinden. Es gibt die ersten Ausfälle, aber unter Ausnutzung jeder kleinsten Deckungsmöglichkeit erreichen die Fallschirmjäger die vordersten Stellungen am Fuß des Berges und holen die ersten Neuseeländer mit Handgranaten aus ihren Löchern.

Dann geht vor ihnen am halben Hang eine **weiße Fahne** hoch, der Kampf scheint schon entschieden. Aber es kommt zu einem tragischen Zwischenfall : als sie die weiße Flagge sehen, springen einige Fallschirmjäger unvorsichtigerweise aus ihrer Deckung, um die Neuseeländer aus ihren Stellungen zu winken und gefangenzunehmen. In den am Steilhang weiter oben liegenden Stellungen hat der Gegner vermutlich die weiße Flagge seiner eigenen Leute nicht sehen können. Jedenfalls eröffnet er sofort das Feuer. Dieser Vorfall kostet das Bataillon 5 Tote und mehrere Verwundete und der Kampf geht jetzt erst recht erbittert weiter.

Bevor die Fallschirmjäger bei Einbruch der Dunkelheit die letzten Stellungen auf der Höhe nehmen, gibt es auf beiden Seiten weitere Verluste.

Ohne Ruhepause dringt das Sturmregiment am **26.5.** weiter vor.
Die Neuseeländer setzen sich immer wieder fest. Es sind zähe Burschen, durchwegs gute Schützen, viele von ihnen als Farmer und Jäger von kleinauf mit einer Schußwaffe vertraut. Schon ein einzelner, gut versteckter Scharfschütze kann die Angreifer eine ganze Weile aufhalten. Auch am **27.5.** vormittags ist das Bataillon noch in heftige Kämpfe verwickelt. Von einer Anhöhe westlich Chanea, auf der keine Stellungen zu erkennen sind, schlägt den Fallschirmjägern starkes Feuer entgegen und zwingt sie in Deckung. Während schwere Waffen vorgezogen werden, Maschinengewehre der 15-ten und ein VB* der Fallschirmartillerie, bewirten im danebenliegenden britischen Verbandsplatz Sanitätsdienstgrade die Deutschen mit kühlen Getränken. Die Verwundeten betrachten neugierig ihre deutschen Feinde, die" Hunnen".
Inzwischen tut sich einiges auf dem gegenüberliegenden Hang. Mehrere schwere Maschinengewehre und die Fallschirmartillerie pflügen die Anhöhe um und um. Man sollte meinen, daß da drüben keine Maus mehr lebt. Das Feuer wird eingestellt, und die Fallschirmjäger steigen in die schmale Schlucht, um den gegenüberliegenden Hang zu besetzen. Aber wieder beginnt diese kahle Anhöhe Feuer zu speien. Im Galopp überqueren die Männer den Wassergraben auf dem Grunde der Schlucht und gehen mit Handgranaten gegen die Stellungen vor. Die sind so meisterhaft getarnt und mit Schilf und trockenen Maisstrempeln abgedeckt, daß man sie selbst aus der Nähe kaum erkennen kann.
Die Engländer sind erst herauszukriegen, wenn man ihnen Handgranaten in in ihre Stellungen wirft. Überall am Hang kommen jetzt die flachen Tommy-Helme zum Vorschein, die Gefangenen treten in Gruppen an und werden unter Bewachung zurückgeschickt.

* : vorgeschobener Beobachter

Oben auf der Höhe bietet sich den Männern ein überwältigender Anblick : in der flimmernden Mittagshitze sehen sie eine weite, tiefblaue Bucht, umsäumt von weißen Häusern und grünen Palmen, dahinter ansteigend Weinberge und weiter rechts die schneebedeckten Gipfel der Lefka Ori, der Weißen Berge. **Chanea** , die Verwaltungshauptstadt Kretas, liegt vor ihnen.
Als die zu kleinen Gruppen zusammengeschmolzenen Kompanien des IV.Bataillons im flachen Dünengelände auf die Stadt vorgehen, erscheint plötzlich, wie aus dem Boden gewachsen, ein Kamera-Team. Sie sollen doch, bitte schön, nochmals 100 Schritte zurückgehen und dann von neuem auf. Chanea zumarschieren! Das würde für die Deutsche Wochenschau gefilmt. Die Fallschirmjäger trauen ihren Ohren nicht! Jetzt, angesichts der Stadt Chanea, die sie nicht schnell genug erreichen können, sollen sie nochmals zurücklaufen, um gefilmt zu werden?! Nachdem sie 8 Tage lang fast jeden Meter Bodens bis hierher haben schwer erkämpfen müssen ! Das ist eine Zumutung! Aber sie tun den Kameraleuten dann doch den Gefallen.
Dann geht es weiter. Die vorangehenden Sicherungen treffen in den Straßen der Stadt keinen Feind, der Gegner hat Chanea schon tags zuvor geräumt. Sie treffen stattdessen auf Gebirgsjäger und Teile der Gruppe "Mitte", die von Süden und Osten in die Stadt einrücken.
Für das Sturmregiment ist damit der Kampf um Kreta beendet. Die Gebirgsjäger übernehmen die Verfolgung der nach Süden ausweichenden Briten.

Das Regiment hat als Kampfgruppe "West" am 20. Mai **vor** der Landung der Gebirgsjäger im westlichen Teil der Insel mit 1800 Mann einer Übermacht von fast 12 000 Soldaten des britischen Empire gegenübergestanden. Hinzu kommt, daß sich in vielen Fällen kretische Zivilisten mit ihren Jagdgewehren oder von toten Fallschirmjägern und aus Waffenbehältern erbeuteten deutschen Waffen am Kampf beteiligt haben.Diese Tatsache ist vielen verwundeten und versprengten Fallschirmjägern zum Verhängnis geworden, da sie in erster Linie Ziel solcher Angriffe waren.

Die Gesamtverluste des Sturmregiments auf Kreta betrugen 705 Gefallene und Vermißte sowie 530 Verwundete. Das IV.Bataillon war an diesen Verlustzahlen mit 120 Toten und etwa ebenso vielen Verwundeten beteiligt. Die genaue Zahl der Verwundeten ist nicht mehr feststellbar. Am **22.Juni 1941** fliegt das IV.Bataillon von Kreta nach Athen, von wo aus es den Rückmarsch nach Deutschland antreten soll. Es ist nach dem 1.September 1939, wahrscheinlich der verhängnisvollste Tag in diesem Jahrhundert. Das **Unternehmen Barbarossa** , der Rußlandfeldzug, hat in den Morgenstunden seinen Anfang genommen. Die Nachricht schlägt wie eine Bombe ein, und selbst den größten Optimisten verschlägt es die Sprache. Ob das noch gutgehen kann ?!

Ende Juni erreicht das Bataillon im Bahntransport seine Garnison Helmstedt. Der Kommandeur läßt den Zug kurz vor der Stadt halten, und das Bataillon marschiert in Marschordnung in die Stadt ein. Es ist früh am Morgen, und die Helmstedter sollen überrascht werden. Aber es wird zu einer Überraschung für die Fallschirmjäger : ganz Helmstedt ist auf den Beinen. Die Soldaten werden im Vorbeimarsch mit Blumen geschmückt, es wird ein begeisterter Empfang.
Nach einer kurzen Begrüßung durch den Oberbürgermeister vor dem Rathaus geht es zum Fliegerhorst. Auch dort ein großer Empfang. Die Einfahrt ist fahnengeschmückt, in den Mannschaftsstuben stehen Blumen auf jedem Tisch, und die Betten sind fertig bezogen.
Aber die schönste Überraschung ist das Wiedersehen mit vielen der auf Kreta verwundeten Kameraden, die schon aus dem Lazarett entlassen sind und zum Teil noch mit Verbänden ihre heimkehrenden Kompanien erwarten.
Am Nachmittag sind alle Bataillonsangehörigen Gäste der Stadt im Bürgergarten. Bei Kaffee und Kuchen und anschließendem Freibier wird es ein langer Abend. Dann gibt es für alle 3 Wochen Urlaub, und das Wiedersehen mit den Angehörigen lenkt sie etwas ab vom allgemeinen Kriegsgeschehen. Aber das sieht jetzt

gar nicht so düster aus, und alle Sorgen scheinen unbegründet gewesen zu sein. Die deutschen Armeen stoßen im Osten unaufhaltsam vor, machen in riesigen Kesselschlachten Millionen von Gefangenen, und es sieht ganz so aus, als ob der Krieg zumindest im Osten bis Weihnachten zu Ende sein würde.

Nach Rückkehr des Bataillons vom Urlaub beginnt sofort der Aufbau und die Wiederherstellung der vollen Einsatzbereitschaft. Die Kompanien werden personell und materiell aufgefüllt und in Kürze wieder auf einen hohen Stand gebracht.

Stellenbesetzung

des IV.Bataillons/LL-Sturmregiment

am 20. Mai 1941

Bataillonsstab

Btl.Kommandeur :	Hptm.	Gericke, Walter
Adjutant :	Olt.	Engelhardt, Hans
Btl.Arzt :	St.Arzt Dr.	Diehm, Theo
Nachr.Offz :	Ofw.	Daniels
Verwaltung: :	Insp.	Ahlers, Heinrich gef. 20.5.
	Insp.	Gräfrath, Josef
	Insp.	Abraham
	W.Insp.	Falck, Fritz

13. Kompanie

Kp.Chef :	Olt.	Sauer, Paul verw. 20.5.
Zugführer :	Lt.	Thomsen, Thomas verw. 20.5.
	Lt.	Nitzschke, Siegfried *
	Ofw.	von Gutowski, Karl
	Fw.O.A.	Brehde, Dietrich
Kp.ArztAss :	Arzt Dr.	Weber, Karl-Heinz
Hauptfeldwebel:	Hfw.	Klotzsche, Siegfried verw. 25.5.

14. Kompanie

Kp.Chef :	Hptm.	Kiesel, Gerhard gef. 20.5.
Zugführer :	Olt.	Decke, Hans gef. 25.5.
	Olt.	Pfeifer, Hans
	Lt.	Albers, Fritz
	Lt.	Ludewig, Hans
	Ofw.	Kroll, Werner
Hauptfeldwebel :	Hfw.	Langrock, Fritz

15. Kompanie

Kp.Chef :	Olt.	Dobke, Arthur gef. 20.5.
Zugführer:	Olt.	Ringler, Helmut
	Lt.	Albers, Wolfgang gef. 25.5.
	Lt.	Trute, Martin
	Lt.	Kauz, Werner
Kp.Arzt :	O.Arzt Dr.	Zänker, Helmut
Hauptfeldwebel :	Hfw.	Owe,

---

* : führt nach Ausfall von Olt. Sauer die 13. Kp.

16. Kompanie

Kp.Chef :	Olt.	Hoefeld, Robert
Kp.Trupp-Führer :	Fähnr.	Piesk, Roland
Zugführer :	Lt.	Sperr, Gerhard gef. 20.5.
	Lt.	Freudenberg, Walter
	Ofw.	Sina, Karl
Kp.Arzt :	O.Arzt Dr.	Wolf
Hauptfeldwebel :	Hfw.	Knappe, Helmut gef. 23.5.

Stalino

Mit dem besonders frühen Einbruch des russischen Winters 1941 gerät die deutsche Offensive an der Ostfront ins Stocken. Die Heeresgruppe Süd hat **Rostow** erreicht, muß aber vor frisch herangeführten Feindkräften zur Verteidigung übergehen. Mitte November erzielen die Sowjets mit überlegenen Kräften einen tiefen Einbruch bis an den Flußlauf des **Mius**.

In dieser Krisenlage wird das IV.Bataillon aus dem Verband des Sturmregiments herausgelöst, dem Fallschirmjägerregiment 2 unterstellt und mit diesem im Bahntransport nach **Dnjepropetrowsk** verlegt.
Dort herrscht Mitte Dezember bereits grimmige Kälte. Die Temperaturen sinken auf unter minus 30 Grad Celsius, und in den Straßen türmt sich der Schnee, so daß mit Fahrzeugen kaum noch durchzukommen ist. Die Kompanien sind in Verwaltungs- beziehungsweise Schulgebäuden untergebracht. Die Heizugen funktionieren grundsätzlich nirgends.
Mit behelfsmäßigen, qualmenden Öfchen versuchen die Männer, es sich einigermaßen erträglich zu machen. Sogar Lötlampen aus den Instandsetzungssätzen der Schirrmeister dienen zum Aufwärmen.

Die Offiziere frieren nicht weniger, obwohl sie in einem "Hotel" untergebracht sind, einem schäbigen alten Bau, der wohl noch aus der Zarenzeit stammt. Hohe, kalte Räume mit abgeblätterten Stuckornamenten, Reste zerschlissener Plüschportieren. Sogar ein Badezimmer gibt es, aber die Wanne ist rostrot angelaufen, und die Eisdecke auf ihrem Boden ist genau so rot. Wasser gibt es auch nicht, weder kalt noch warm. Da sich keinerlei Möbel in diesem sogenannten Hotel befinden, müssen aus Fahrzeugen ausgebaute Sitze und leere Kisten als Sitzgelegenheit herhalten. Am Abend des 22. Dezember gibt es eine bescheidene kleine Feier. Der Bataillonskommandeur wird um Mitternacht 34 Jahre alt, und da das Bataillon am nächsten Tag verlegt, wird sein Geburtstag ein wenig vorgezogen. Im spärlichen Schein einiger Hindenburglichter sitzt man, in Mäntel und Decken gehüllt, beisammen und prostet sich mit klammen Fingern zu. Eisiger, widerlich schmeckender Wodka aus blechernen Trinkbechern. Aber er wärmt wenigstens etwas auf.

Während das Bataillon sich am nächsten Tage auf den Lufttransport nach **Stalino** * vorbereitet, startet ein Kommando mit den Fahrzeugen des Bataillons in aller Frühe im Landmarsch dorthin. Es sind etwa 230 km, aber bei einer derartigen Schnee- und Wetterlage muß mit Schwierigkeiten gerechnet werden, und der Kommandoführer vergewissert sich, daß die Kolonne genügend Kraftstoff und Verpflegung mitführt. Zum Schutz der Kolonne ist ihm noch ein Zug der 15.Kompanie beigegeben.
Schon nach einigen Kilometern schwindet dann auch die Hoffnung, noch am selben Tag Stalino zu erreichen. Die Straße existiert gar nicht mehr, sie hört einfach auf. Streckenweise kann man sich an den Telegraphenmasten orientieren, aber auf die ist auch nicht immer Verlaß, und mitunter wühlt sich die Kolonne kilometerweit durch den Schnee, und dann stellt man fest, daß man sich auf der falschen Seite des Straßengrabens befindet.
Die Fahrzeuge sind fast alle geländegängig, aber in dem hohen Schnee nützt das nicht viel, und sie fahren sich andauernd fest. Die Männer müssen bis zur völligen Erschöpfung schieben. Das hält sie wenigstens warm, denn in den schlecht oder gar nicht beheizbaren Wehrmachtsfahrzeugen ist es kaum auszuhalten,

---
* : heute Donezk

obwohl sich die Männer den Fußraum mit Stroh und Decken ausgepolstert haben. Am schlimmsten sind die Kradfahrer dran. Die Solomaschinen legen sich im tiefen Schnee immer wieder auf die Seite und müssen dann vom Fahrer wieder hochgestemmt werden. Der Kommandoführer läßt schließlich die Solomaschinen auf die LKW verladen. Aber mit den Beiwagenmaschinen ist das nicht möglich, und für ihre Fahrer wird dieser Marsch zu einem kaum zu beschreibenden Leidensweg.
Der Tag vergeht, und die Kolonne schafft nichteinmal die Hälfte der Strecke.
Der Kommandoführer läßt noch bei Dunkelheit weiterfahren um wenigstens am nächsten Tag das Ziel erreichen zu können. Obwohl die Männer todmüde sind, ist das auch in ihrem Sinne, denn am Heiligabend will ein jeder wieder bei den Anderen sein.
Spät am Abend erreichen sie eine kleine, aus wenigen Hütten bestehende Siedlung. Die Einwohner sind freundlich und rücken bereitwillig zusammen, um den Soldaten etwas Platz zum Schlafen zu machen. Die Kraftfahrer sollen sich vor allem ausschlafen, während die Männer des Begleitkommandos zur Wache eingeteilt werden.
Um 04.00 Uhr wird geweckt. Es ist Heiligabend 1941, und das Kommando ist vom ersten bis zum letzten Mann fest entschlossen, sich bis zum Abend nach Stalino durchzuschlagen. Heißer Tee aus der Feldküche weckt die Lebensgeister, dann geht es frierend und mit schmerzenden Gliedern weiter.
Dieser Tag wird schlimmer als der erste. Es ist noch kälter geworden, und ein Schneesturm setzt ein. Immer wieder stockt die Kolonne, weil hier oder da ein Fahrzeug steckengeblieben ist. Man sieht Kradfahrer, die keine Anstalten mehr machen, ihre festgefahrene Maschine wieder flott zubekommen, sondern hilflos auf ihrer Maschine zusammensacken. Ihre Handgelenke sind angeschwollen vom Lenken der schweren Maschine im tiefen Schnee in der eisigen Kälte. Kameraden müssen sie aufrütteln und schieben helfen. Immer wieder das gleiche, Stunde um Stunde. Soweit möglich, läßt der Kommandoführer die Beiwagenfahrer durch Solofahrer ablösen, deren Solokräder auf

LKW verladen sind. Aber das geht nicht immer, denn nicht jeder Motorradfahrer kann ohne weiteres gleich eine schwere Beiwagenmaschine fahren, dazu unter erschwerten Bedingungen. Der Tag vergeht, wieder wird es dunkel, und die Kolonne ist noch längst nicht am Ziel. Keine Aussicht, Stalino heute noch zu erreichen. Der Kommandoführer muß sich nach einer Übernachtungsmöglichkeit umsehen. Auf der Karte ist in der ganzen Gegend nur ein kleines Dorf in der Nähe ihrer Marschroute verzeichnet. Als sie es schließlich finden, den Starosta herausgeklopft und den Schlüssel zur Schule als Quartier bekommen haben, ist es schon fast Mitternacht.
Die Schule ist ein großer, einstöckiger Holzbau, vermutlich seit Wochen nicht beheizt, denn der einzige große Raum ist eiskalt. Aber die Männer sind viel zu müde, um daran Anstoß zu nehmen. Sie rollen sich auf dem blanken Boden in ihre Decken und schlafen sofort. Ein Kraftfahrer hat aus seinem Fahrzeug ein Batteriegerät mit hereingebracht und die wenigen, die nicht schon eingeschlafen sind, hören gerade noch das Ende der Weihnachtsansprache aus der Heimat. Sie endet wie jedes Jahr mit Grüßen an "alle guten Deutschen diesseits und jenseits der deutschen Grenzen". Das war wohl Rudolf Hess, der hält doch jedes Jahr diese Ansprache, aber nein ! Der ist ja im Mai nach England geflogen ! Muß jemand anderes gewesen sein.
Die vom Begleitkommando gestellten Wachen werden kurzfristig abgelöst, um sicherzugehen, daß sie nicht einschlafen.
Strahlender Sonnenschein überrascht die Männer am nächsten Morgen. Es ist noch bitter kalt, aber der Schneesturm hat sich gelegt. Mit nur noch 30 km vor sich sieht die Welt für alle wieder freundlicher aus. Sie haben ein wenig verschlafen. Der Posten, der den Auftrag zum Wecken hatte, entschuldigt sich damit, daß er trotz Rüttelns den Kommandoführer nicht wachbekommen habe. Auch der war restlos erledigt, denn er hat gestern einen großen Teil des Weges zwischen der Spitze und dem Ende der Kolonne durch den Schnee hin- und herwaten müssen, um immer dort zu sein, wo es gerade nicht mehr weitergehen wollte. Aber dieses letzte Stück werden sie bei dem guten Wetter nun wohl schaffen,

und er läßt den Männern reichlich Zeit zum Frühstücken. Dann geht es wieder weiter. Bei der Suche nach der Straße entdecken sie eine geräumte Eisenbahnlinie. Sie wird kurzerhand als Marschstraße benutzt. Es geht zwar holpernd und nur im Schrittempo voran, aber man bleibt nicht mehr stecken und kommt alles in allem schneller vorwärts als im tiefen Schnee. Das Gesicht eines Reichsbahn-Streckenwärters in der Heimat müßte man sehen, dem auf seiner Gleisstrecke plötzlich 7o Kraftfahrzeuge entgegenrumpeln.

Vor Stalino wird dann auch die Straße wieder befahrbar, und bei klirrendem Frost ziehen die Männer glücklich in die große Stadt ein, um ihr Bataillon zu suchen.

Das hat für die gleiche Strecke im Lufttransport kaum mehr als eine Stunde gebraucht, und der Kommandeur hat sich schon Sorgen um das Kommando mit den gesamten Fahrzeugen seines Bataillons gemacht. Es hat nicht viel Zweck, ihm die Schwierigkeiten dieses Marsches zu beschreiben, sie lassen sich kaum beschreiben.

Die Kompanien sind in einem Hochhaus, einem pompösen Verwaltungsgebäude untergebracht, in dem der Aufzug und natürlich auch die Heizung ausgefallen sind. Man geht zum Aufwärmen ins Soldatenheim, wo es etwas wärmer, dafür aber so verräuchert ist, daß einem beim Glühwein die Augen tränen.

Am Zweiten Feiertag gibt es Theaterkarten. Ein schönes, großes Theater. An den roten Wänden des riesigen Zuschauerraumes blicken überlebensgroße Gipsbüsten von Marx und Lenin einträchtig mit den bedeutendsten Klassikern auf die deutschen Soldaten im Parkett herab. Es wird eine ukrainische Operette gegeben. Das Theater ist ausschließlich von deutschen Soldaten besucht, die den russischen Text natürlich nicht verstehen, jedoch vom Chor und Ballett begeistert sind. Sie spenden reichlich Beifall, aber die Schauspieler machen kein Hehl daraus, wohin sie ihr Publikum wünschen, zur Hölle natürlich ! Wer kann´s ihnen verdenken. Auch ist ja bekannt, daß Schauspieler in der Sowjetunion zur privilegierten Klasse, und damit zu den linientreuen Bürgern gehören.

Nach Weihnachten wird's dann ernst. Die Kompanien werden auf LKW verladen, und es geht weiter nach Norden, wo schon bald Artilleriefeuer zu hören ist. Die Straße wird immer schlechter. Nach 20 km werden die Kompanien ausgeladen, und es geht im Fußmarsch weiter. Wieder beginnt das große Leiden. Als schwere Kompanien haben sie alle schweres Gerät zu transportieren, und es bleibt letztlich der Improvisationskunst der Truppe auf unterster Ebene überlassen, wie sie diese unerhörten Anforderungen meistert. Die zerlegbaren Karren für den Lufttransport beziehungsweise Fallschirmeinsatz zum Befördern von Munition und schwerem Gerät sind im russischen Winter ein schlechter Witz.
Auch die Bekleidung der Truppe ist bei längerem Aufenthalt im Freien und den extrem tiefen Temperaturen völlig unzureichend. Aber auch für die Landser haben Waffen und Munition Vorrang vor allem anderen und deshalb müssen Schlitten her, möglichst mit Pferden. Das scheint hier das einzig brauchbare Transportmittel im tiefen Schnee zu sein.
Man begegnet Italienern, die hier auch eingesetzt sind. Bersaglieri, zu deren Uniform eine lange Hahnenfeder gehört, die sie am Hut und verrückterweise auch an der Front am Stahlhelm tragen. Die Brüder sind nicht nur mit Winterbekleidung vorzüglich ausgerüstet, pelzgefütterten Mänteln und dicken Wollsachen, sondern haben sich auch mit Gespannen von russischen Bauern eingedeckt. Das sind kleine aber äußerst zähe Panjepferdchen mit leichten, weit ausladenden Schlitten, die auch im tiefen Schnee verhältnismäßig gut zu bewegen sind.
Auch die Landser des IV. Bataillons beginnen sich für solche Gespanne zu interessieren, weil es schon fast eine Überlebensfrage wird, aber es zeigt sich, daß die Italiener schon alles requiriert haben, was in der näheren Umgebung an Pferden und Schlitten zu finden war. Die Besitzer dieser armseligen Gespanne sind sehr hilfsbereit, aber sie wollen möglichst bei ihren Pferden bleiben, um sie nicht ganz zu verlieren. Zwei Bäuerlein, die der 15. Kompanie bei einem nächtlichen Gewaltmarsch mit ihren Gespannen eine wertvolle Hilfe waren, baten nach ihrer

Entlassung am Ziel inständig um einen Propusk, einen Passierschein, um auf dem Heimweg mit ihren Pferden nicht wieder aufgegriffen zu werden. Sie bekamen ihn; ob er ihnen genützt hat, ist fraglich. Einen Vorteil hat es übrigens, die Besitzer solcher Gespanne bei sich zu behalten, sie kennen sich mit dem komplizierten russischen Pferdegeschirr aus, und das soll man nicht unterschätzen. Denn ein Pferd, das falsch angeschirrt ist, hat bald wunde Stellen, und seine Leistung sinkt ab.
Allmählich haben sich auch die Fallschirmjäger mit Gespannen ausgestattet, zum Teil auch von den italienischen Verbündeten. Über die näheren Umstände dieser Transfer-Aktionen werden die Vorgesetzten möglichst nicht unterrichtet, um sie mit keiner Komplizenschaft zu belasten. Meist soll es ein Tausch gewesen sein. So "tauschen" manche Landser sich warme Wollsachen und sogar die von Russen und Deutschen gleichermaßen begehrten italienischen Bergstiefel ein. Ein Fallschirmjäger soll zu einer Garnitur dicker, wollener Unterwäsche gekommen sein, indem er einem gutmütigen Italiener überzeugend klar machte, daß er, und nicht der Italiener vorne die Russen aufhalten müßte, und daß es deshalb nur recht und billig sei, ihm diese warme Garnitur zu überlassen.
Wegen der extrem kalten Witterung ist die Truppe darauf angewiesen, in Häusern Unterkunft zu suchen. Dabei machen die Fallschirmjäger sehr unterschiedliche Erfahrungen. In einer aus steinernen Baracken bestehenden Industriesiedlung kommen sie überhaupt nicht mit den Einwohnern in Berührung. Ein sehr selbstbewußter Russe, anscheinend so etwas wie ein Hausverwalter, teilt ihnen Räume zu, die leer und unbewohnt, aber weiß getüncht und sauber sind. Er ist offenbar stolz auf so viel Ordnung und Sauberkeit und zeigt auf einen kleinen, altmodischen Kohleherd, um den eine Chromstange verläuft. Ob man in Deutschland auch so gute Herde hat, will er wissen. Als er mit diesem Prunkstück keinen rechten Eindruck machen kann, zeigt er auf die Lautsprecher, die in jeder Baracke an der Wand angebracht sind. Ob die Deutschen auch in jedem Haus ein Radio hätten? Als die Landser ihm klar machen wollen, daß das ja nur

Lautsprecher sind, spuckt er verächtlich in die Ecke und verzieht sich.

Ganz anders trifft es ein Leutnant an, der mit der Hälfte seines Zuges in den letzten Tagen des Jahres in einem kleinen, strohgedeckten Bauernhaus bei einer russischen Familie unterkommt. Der Familienvater ist ausnahmsweise noch da, er arbeitet irgendwo in der Nachbarschaft auf einer Kolchose. Mit seiner Frau und vier Kindern bleibt er in der geräumigen Küche, während die 20 Fallschirmjäger sich in der Stube zusammenpferchen. Das Häuschen hat fast meterdicke Lehmwände. In den tiefen Fensternischen sitzen eisblumenbedeckte Fenster von der Größe eines Sofakissens. Die beiden Räume sind sauber und mollig warm. Sie werden von einem riesigen, durchgehenden Ofen von der Küche aus beheizt.
Die Familie ist nett und freundlich und den deutschen Soldaten gegenüber offen und unbefangen. Die Frau wäscht ihnen Wäschestücke aus, kocht ihnen Tee oder wärmt ihre Konserven auf. Die Soldaten revanchieren sich mit Kleinigkeiten, die sie von ihrer Verpflegung oder Marketenderware erübrigen können.
Schon in der ersten Nacht hören die Fallschirmjäger in der Stube seltsame Geräusche, die sie sich nicht erklären können, ein leises Knacken und Schaben. Am nächsten Morgen erfahren sie des Rätsels Lösung: in Hemd und Unterhose kommt der weißbärtige Großvater der Familie vom Ofen heruntergeklettert, wo er nachts, wenn er nicht schlafen kann, Sonnenblumenkerne knackt und sich gelegentlich kratzt.
Er setzt sich zwischen die Landser und beginnt sich bedächtig anzuziehen. Wàlinki, die hohen, bis über die Knie reichenden Filzstiefel, einen kurzen Schafspelz, Pelzmütze und Fausthandschuhe. Dann begibt er sich nach draußen in den kleinen Schweinestall. Zu seinen täglichen Verrichtungen im Stall scheint auch das Ausmisten zu gehören. Nach einer guten halben Stunde kommt er sichtlich erfrischt und aufgekratzt wieder herein, setzt sich zwischen die Landser und will sich mit ihnen unterhalten. Einer spricht Russisch, und der alte Opa will alles

mögliche wissen : was man in Deutschland an die Pferde füttert, wieviel Milch die Kühe geben und wie schwer die Schweine werden. Er erzählt auch von sich und seiner Familie. Sie müßten jetzt alle auf der Kolchose arbeiten, das wäre ein ziemlicher Krampf. Früher wäre das alles besser gewesen, da hätte man sein eigenes Land bearbeitet. Ja, ja , die gute alte Zeit ! Er zieht sich wieder bis auf Hemd und Unterhose aus und klettert ächzend auf den Ofen. Ein leises Gemurmel deutet darauf hin, daß auch die Babuschka, die Oma, noch existiert und ihren Wohnsitz auf dem Ofen hat. Diese kriegen die Landser in den drei Tagen und Nächten ihres Aufenthalts in dem Haus nicht zu Gesicht, und sie können sich das rein biologisch nicht erklären.

Am nächsten Tag kommen ein paar kleine Buben, Freunde des Sohnes, zu Besuch. Sie haben Instrumente dabei, Balalaikas und Mandolinen, und bringen mit ihrem Temperament richtig Leben in die Bude. Die Soldaten haben ihren Spaß daran, und es wird für alle eine Mordsgaudi.

Es wird immer kälter. Im Sanitätsbereich haben sie Thermometer, und die zeigen schon minus 46 Grad Celsius an. Das Bataillon ist nicht mehr geschlossen, und auch die Züge der Kompanien werden teilweise einzeln zur Unterstützung von Bataillonen des 2. Regiments eingesetzt.

Auf dem Weg nach vorne geht ein Zug der 15. Kompanie in einer langgezogenen Schlucht vor, einer sogenannten **Balka**. Es ist **Neujahr 1942** und der strenge Frost beißt im Gesicht. Einige hundert Meter vor den Fallschirmjägern marschiert eine Einheit der Bersaglieri. Während die Fallschirmjäger das einzig Gute an ihrer Winterausrüstung, die weißen Schneehemden, angelegt und zusätzlich auch die Pferde und Schlitten mit weißen Bettüchern getarnt haben, marschieren die Bersaglieri ohne jede Tarnung, in dichten Pulks, gestikulierend und palavernd durch die Gegend, ein jeder von ihnen mit einer langen, wippenden Hahnenfeder am Helm geschmückt. Den Fallschirmjägern gefällt das nicht, und da sie in der engen Balka schlecht überholen können, halten sie Abstand, um im Falle eines Angriffs nicht mit in die Pfanne gehauen zu werden. Und da passiert es auch schon : 2 Rata´s* kommen, aus ihren Bordwaffen feuernd, von hinten die Schlucht entlang gefegt, Splitterbomben fallen. Die Fallschirmjäger, mit Sicherheitsabständen marschierend, haben sich an die Böschung der Balka geworfen. Einige haben es sogar noch geschafft, den Karabiner hochzureißen und auf die Tiefflieger zu schießen. Der Zug hat keine Ausfälle, obwohl er direkt überflogen wurde. Der Angriff galt den Italienern, bei denen es schwer eingeschlagen hat. Ein halbes Dutzend Tote und Schwerverwundete liegen im blutgefärbten Schnee, zwei Pferde mit aufgerissenen Leibern, aus denen in der Kälte dampfend das Blut sickert. Dazwischen in wilder Panik ein schreiender, gestikulierender Haufen .

Ein zweiter Angriff liegt in der Luft, und die Fallschirmjäger ziehen eilig vorbei, um von diesem Platz wegzukommen. Ihr Zugführer bleibt mit seinem Sanitätsdienstgrad zurück und bietet dem italienischen Offizier Hilfe an. Der dankt, er habe auch Sanitäter, erst müsse er Ordnung schaffen.

Spät abends kommt der Zug in einem Dorf namens **Ivanowka** an, und der Zugführer findet den Bataillonsgefechtsstand, auf dem er sich zu melden hat . Der Bataillonskommandeur, ein Hauptmann, sitzt im schwach beleuchteten, niedrigen Raum eines Bauernhauses vor einer ausgebreiteten Karte. In der Ecke hinter ihm brennt vor einer Ikone ein Öllämpchen.   Der Hauptmann sieht müde und abgespannt aus. Er weist den Zugführer kurz ein : die Front vorne ist nicht geschlossen, die HKL* wird zum Teil nur durch Spähtrupps gesichert. Der Zug hat einen gefährdeten Abschnitt zu übernehmen, links angelehnt, rechts nur durch Spähtrupps des rechten Nachbarn gesichert. Mit einem Einweiser und dem eigenen Melder geht der Zugführer los. Nach einem knappen Kilometer zeigt der Einweiser ihm in einem Sonnenblumenfeld seinen Abschnitt, wo rechts und wo links ist,

---

* : russische Jagdbomber

* : Hauptkampflinie

und in welcher Richtung der Feind sitzt. In stockfinsterer Nacht ist das nicht gerade viel !

Der Einweiser geht zurück und mit ihm der Melder, um den Zug nachzuführen. Der Zugführer bleibt allein im Dunkeln zurück und macht, ohne es zu wollen, eine persönliche Bestandsaufnahme : jetzt steht er da in dieser gottverlassenen Schneewüste, in dieser lausigen Kälte, die sich durch Mark und Bein frißt. Vor sich nichts als diese schwarze Finsternis, in der irgendwo der Feind lauert und jeden Augenblick auftauchen kann, um durchzustoßen und sie alle zu überrennen. Da ist niemand, der ihn aufhält, er und seine erschöpften Männer sollen es tun. Wenn die bloß erst da wären ! Ein Heulen und ein ungeheurer Prankenschlag vor ihm unterbrechen diese tiefsinnigen Betrachtungen, Splitter klatschen in den gefrorenen Strempeln der Sonnenblumen und ziehen singend davon. Eine erste Begrüßung ? Eigentlich eher ein gutes Zeichen ! Wenn russische Artillerie hierher schießt, wird wohl kaum feindliche Infanterie in der Nähe sein.

Dann kommt der Zug. Die Männer werden alle in die Lage eingewiesen und zwei Gruppen gehen in Stellung. Der stellvertretende Zugführer wird mit der anderen Hälfte des Zuges ins Dorf geschickt, um ein Quartier zu suchen und zu schlafen. In 6 Stunden hat er mit seinen Männern zur Ablösung zurück zu sein.

Die Männer der ersten "Schicht" vorne müssen in Bewegung bleiben, sie würden sonst, müde und erschöpft wie sie sind, einschlafen und erfrieren. Sie schaffen Schußfeld für die Maschinengewehre, schlagen Schneisen nach links und rechts in die Sonnenblumen und beginnen sich einzugraben. Wenn Panzer kommen, nützen nur tiefe Löcher. Aber der Boden unter dem Schnee ist steinhart gefroren, wer weiß wie tief. Man hackt und hackt wie auf Granit, und die Frostschicht will kein Ende nehmen. Die Männer sind zum Umfallen müde, sie haben einen langen, schweren Marsch hinter sich und seit 36 Stunden nicht richtig geschlafen. Der Horchposten vorne am Rande des Sonnenblumenfeldes muß ganz kurzfristig abgelöst werden, weil

er sich ohne Bewegung weder warm noch wach halten kann. Die 6 Stunden scheinen eine Ewigkeit zu sein.
Dann endlich kommt die Ablösung, verschlafen und frierend. Der Zugführer kann seinem Stellvertreter als "Gefechtsstand" ein kümmerliches Loch im gefrorenen Boden übergeben, auf dessen Sohle die Frostschicht erst eine Handbreit weit durchbrochen ist. Das Ergebnis von 6 Stunden harter Arbeit und Blasen an seinen Händen.
Die kleine Kate im Dorf, in der der Zug untergekommen ist, ist unbewohnt. Fast alle Einwohner haben das Dorf verlassen, denn es liegt unter russischem Artilleriefeuer. Die Unterkunft ist deshalb auch nicht sehr komfortabel. Die aus Lehm und Stroh gestampften Außenmauern haben durch den Artilleriebeschuß klaffende Risse, die Fenster sind mit Brettern vernagelt und mit Lumpen zugestopft. Im Ofen ist noch Glut, aber es fehlt an Heizmaterial, und wegen der undichten Wände sind die zwei kleinen Räume kaum warm zu bekommen. So vergehen einige Tage. Vom Feind ist vorerst bis auf gelegentlichen Artilleriebeschuß nicht viel zu sehen und zu hören. Es hat Sprengmittel gegeben, mit deren Hilfe der Stellungsbau gute Fortschritte macht. Als die Stellung beginnt fertig zu werden, wird dem Zug ein Stellungswechsel nach links befohlen. Natürlich haben alle eine Wut im Bauch, aber dann finden sie im neuen Abschnitt auch schon halbfertige Unterstände vor, und der Tausch erscheint ihnen annehmbar.
Es ist die **Höhe 325** auf der sie jetzt liegen, etwa einen Kilometer nördlich von Ivanowka, wo sich die Unterkunft befindet. Der Zug ist jetzt wieder zu seiner 15. Kompanie gestoßen, die auf der Höhe Stellung bezogen hat.

Bei kurzen Erkundungen vor den eigenen Stellungen finden die Männer nicht nur vom Schnee halb zugewehten tote Russen, sondern auch einen russischen Unterstand. Er wäre unter dem Schnee gar nicht zu erkennen gewesen, hätte nicht ein Stück Ofenrohr herausgeschaut. In seinem Inneren befinden sich mehrere hölzerne Schlafpritschen und vor allem ein kleiner

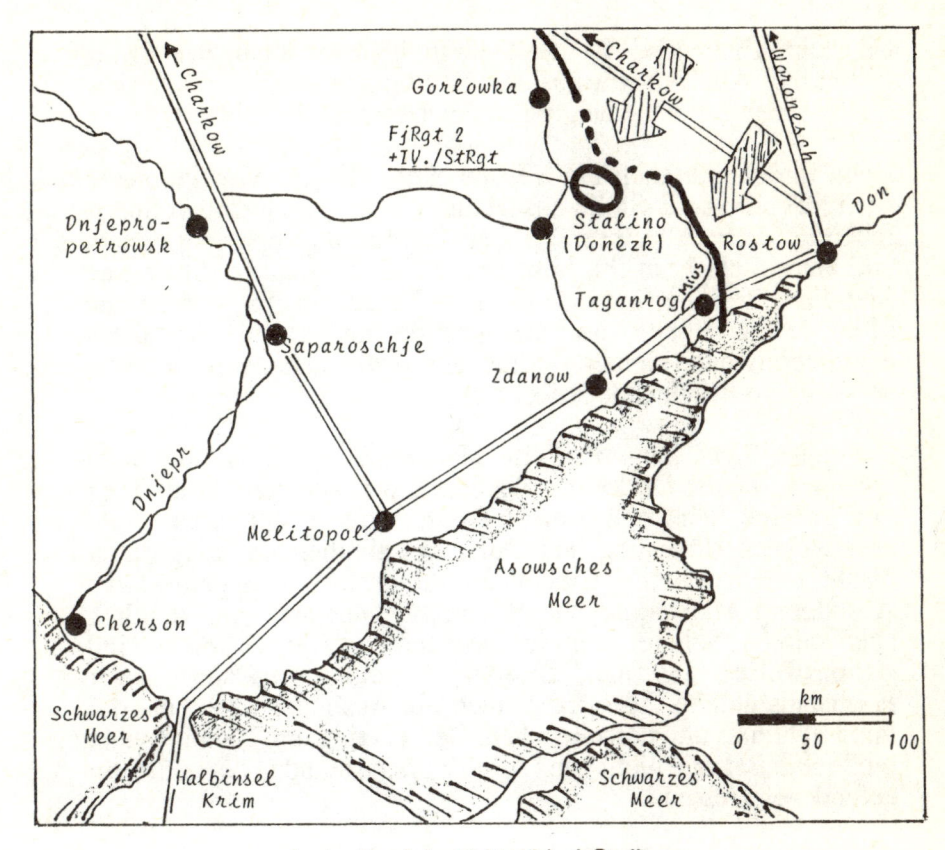

Lage Neujahr 1941/42 bei Stalino

Kanonenofen mit ein paar Metern Rohr. Ein überaus wertvoller Fund, der sofort abtransportiert wird. Mit dem Holz kann der eigene Bunker weiter ausgebaut und verstärkt werden, der Ofen ersetzt den bislang zu einem kümmerlichen Öfchen umgebauten Benzinkanister. Irgend jemand hat eine Stelle entdeckt, wo es Steinkohle gibt. Man ist ja hier mitten im Kohlerevier. Damit ist auch das Brennstoffproblem gelöst, und nachdem sich jetzt ein beheizter Unterstand in der Stellung befindet, kann der bisher 6-stündige Ablösungsturnus auf 12 Stunden verlängert werden. Das bedeutet für alle eine große Erleichterung.

Dann findet sich auch ein VB der Artillerie ein. Von Pionieren wird für ihn eine B-Stelle ausgebaut, und er schießt sofort Sperrfeuerräume ein. Als eines Tages die Sonne zum Vorschein kommt und klare Sicht herrscht, können die Fallschirmjäger zum ersten Mal das vor ihnen liegende Gelände betrachten. Es ist weit und offen, leicht hügelig, nur hier und da durchzogen von scharf eingeschnittenen, kleinen Schluchten, den Balkas, deren Ränder von dichtem Buschwerk bedeckt sind.

Bei guter Sicht kann man im Nordwesten eine große Stadt erkennen, das ist Gorlowka. An einem der wenigen klaren Tage gibt es eine Sensation : etwa 8 km entfernt, auf einer leicht ansteigenden Höhe liegt ein Dorf. Am abfallenden Hang davor macht eine russische Einheit in mindestens Kompaniestärke Ausbildung. Man kann es zur Not mit bloßem Auge, ganz deutlich aber durchs Scherenfernrohr beobachten. Die Gruppen sind stationsweise auseinandergezogen, einige machen sogar Formalausbildung. Man kann auch die Ausbilder erkennen, die ihre Leute hin- und herscheuchen. Der VB ringt die Hände. Wenn bloß seine Batterie nicht ganz so weit hinten stünde ! Das wäre ein gefundenes Fressen !

Aber, wie gesagt, solche Tage sind eine Seltenheit, meist heult der eisige Schneesturm über die weite Fläche, und selbst wenn man zwischendurch mal ein kleines Stück blauen Himmels über sich erkennt, so ist man doch selbst in Wolken von treibendem Schnee gehüllt, die einem jede weite Sicht nehmen.

Diese feinen Eiskristalle haben eine zusätzliche fatale Wirkung, sie verursachen Ladehemmungen an den automatischen Waffen. Das Bataillon ist noch durchwegs mit MG-34 ausgerüstet, und die sind bei solchen Temperaturen sehr empfindlich. Bei extremer Kälte kann es passieren, daß sogar Gewehrschützen mit ihrem Karabiner 98 nach ein paar Schuß das Schloß nicht mehr schließen können, weil sich im Patronenlager Kristalle abgesetzt und eine dünne Eisschicht gebildet haben.

Die Höhe 325 ist keine richtige Höhe, sondern nur ein flacher Hügel, der aber bei entsprechender Sicht in dem weiten, offenen Gelände gute Beobachtungsmöglichkeiten bietet.

Russische Angriffe bei Tage und bei guter Sicht haben deshalb wegen der Feuerüberlegenheit der Deutschen wenig Aussicht auf Erfolg. Trotzdem versuchen sie es immer wieder mit einer unglaublichen Sturheit.

Einmal greift der Feind in Regimentsstärke das rechte Nachbarbataillon an, das I. Bataillon des Fallschirmjägerregiment 2. Die Hauptkampflinie springt rechts der Höhe 325 in weitem Bogen entlang einer Eisenbahnlinie vor, so daß die Angreifer sich fast parallel zur Front der 15. Kompanie bewegen. Und das bei bester Sicht in einer Entfernung von etwa 1000 m ! Eine leichte Beute für die schweren Maschinengewehre der 15. Kompanie.

Als diese schlagartig das Feuer eröffnen, ist die Wirkung denn auch verheerend. Der Feind wird voll in seiner rechten Flanke gefaßt, und der Angriff kommt sofort ins Stocken. Man sieht die Vorgesetzten im tiefen Schnee hin- und herwaten und ihre Leute antreiben, aber immer mehr von ihnen bleiben liegen, und da gibt es nur noch "rette sich wer kann!"
Der Artillerie-VB auf der Höhe 325 hat sich mit seiner Batterie ebenfalls eingeschaltet, der Rückzug der Angreifer wird zur Flucht.

Auch die Höhe 325 wird immer wieder auf diese Weise angegriffen, und man kann nur den Kopf schütteln über die Sturheit dieser Vorgesetzten, die ihre Leute so sinnlos massenweise in den Tod treiben.

Aber sie versuchen es auch anders herum. In einer Nacht, in der es wieder richtig stöbert, steht am äußersten linken Flügel der 15. Kompanie ein Posten an seinem MG, das feuerbereit, mit eingezogenem Gurt, zum Schutz mit einer Zeltplane abgedeckt ist. Hinter ihm im kleinen Unterstand hocken seine 3 Kameraden, die sich mit ihm als Posten ablösen.
Durch Stacheldrahtrollen hindurch starrt der Posten unausgesetzt in die wirbelnden Flocken vor sich. Mit der Zeit scheint er sich selbst mitzudrehen in diesem Strudel von Schnee und Finsternis. Mehrmals glaubt er vor sich Bewegungen zu erkennen, aber das ist immer so, das bildet man sich ein.
Einmal stutzt er doch und zieht vorsichtig die Zeltbahn vom schußbereiten MG. Nichts! Aber dann erkennt er deutlich Bewegungen vor sich, das ist keine Sinnestäuschung mehr! Er reißt die Leuchtpistole hoch und schießt weiß: Im fahlen Licht der Leuchtkugel sieht er vor sich nur noch Russen. Auf allen Vieren und robbend sind sie schon bis auf wenige Meter an das Drahthindernis herangekommen.
Sein MG hämmert los, stottert, noch ein einzelner Schuß und aus! Ladehemmung! Seine Kameraden sind aus dem Unterstand gesprungen, und jeder schießt mit seiner eigenen Waffe. Auch die Kameraden in den Nachbarstellungen sind alarmiert und eröffnen das Feuer. Aber die Männer in der linken Stellung müssen zurück, und sie schaffen es auch gerade noch. Der Russe ist eingebrochen und beginnt die ganze linke Hälfte der Höhe zu überschwemmen. Wilde Szenen spielen sich in der Dunkelheit ab, in der Freund und Feind kaum voneinander zu unterscheiden sind.
Ein Obergefreiter trifft in seinem Unterstand auf zwei Russen, die sich über seine Marketenderware hermachen und schlägt sie wutentbrannt mit seinem Spaten nieder. Manche Kameraden benutzen nur noch Handgranaten, bei denen gibt es wenigstens keine Ladehemmung. Alarmiert durch den Kampflärm und rote Leuchtkugeln eilt die Reserve aus dem Dorf heran. Schon auf halbem Weg bekommt sie Feuer aus den eigenen Stellungen. Rechts, wo die Höhe noch gehalten wird, kommen sie an die eigene Stellung heran.

Bunker auf Bunker wird den Russen wieder abgenommen, und als der Morgen graut, ist die Höhe wieder in eigener Hand.
Das Schneetreiben hat aufgehört, und die aufgehende Sonne taucht die blutige, eisige Szene in noch mehr Rot. Überall Kampfspuren. Wohin man sieht, tote Russen. Vor den Stellungen am linken Flügel sieht es am schlimmsten aus. Es könnte eine Schafherde sein, die dort vor dem Stacheldraht friedlich wiederkäuend ausruht. Aber es sind tote Russen, braune Bündel, verstreut über die ganze Fläche. In den Tod getrieben von ihren Kommissaren? Oder haben sie gekämpft und sind gestorben für i h r Land, für Mütterchen Rußland, im "Vaterländischen Krieg", den Stalin nach den anfänglichen Rückschlägen jetzt ausgerufen hat? Es hat auch eigene Verluste in dieser Nacht gegeben, aber gemessen an denen des Gegners sind sie gering.

Eine andere Krise scheint sich anzubahnen: Links vor der Höhe liegt in einer Senke das kleine Dorf **Woroschilowka**, von dem man nur gerade einige Schornsteine einsehen kann. Es war als Vorpostenstellung bisher von einem Bataillon der italienischen Miliz, den sogenannten "Schwarzhemden" besetzt, die als eine Elitetruppe gelten. Dieses tapfere Bataillon hat trotz schlimmster Strapazen und Erfrierungen seine Stellung gegen alle Angriffe der Russen gehalten, die nur zu gern diesen Dorn im eigenen Fleisch beseitigt hätten.
Die Schwarzhemden werden von einem Regiment Bersaglieri abgelöst, das sogleich vom Russen angegriffen wird und ohne ernsthaften Widerstand zurückgeht. Der Stützpunkt ist verloren!
Ein Gegenangriff wird angesetzt. Die Bersaglieri sollen ihre Stellung zurückerobern, und die 15.Kompanie soll sie dabei von rechts flankierend unterstützen.
Der Angriff wird ein Fiasko. Der Regimentskommandeur, ein Oberst alter Schule, versucht seine Leute mitzureißen und stürmt ihnen - so wird berichtet - wie anno dazumal mit gezogener Pistole voran. Aber er ist allein und fällt, und das Regiment flutet zurück. Woroschilowka bleibt in Feindeshand.

Der fehlgeschlagene Angriff der Italiener hat auch Teile der 15. Kompanie in Bedrängnis gebracht. Da Woroschilowka von der Höhe nicht einzusehen ist, sind die MG-Bedienungen bei Dunkelheit so weit ins Niemandsland vorgezogen, daß sie den Gegner am Dorfrand von rechts flankierend niederhalten können. Sie eröffnen bei Angriffsbeginn zeitgerecht das Feuer, und die da drüben hinter Hecken und Mauern in Stellung liegen, können bestimmt nicht die Köpfe hochnehmen. Links, wo der Angriff laufen soll, hört man eine schwache Schießerei, begleitet von einigen Leuchtkugeln, und dann tut sich nichts mehr.
Die Männer der 15-ten haben ihr Bestes getan. Zischend fliegen die ausgewechselten, glühendheißen Läufe in den Schnee, und Gurt auf Gurt läuft durch die Maschinengewehre wie ein Saum durch die Nähmaschine. Die Wirkung dieses zusammengefaßten Feuers hält drüben sicher alles nieder. Aber ein MG kann nicht ewig schießen und schon gar nicht bei so hoher Feuerfolge. Die Munition fängt an knapp zu werden, und die Bedienungen müssen Pausen einlegen.
Die Russen nützen das sofort aus und bringen ein paar Maxim* in Stellung, um die lästigen Deutschen auf dieser Seite des Dorfes auszuschalten. In den Hecken am Dorfrand sieht man ihr Mündungsfeuer aufblecken, und die Garben gehen haarscharf über die Fallschirmjäger hinweg, die sich eiligst tiefer in den Schnee hineinwühlen.
Aber sie nehmen den Kampf auf. Die sogenannte "Bayernbedienung", bestehend aus zwei Bayern, einem Südtiroler und einem "Zugereisten", kommt jetzt erst richtig in Fahrt. Während der Ladeschütze - Holzfäller aus Garmisch - seinen Kopf " Himmiherrgottblutsakrament" in den Schnee bohrt, reißt sein Richtschütze aus Südtirol wütend die Handschuhe von den Händen und richtet sich auf, um im Knien das Schloß zu wechseln, während ihm die Leuchtspur der Russen links und rechts um die Ohren fliegt. Die feindlichen MG werden zum Schweigen gebracht, aber es beginnt hell zu werden, und die

---

* : wassergekühltes schweres Maschinengewehr.

Männer der 15-ten liegen auf dem Präsentierteller. Sie haben keine Ahnung von der Lage und ob der Angriff endgültig abgeblasen ist. Sie liegen nun schon seit Stunden bei 35 Grad Kälte unter feindlichem Beschuß im Schnee.
Ein russischer Granatwerfer beginnt zielstrebig, sich auf die sMG der 15-ten einzuschießen. Die Einschläge kommen immer näher, und man kann sich ausrechnen, bis wann spätestens einen der Teufel holen wird. Schließlich signalisiert ein zurückgeschickter Melder "Zurückkommen", was nun bei hellem Tageslicht leichter gesagt als getan ist. Dem Feuerschutz von der Höhe 325 aus ist es zu verdanken, daß die Männer, zwar halb erfroren, aber vollzählig in die eigene Stellung zurückkehren können, einschließlich ihrer Maschinengewehre.

Aber das Kapitel Woroschilowka ist noch nicht abgeschlossen, das eigentliche Drama beginnt erst. Der Stützpunkt muß zurückerobert werden, und diesmal sollen die Fallschirmjäger es besser machen. Das Unternehmen, an dem ein ganzes italienisches Regiment gescheitert ist, soll von 5 Stoßtrupps ausgeführt werden, zusammen etwa 50 Mann stark, die überraschend in das Dorf eindringen werden. Niemand ahnt um diese Zeit, daß der Gegner sich für einen Angriff in diesem Abschnitt bereitstellt und dazu über tausend Mann in Woroschilowka zusammengezogen hat.
Die Überraschung gelingt den Fallschirmjägern vollkommen. Alle fünf Stoßtrupps dringen in der Nacht zum 22. Januar in das Dorf ein, besetzen mehrere Häuser und greifen weiter an. Die Pioniere der 16. Kompanie sind mit Sprengmitteln ausgerüstet und die Männer der 15. Kompanie, die wieder von rechts Flankenschutz geben, erleben vor sich das reinste Feuerwerk. Aber die 50 Mann haben auf die Dauer keine Chance gegen eine zwanzigfache Übermacht und können sich jetzt nicht mehr vom Feind lösen. Sie kämpfen verzweifelt, und der Kampflärm und die Detonationen im Dorf dauern an.
Aber dann wird es still, nur noch einzelne Schüsse sind zu hören. Jeder weiß, was das bedeutet.

Die 15-te liegt auch dieses Mal weit vorgezogen im Niemandsland. Sie hat den Angriff zu Beginn flankierend unterstützt. Jetzt deckt sie den Rückzug etwaiger Überlebender. Aber es kommt kaum jemand zurück. Auch die Männer der 15-ten liegen unter feindlichem Feuer und haben Ausfälle. Als schließlich 4 Mann vorbeikommen, einen vereisten Verwundeten in einer Zeltbahn hinter sich herziehend, rufen diese ihnen zu : "Jetzt kommt niemand mehr. Haut bloß ab, bevor es hell wird!"

Dieser Fehlschlag bedrückt alle im Abschnitt. Bewährte Fallschirmjäger, darunter ein Leutnant des 2. Regiments, der auf Kreta als Feldwebel das Ritterkreuz erhalten hat, haben bei diesem Unternehmen den Tod gefunden. Angehörige des IV.Bataillons , Pioniere der 16. Kompanie , waren an diesem Stoßtruppunternehmen hauptsächlich beteiligt und sind fast alle gefallen.
Man versucht krampfhaft, der Sache etwas Positives abzugewinnen : Die Stoßtrupps sind in eine unerkannte Bereitstellung des Feindes in erheblicher Stärke hineingestoßen. Ein Überraschungsangriff der Russen mit so starken Kräften hätte weit mehr Opfer kosten können. Nun, das mag alles stimmen, aber einen bitteren Geschmack hinterläßt dieses Ereignis trotz allem Wenn und Aber.

Eines Tages hat eine Kompanie des Bataillons einen russischen Überläufer zu Gast. Es ist nicht der erste. Schon vor einigen Wochen erschien ein biederer Rotgardist in der deutschen Stellung und erklärte, er sei herübergekommen, weil er mit seiner Kompanie nichts mehr zu tun haben will.
Auf die Frage warum ? erklärt er traurig, die hätten seinen besten Freund erschossen. Weshalb hat man denn den Freund erschossen ? Ja, das wäre so gewesen : Sie gehörten beide zur Bedienung einer Protivotankowaja Puschka, einer Panzerabwehrkanone. In der Rohrbremse der Kanone, die den Rückstoß auffängt, befindet sich eine alkoholhaltige Bremsflüssigkeit. Na ja, und die hat sein Freund eines Tages abgezapft und getrunken. Aber deshalb hätte man ihn doch nicht

gleich zu erschießen brauchen. Ob denn die Deutschen einen wegen sowas auch gleich erschießen?
Der neue Überläufer ist anders. Er ist gar kein richtiger Überläufer. Ein Kind, ein Bürschchen von vielleicht 12 Jahren. Kam quietschvergnügt aus dem Niemandsland durch die Stellungen spaziert. Ein Wirbelwind, stellt sich in seinem kurzen Schafspelz, von einer Schnur um den Bauch zusammengehalten, breitbeinig vor den deutschen Soldaten auf, knallt keck mit seiner Peitsche und will, statt Antwort auf Fragen zu geben, selber Fragen stellen. Er hat nicht die geringste Angst vor den Landsern und läßt sich überhaupt nicht einschüchtern. Die Männer haben ihren Spaß an diesem lustigen Kerlchen, aber der Bursche sagt ihnen frech ins Gesicht, sie sollten machen, daß sie davonkommen, sonst würde sie demnächst der Teufel holen.
Was tun mit dem Kerl? Man kann ihn nicht zurückgehen lassen, dazu hat das Schlitzohr sich viel zu viel angesehen. Also muß er wohl oder übel nach hinten abgeschoben werden. Hoffentlich kommt er nicht unter die Räder!
Und noch etwas zeigt der Besuch dieses "Überläufers": Ein paar von dieser Sorte, nur etwas älter, sollte man als Feinde nicht unterschätzen! Das ist noch Kosakenart!

Die grimmige Kälte läßt nicht nach. Wenn man aus der Unterkunft ins Freie tritt, kleben einem erst die Augenwimpern und beim Atmen die Nasenflügel zusammen. Der Weg zwischen Unterkunft und Stellung ist zur Routine geworden. Auch an die vereisten Leichen gefallener Russen am Rande des Weges, die erst im Frühjahr beerdigt werden können, haben sich die Soldaten auf dem Weg zur Höhe 325 gewöhnt.

Aus der Heimat kommen Wollsachen. Liebevoll gestrickte Pulswärmer, Schals und Bauchbinden, die nicht immer gerade das sind, was die Soldaten brauchen könnten. Aber die Zettel, die oft darin stecken, wärmen mitunter mehr als die Wolle. Grüße eines weiblichen Wesens aus der Heimat, manchmal mit einer Anschrift versehen, die zu einem Feldpost-Briefwechsel führt.

Und natürlich ist die unbekannte Schreiberin - wie kann es anders sein - jung und hübsch ! Wenn die wüßten, wie das hier vorne manchmal aussieht !
Wie beispielsweise der Posten am Maschinengewehr nach Ablösung ruft, weil er Durchfall hat. Wie er dann zurückrennt und noch im Laufen die Handschuhe wegwirft, das Schneehemd runterreißt, dann den Mantel. Aus der Kombination steigen dauert besonders lange, und dann erst ist die Hose dran. Da ist es dann manchmal schon zu spät. Wenn er dann mit weißen, angefrorenen Händen zu den Kameraden in den Unterstand kommt, braucht man sich nicht zu wundern, wenn er Tränen in den Augen hat, weil er nicht weiß, wie er sich jetzt säubern soll !
So stellt sich die Heimat ihre tapferen Söhne an der Front sicherlich nicht vor !
Mit den Wollsachen kommt eines Tages auch - es ist nicht zu fassen - eine Sendung Bier von der Brauerei in Helmstedt. Für jede Kompanie des Bataillons ein Fäßchen, so daß auf jeden Mann doch mindestens ein Trinkbecher voll entfällt. Es war wohl für Weihnachten bestimmt und lange unterwegs, vermutlich auch schon mal gefroren. Eiskalt und schal, ohne auch nur die Andeutung einer "Blume", schmeckt es aus blechernen Trinkbechern und Kochgeschirrdeckeln , dazu in einer eiskalten Umgebung, gelinde gesagt abscheulich. Aber jeder Tropfen wird trotzdem mit Andacht getrunken, und auch dieser Gruß aus der Heimat gibt den Landsern Auftrieb, selbst wenn sie über den Blödsinn witzeln, im Winter Bier an die Ostfront zu schicken.
Januar und Februar 1942 sind vergangen, und auch der März geht zu Ende. Das Fallschirmjägerregiment 2 mit dem unterstellten IV.Bataillon hat - in einer Krise in diesen Abschnitt geworfen - allen Durchbruchsversuchen der Russen standgehalten. Gemessen an den Temperaturen der Vormonate wird es wärmer, und Sonnenschein bei minus 10 Grad macht manche schon übermütig.

Der Druck der Russen beginnt nachzulassen, und eines Tages kommt der Befehl zur Ablösung des Bataillons zusammen mit dem Regiment 2. Die Freude im ganzen Bataillon ist

unbeschreiblich. Mit etwas Glück kann man Ostern schon zu Hause sein.
Die Ablösung geht zügig vonstatten, und die Strecke bis Stalino, die auf dem Herweg unter großen Strapazen, größtenteils im Fußmarsch hatte bewältigt werden müssen, ist jetzt auf geräumten Straßen im Motmarsch ein Klacks. Auch an die Bahn ist Stalino inzwischen wieder angeschlossen, und das Bataillon wird zum Eisenbahntransport verladen. Die Stimmung ist gut, fast ausgelassen, und es werden schon Pläne für den Urlaub geschmiedet.
Über Dnjepropetrowsk, Poltawa, Gomel, geht es in Richtung Heimat. Als die Abzweigungen ins Reich über Ungarn und Polen links liegen bleiben und der Zug weiter nach Norden fährt, haben alle Verständnis dafür, denn der Gegenverkehr mit Panzern und Truppen für den Südabschnitt muß natürlich freie Fahrt haben.
Die Ostpreußen im Bataillon freuen sich schon, denn nun muß der Zug über Königsberg durch ihre Heimat fahren, anders geht´s ja gar nicht. Von den Eisenbahnern ist nicht das Geringste zu erfahren. Die, die etwas wissen, sind zu strengster Geheimhaltung verpflichtet, und es hat gar keinen Sinn, sie zu löchern. Der Transport ist nun schon eine volle Woche unterwegs, und es sieht ganz so aus, als wenn man Ostern im Zug statt zu Hause verleben würde.
An Haltestellen haben sich die Landser von russischen Bauern einige Eier eingetauscht. Die werden mit irgendwelchen Medikamenten der Sanis auch gefärbt.
Eines Nachts hält der Zug lange, und die ungewohnte Stille macht manche munter. Jemand geht hinaus und fragt einen Eisenbahner, wo man denn hier sei. "Treskau" oder so ähnlich kommt die Antwort. Das klingt ostpreußisch, also alles klar ! Aber da schießt einer an die Tür und fragt nochmals, heißt das etwa "Pleskau"? "Ganz richtig", meint der Eisenbahner. Und da ist wirklich alles klar ! Pleskau, Pskow auf russisch, liegt am Peipussee und war früher Grenzstadt zwischen Estland und Rußland. Von da führt keine Abzweigung mehr ins Reich ! Es geht wieder an die Front, diesmal bei Leningrad. Alle Erwartungen, Träume, Hoffnungen

auf ein Wiedersehen zu Hause fallen zusammen wie ein Kartenhaus. Wieder liegt vor einem die Ungewißheit, ob man überhaupt noch einmal zurückkehren wird, ob es überhaupt noch ein Wiedersehen geben wird ! Aber die Fallschirmjäger schlucken das runter : Mit Dingen, die man nicht ändern kann, soll man sich nicht unnötig aufhalten ! Was auf sie zukommt, ist jetzt wichtiger und beschäftigt sie.

Wolchow

Der Zug fährt weiter, und am nächsten Vormittag wird das Bataillon ausgeladen. Der Ort heißt **Uschaki** und liegt an der Autostraße, der sogenannten **Rollbahn** nach Leningrad zwischen **Tschudowo** und **Tosno**. Irgendwo steht ein Wegweiser, auf dem es **nach Leningrad 46 km** sein sollen.
Der Bahnhof ist gerade von russischen Fliegern bombardiert worden, die frischen Bombentrichter rauchen und stinken noch. An den Telegrafenmasten hängen zerrissene Leitungen. Das Bataillon wird auf freier Strecke ausgeladen und zieht sofort nach Norden, wo das Dorf sich weitläufig an den Wald anlehnt.
Uschaki macht einen wohlhabenderen Eindruck, als die Dörfer in der Ukraine. Die Häuser sind aus Holz und sehr viel größer, teilweise mit Schnitzwerk versehen. Meist sind es ganze Gehöfte mit Stall, Scheune und Sauna, hierzulande "Banja" genannt.
Aber dem Bataillon bleibt nicht viel Zeit in Uschaki. Die Kompanien müssen gleich weiter, vorne scheint wieder einiges los zu sein.
Diesmal geht es gleich zu Beginn im Fußmarsch los. Das Landschaftsbild hat sich gegenüber den weiten Flächen der Ukraine grundlegend geändert. Nachdem die Kompanien die große Lichtung, auf der das Dorf steht, verlassen haben, sehen sie nur noch dichten Wald. Vorwiegend Fichtenwald, dazwischen hier und da Gruppen von Birken, deren leuchtend weiße Stämme Abwechslung in das Dunkel des Waldes bringen. Zwischen den Bäumen liegt noch hoher Schnee. Auf einer schmalen Schneise

bewegen sich die Kompanien vorwärts. Um die Mittagszeit beginnt es schon zu tauen und der Weg verwandelt sich in tiefen Schneematsch, so daß er zumindest für Radfahrzeuge nicht mehr passierbar ist. Auch im Fußmarsch kommen die Einheiten nur langsam voran.
Der Tag vergeht, es wird dunkel und Zeit, für ein Nachquartier zu sorgen. Wieder wird es bitter kalt, und die durchnäßten Männer haben keinerlei Möglichkeit, ihre Sachen zu trocknen. Das Feuermachen ist streng verboten, denn bei Dunkelheit soll der Russe hier eine rege Fliegertätigkeit entwickeln. Es heißt, daß es alte, unmoderne Doppeldecker sind, die er aus der Mottenkiste geholt hat und hier äußerst wirksam einsetzt. Sie fliegen im Dunkeln langsam, dicht über den Baumkronen und werfen Bomben auf jedes erkannte oder vermutete Ziel, meist sechs hintereinander und angeblich ganz einfach aus der Tür. Die Fallschirmjäger haben im Vorbeimarsch alle den Troß einer Heereseinheit gesehen, den der **Eiserne Gustav** - so nennt man den Flieger hier - in der vergangenen Nacht heimgesucht hat, und bei dem es Tote und Verwundete gegeben hat. Also kein Feuer ! Die Männer sammeln sich Tannenreisig als Unterlage und bauen darüber ihre kleinen Viermann-Zelte. Zu viert dicht aneinander gedrängt liegen sie in den Zelten, aber an Schlafen ist nicht zu denken. Der Frost kriecht einem von unten in die Knochen, die Füße in den nassen Stiefeln fangen an abzusterben.
Dann hört man ein böses Brummen, das muß er sein ! Er kommt näher, und dann schlägt eine Splitterbombe krachend in den nächtlichen Wald, der rollende Widerhall verklingt in der Ferne. Und schon schlägt die nächste Bombe ein, näher, und noch eine ganz nah ! Man liegt direkt in der Reihe !
Aber die vierte und noch zwei fallen schon weiter, man hat nochmals Schwein gehabt. Dort, wo die letzte Bombe eingeschlagen hat, sieht man Feuerschein, und es ertönen Rufe nach Sanitätern. Wie sich herausstellt eine Nachbareinheit, deren Feldküche sich vermutlich durch Funkenflug verraten hat. Im Walde wird es lebendig. Die Männer können vor Kälte nicht schlafen und rennen zwischen den Bäumen hin und her, mit den

Armen um sich schlagend, wie eine Herde wildgewordener Affen.

Kurz vor 03.00 Uhr kommt ein Melder vom Bataillon und sucht den Chef der 15. Kompanie. Befehl vom Bataillon : Die 15.Kompanie ist ab sofort dem **II.Bataillon/Fallschirmjägerregiment 2** unterstellt und rückt in dessen Abschnitt vor. Der Kompaniechef meldet sich auf dem Bataillonsgefechtsstand an der Schneisengabel, etwa 500 m nördlich des Dorfes **Lipowik,** zur Einweisung. Lipowik liegt auf einer Lichtung, etwa 3 km entfernt, auf die der Waldweg zuführt.

Aber der Kompaniechef wird gerade vom Sanitätsdienstgrad behandelt. Er ist im Dunkeln im Walde gestürzt, und seine alte Verwundung vom Einsatz in Holland bereitet ihm starke Schmerzen. Es hat keinen Zweck, er muß zurück zum Hauptverbandsplatz ! Er übergibt die Kompanie dem Führer des 1. Zuges. Der Leutnant läßt die Marschbereitschaft herstellen und rückt mit der Kompanie ab. Es beginnt schon hell zu werden, die Nächte in dieser Region werden um diese Jahreszeit schon recht kurz. Der Gefechtslärm kommt immer näher.

Vorne muß allerhand los sein. Das Infanteriefeuer hört sich an wie ein pausenloses Brodeln, dazwischen die dröhnenden Salven der Artillerie. Kettenfahrzeuge, Panzer begegnen den Fallschirmjägern. Auf ihnen liegen, jeden Fußbreit Platz ausnutzend, Verwundete mit Notverbänden.

An der Lichtung angelangt, sehen sie einen Fluß, die **Tigoda,** einen Nebenfluß des **Wolchow,** der vom Ilmensee durch die weite Wald- und Sumpflandschaft ostwärts Leningrad in den riesigen Ladogasee fließt, dessen Fläche das rund Vierunddreißigfache des Bodensees beträgt. Der Weg führt über eine Brücke zum Dorf, das einige hundert Meter hinter dem Fluß liegt.

Am Waldrand, jenseits des Flusses, steht eine Feldhaubitzen-Batterie und feuert ununterbrochen. Auch die russische Artillerie schießt, und zwar ausgerechnet auf die Brücke, über die die Kompanie muß. Eine Umgehung ist nicht möglich, und der

Leutnant überlegt, was er jetzt machen soll. Die anderen Zugführer sind nach vorne gekommen und raten davon ab, jetzt einen Übergang zu wagen. Aber die haben gut reden. Die Kompanie wird vorne dringend gebraucht, und er als Kompanieführer ist schließlich verantwortlich dafür, daß sie auf dem schnellsten Wege dahin kommt. Sie können hier nicht lange liegenbleiben ! Andererseits hat er erst vor einer Stunde diese Kompanie übernommen, soll er sie schon auf dem Weg an die Front zusammenschießen lassen, nur, weil er vielleicht einen falschen Entschluß faßt ?
Er beobachtet nochmals die Einschläge am Fluß, sie liegen ohne große Streuung ziemlich dicht an der Brücke. Es scheint kein allzu großes Risiko zu sein, die Kompanie nah heranzuziehen. Dann würde schon eine kurze Feuerpause ausreichen, um die Kompanie, oder wenigstens einen Teil, schnell über den Fluß zu bringen. So wird´s gemacht !
Und es klappt ! Als das Feuer mal kurz aussetzt, rennt er mit der ersten Gruppe los. Gruppe auf Gruppe folgt mit Sicherheitsabstand, und in wenigen Minuten ist die Kompanie samt Gerät auf der anderen Seite und umgeht das Dorf, das jetzt unter Feuer liegt. Am Waldrand klingt der Gefechtslärm schon gefährlich nah. Infanteriefeuer geht über sie hinweg, Querschläger zwitschern durch die Baumkronen.
Die Kompanie bleibt beiderseits der Schneise weit auseinandergezogen liegen, während der Leutnant mit seinem Melder weitergeht, um den Bataillonsgefechtsstand zu suchen. Er findet ihn, es ist ein aus Holzstämmen zusammengefügter Verschlag. "Bunker" wäre übertrieben. Der Bataillonskommandeur, ein großer, stattlicher Major, empfängt ihn sehr erfreut und erkundigt sich danach, wo die Kompanie liegt und nach Stärke und Bewaffnung. "Ich werde Sie selbst einweisen," er horcht hinaus, "aber der Russe schießt jetzt gerade zu stark, wir warten besser ein wenig." Er holt aus einer Munitionskiste eine Flasche Henessy und schenkt ein. "Die ist noch aus Frankreich, Prost !" Er reicht das Glas dem Leutnant, er besitzt scheint´s nur eines. Der Kompanieführer reicht es zurück und bittet den Major, zuerst zu

trinken, dann zieht er nach. Der Major hat inzwischen umgeschnallt und seinen Helm aufgesetzt. Er horcht nach draußen "Der Russe schießt immer noch, also trinken wir am besten noch einen, Prost !" Dank der Schießwut der Russen kommt der Leutnant noch zu einem dritten Kognak, aber dann wird es tatsächlich ruhiger, und die beiden machen sich, gefolgt von ihren Meldern, auf den Weg.
Vom Bataillon ist so gut wie nichts zu sehen, die Männer liegen alle im dichten Gestrüpp versteckt. Sie haben wenig oder gar kein Schußfeld und können sich auch keines schaffen, denn der Feind sitzt ihnen so nah gegenüber, daß jeder abgeknallt wird, der sich auch nur wenige Schritte vor die eigene Stellung wagt. Auch der Major und der Leutnant können nicht aufrecht laufen, ohne sich selbst und die Männer vorne zu gefährden.
Aber wieder bestätigt sich die alte Landserweisheit, wonach es aus unerklärlichen Gründen ein Privileg höherer Vorgesetzter ist, daß der Feind aufhört zu schießen, wenn sie mal nach vorne kommen. Natürlich kann man das auch umgekehrt sehen : daß diese Vorgesetzten so gewitzt sind, möglichst dann nach vorne zu gehen, wenn gerade nicht geschossen wird.
Der Major hat es jedenfalls fein abgepaßt. Alles deutet darauf hin, daß hier gerade noch der Teufel los war. Über den Stellungen liegt noch der frische Qualm und Gestank von der Schießerei und detonierten Handgranaten. Überall liegen abgeschossene Zweige herum. Etwas weiter vorne sieht der Leutnant durchs Gestrüpp etwas Braunes in zwei Bäumen hängen. "Baumschützen" sagt der Oberleutnant, der hier eingesetzt ist, "müssen sich wohl angesielt haben, sonst wären sie runtergefallen." Auch tote Fallschirmjäger vom 2. Regiment liegen neben den Stellungen und konnten noch nicht zurückgebracht werden.
Die 15. Kompanie soll am linken Flügel des Bataillons eine Kompanie ablösen, die anderweitig eingesetzt wird. Der Major weist den Leutnant über seine Abschnittsgrenzen und beiderseitigen Nachbarn ein und kehrt dann wieder zu seinem Gefechtsstand zurück. Der Kompaniemelder geht mit ihm, um die Kompanie in den neuen Abschnitt nachzuführen.

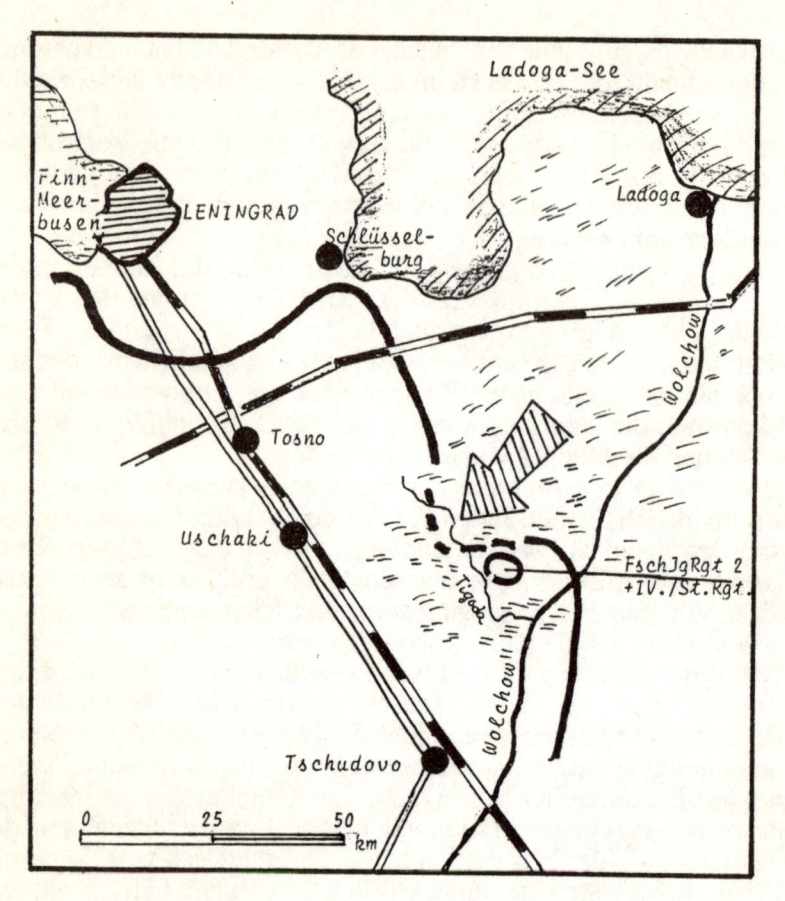

Lage am Wolchow Anfang April 1942

Der Leutnant läßt sich vom Chef der abzulösenden Kompanie noch genauer einweisen. Die Lage ist ziemlich übel ! An die vorderen MG-Stellungen heranzukommen, ist sogar im Kriechen schwierig. Die Posten vorne geben sofort Winkzeichen, daß man sich ruhig verhalten und nicht weiter vorkommen soll. Die "Stellungen" sind weiter nichts als Baumwurzeln oder Mooshuckel, hinter denen die Männer in flachen Mulden im

Anschlag liegen, und die nur unter größter Vorsicht, auf dem Bauch robbend, zu erreichen sind.

Dem Leutnant gefällt das alles gar nicht. Er und seine Leute haben immer den Feind vor sich s e h e n können, auf Kreta und erst recht auf den weiten Flächen der Ukraine. Aber hier hat man nur Gestrüpp vor sich und kann sich kaum bewegen, weil gleich dahinter schon der Feind sitzt. Er kann in diesem Dickicht die Feuerkraft seiner Maschinengewehrkompanie gar nicht voll zur Geltung bringen. Und sehr feine Leute scheinen die da drüben auch nicht zu sein; der eine tote Fallschirmjäger, der mit noch einigen Gefallenen in der Nähe des Kompaniegefechtsstandes liegt, sieht furchtbar aus. Der muß wohl den Russen in die Hände gefallen sein, bevor seine Leiche geborgen wurde, und die haben ihn grausam verstümmelt. Der Kompaniechef der anderen Kompanie bietet dem Leutnant auf seinem Gefechtsstand Tee an, der von dem kleinen Feuer stark nach Rauch schmeckt, aber heiß ist und schön wärmt. Der "Gefechtsstand", der diesen Namen eigentlich gar nicht verdient, besteht praktisch nur aus dem Feldfernsprecher zum Bataillon und ein paar leeren Munitionskisten als Sitzgelegenheit um eine kleine Feuerstelle. Von den vordersten Stellungen trennen ihn nur 30-40 Meter und etwas dichtes Gestrüpp. Bei Tage kann man vorsichtig ein kleines Feuer unterhalten, nachts wegen der Nähe des Feindes nicht, obwohl vom Gustav, dem nächtlichen Flieger, nichts zu befürchten ist, weil man sich hier so nah gegenüberliegt.

Neben dem Leutnant sitzt auch ein Oberfeldwebel am Feuer. Er hat die Kombination ausgezogen, und nach den Orden und Ehrenzeichen an seiner Fliegerbluse zu urteilen, muß es ein "alter Hase" sein. Er hat sich über dem Feuer in einem eimerähnlichen Gefäß Schneewasser gewärmt und nimmt mit aufgekrempelten Hosen ein Fußbad. Er hört dem Gespräch der anderen wortlos zu und genießt offensichtlich das warme Fußbad. In diesem Augenblick bricht plötzlich die Hölle los, ein Hagel von Geschossen prasselt über die Männer am Feuer hinweg, Zweige

fallen von den Bäumen auf sie herunter, und vorne ertönt ein "Urrrrraaaah"-Gebrüll, das einem das Blut in den Adern erstarren läßt.
Die Russen brechen durch, kein Zweifel ! Der Leutnant ist drauf und dran, den Trinkbecher fortzuschleudern und sich mit seiner Maschinenpistole hinter den nächsten Baum zu werfen, um sein Leben so teuer wie möglich zu verkaufen. Aber da fällt sein Blick auf den Oberfeldwebel, der unbewegt ein Bein und dann das andere abwechselnd aus dem Wasser hebt und mit seinen Gedanken anscheinend ganz wo anders ist. Ist der etwa nicht gesund ? Auf der ganzen Linie dicht vor ihnen rasen die deutschen MG, brüllen die angreifenden Russen, krachen Handgranaten, und über die Männer am Feuer geht ein Hagel von knallenden, klatschenden Geschossen hinweg, ohne daß jemand tot umfällt. Wieso eigentlich ? Aber auch der Oberleutnant horcht nur mal kurz hinüber und beschäftigt sich dann weiter mit seinem Tee. Die scheinen sich hier hinter den paar Sträuchern vollkommen sicher zu fühlen. Es ist merkwürdig, der ganze Geschoßhagel wird durch das Gestrüpp tatsächlich nach oben abgelenkt. Steht doch in keiner Vorschrift ! Vorne hört die Schießerei wieder auf. Rauhe Stimmen brüllen Befehle auf russisch, dazwischen hört man Verwundete jammern.
Der Feind drückt hier mit aller Macht, ihm droht jetzt am Wolchow die Einschließung, und er versucht zur Rollbahn Tschudowo - Leningrad durchzubrechen. Bald darauf kommt die Kompanie. Sie wird hinter der HKL angehalten, und die Ablösung der vorderen Posten wird vorsichtig Zug um Zug durchgeführt. Der Leutnant hat die Soldaten in die Lage eingewiesen und zu größter Wachsamkeit und Vorsicht ermahnt. Die sehen die Spuren des Kampfes und auch die Toten, und man muß es ihnen nicht zweimal sagen.
Die abgelöste Kompanie verschwindet still und schnell mit ihren Gefallenen, die die Männer auf Zeltbahnen durch den Schnee hinter sich herziehen.
An den Stellungen kann nichts verbessert werden. Sowie man sich vorne etwas bewegt, peitschen Schüsse herüber, die zum Teil

aus den Bäumen kommen. Der Russe sitzt am Rande des Hochwaldes und nutzt das mit seinen Scharfschützen aus. Daß bei den Deutschen abgelöst wurde , ist ihm vermutlich nicht entgangen, und deshalb dürfte der nächste Angriff nicht lange auf sich warten lassen.
Die größte Sorge des Kompanieführers sind Ladehemmungen in einem entscheidenden Augenblick, wie seinerzeit im Süden auf der Höhe 325. Zum Glück ist es nicht mehr so kalt wie damals im Schneesturm, auch wenn es nachts noch kräftig friert.
Urplötzlich greifen die Russen dann auch wieder mit voller Wucht an. Auf allen Vieren haben sie sich an die deutschen Stellungen herangearbeitet, bis der erste MG-Schütze sie kommen sieht und das Feuer eröffnet. Sofort halten die anderen mit. Die Russen brüllen ihr "Urrraaaah" und werfen Handgranaten, und es ist wieder ein Heidenlärm. Aber die Männer der 15.Kompanie haben sich der für sie neuen Lage schnell angepaßt und lassen die Russen nicht herankommen. Keiner will denen drüben lebend in die Hände fallen, auch sie haben den verstümmelten Fallschirmjäger von der abgelösten Kompanie gesehen.
Zwischendurch ruft der Major an und will sich das, was er vom Kampflärm im Telefon hört, erklären lassen. Der Leutnant bittet ihn, sich das doch vom Posten am Telefon erzählen zu lassen. Er selbst muß sich jetzt um seine schwer kämpfende Kompanie kümmern.
Nach einiger Zeit ziehen sich die Russen wieder zurück. Die Kompanie hat ihre Feuerprobe hier am Wolchow bestanden.
Als es dunkel wird, schickt der Leutnant alles bis auf 2 Reservegruppen in Stellung. Mit dieser Reserve hält er sich in der Mitte seines Abschnitts alarmbereit, um notfalls an einer gefährdeten Stelle sofort eingreifen zu können.
Es dauert auch gar nicht lange, da kommen sie wieder an. Während sie aus dem Hintergrund ein wütendes Feuer von den Bäumen auf die deutschen Stellungen eröffnen, um die Verteidiger in Deckung zu zwingen, kommt die vorderste Welle mit um den Hals gehängten Gewehren auf allen Vieren angekrochen, und erst wenn sie erkannt sind, fangen sie an,

Handgranaten zu werfen. Aber die Fallschirmjäger sind auf der Hut, und die Russen kommen gegen das mörderische MG-Feuer der 15-ten nicht an. Es bewährt sich in diesem Dickicht, die sMG nicht auf ihre Lafetten aufzubauen, sondern wie zur Fliegerabwehr mit "Mittelunterstützung" auf das Zweibein. Das ermöglicht dem Richtschützen im Feuerkampf auf kürzeste Entfernung sein Maschinengewehr blitzschnell hin und herzuschwenken.

Auch dieser Angriff versickert nach einiger Zeit. Einzelne Schüsse verhallen noch mit rollendem Echo im Wald, dann wird es still, und man hört nur noch das Wimmern und Stöhnen von Verwundeten, die sich nicht aus dem Vorfeld haben zurückretten können.

Es ist inzwischen stockdunkel geworden. Man kann sich nur auf die guten Augen der MG-Schützen verlassen und nur im äußersten Fall auf Leuchtkugeln. Der Kompanieführer hat das Abschießen von Leuchtkugeln ohne zwingenden Grund verboten, denn man sieht danach minutenlang überhaupt nichts mehr.

Die Russen scheinen für heute genug zu haben. Nur die Bäume rauschen leise, und in der Ferne hört man das ständige Brodeln der Front. Den übermüdeten Männern vorne kriecht der Frost in die Knochen. Unglaublich, was der Mensch ertragen kann. Seit die Kompanie Uschaki verlassen hat, hat kaum jemand ein Auge zugemacht.

Auch auf das Gehör kann man sich in der Stockfinsternis nicht verlassen, denn im leichten Nachtwind fallen immer wieder Zweige knackend zu Boden, die am Tage angeschossen wurden, und schrecken einen auf. Zwischendurch hört man weiter hinten den Gustav seine Kreise ziehen und das Krachen der Bomben. Vor dem wenigstens ist man hier vorne sicher!

Der Gustav hat sich verzogen, und auch der Wind läßt nach. Alle frieren jämmerlich. Die Schützen vorne können höchstens die Zehen in den Stiefeln und die Finger in den Handschuhen bewegen, damit sie nicht erfrieren. Eine unheimliche Stille beginnt sich auszubreiten, sie wirkt beklemmend und drückend. Da ist kaum jemand, der das nicht empfindet. Scheinbar grundlos

wächst die Spannung von Minute zu Minute. Dann plötzlich in die Stille hinein laut und deutlich zwei Worte : "Sie kommen !" In der nächsten Sekunde zerreißt es einem fast das Trommelfell, die Hölle ist wieder los. Diesmal scheint der Russe auf breiter Front anzugreifen, der ganze Bataillonsabschnitt ist in Bewegung, aus hunderten von Kehlen schallt das heisere "Urrrraaaah"- Gebrüll. Die Russen sind überall bis auf wenige Meter an die deutschen Stellungen herangekommen, aber sie kommen nicht durch ! Sie müssen furchtbare Verluste haben, und es werden - so scheint es - immer wieder neue Leute vorgeschickt, um die deutsche Front aufzureißen. Die Fallschirmjäger kämpfen hier todmüde und halb erfroren buchstäblich um ihr Leben. Mancher trägt als letzten Ausweg eine Handgranate bei sich, die für keinen Russen bestimmt ist. Zwischendurch ruft der Major an : "Seid Ihr noch da?" Das zu erfahren ist natürlich sein gutes Recht, und der Mann am Fernsprecher meldet :"Noch sind wir da, Herr Major" Auch dieser Angriff endet für die Russen als blutige Niederlage. Das Feuer verebbt, und man hört durch den Wald hallende Befehle, Flüche und Beschimpfungen. Der Kampf hat über eine Stunde gedauert, aber es beginnt ruhig zu werden, und nur noch einzelne Schüsse peitschen herüber, dann hört auch das auf.
Als alle schon glauben, jetzt wäre endlich Ruhe, da schaudern sie zusammen vor einem langgezogenen Schrei dicht vor der eigenen Stellung, ein gurgelndes : "Oioioioi - Oioioioi "! Da liegt ein Verwundeter. Ist es wirklich ein Verwundeter ? Man hat hier schließlich keine Engländer oder Neuseeländer vor sich ! Als das Gejammer nicht aufhört, beginnen sich einzelne Leute dafür zu interessieren, wo denn der Verwundete überhaupt liegt, und ob man da nicht doch hinkommen könnte. Ihnen muß in aller Strenge verboten werden, sich vor die Stellung zu wagen, denn es ist bekannt, daß die Sowjets solche Finten nicht scheuen, wenn sie glauben, damit etwas erreichen zu können. Eine solche blutige Erfahrung muß auch die 15-te einige Wochen später machen.
Der Gustav ist weiter nach vorne gekommen und kreist über der HKL. Einigemal kann man ihn kurz als Schatten gegen den Himmel erkennen, aber es ist nicht ratsam, ihn zu beschießen,

man würde sich damit nur selber verraten und vermutlich den Kürzeren ziehen. Der verwundete Russe hat ein zähes Leben und schreit und jammert die ganze Nacht über zum Herzerbarmen. Als er gegen Morgen endlich verstummt, weiß man nicht, ob er nun ausgelitten oder sich nach getaner Arbeit davongeschlichen hat.
Ein Teil der Kompanie wird am Morgen aus der Stellung gezogen, und überall hinter den Büschen flackern kleine Feuer auf, an denen Tee gekocht und die klammen Glieder wieder aufgewärmt werden.

Tagsüber, wenn die Sonne scheint, können die Männer hinter der Stellung sogar etwas schlafen. Schlaf ist das Allerdringendste, was hier jeder braucht ! Auch die Kälte nachts im Walde unter freiem Himmel ist schlimm, aber sie läßt sich leichter ertragen nach einem Auge voll Schlaf.
Auch die Kompanie hat Ausfälle gehabt. Ein Oberjäger*, der vortags dem Leutnant stolz erzählt hat, daß seine Frau in diesen Tagen ein Baby erwartet, ist durch Kopfschuß gefallen. Die Nachricht von der Geburt seines Sohnes zu fast der gleichen Zeit hat er nicht mehr erhalten.

Der Feind versucht mit aller Gewalt durchzubrechen. Innerhalb von 48 Stunden muß die Kompanie 24 russische Angriffe abwehren, die alle auf kürzeste Entfernung vor den eigenen Stellungen ausgetragen werden.

Vom Bataillon kommt die Nachricht, daß von Nordwesten ein Heeresverband auf die eigene Linie zukommt, um die Verbindung mit dem 2. Regiment herzustellen. Seine Spitze dürfte noch im Laufe des Tages im Abschnitt des Bataillons dem Feind in den Rücken stoßen. In der Ferne ist auch Gefechtslärm zu hören, aber es tut sich den ganzen Tag über nichts, und auch die Nacht verläuft ohne besondere Vorkommnisse. Am nächsten Morgen liegt die Kompanie alarmbereit in ihrem Abschnitt. In der Ferne ist wieder Gefechtslärm zu hören. Dann Panzergeräusche, erst weiter

---

* : Unteroffizier bei der Fallschirmtruppe

weg, dann ziemlich nah. Das können russische Panzer sein , und die Fallschirmjäger machen ihre spärlichen Panzerbekämpfungsmittel fertig. Das sind einige Panzerminen und ansonsten nur geballte Ladungen.

Die Russen drüben verhalten sich ruhig, und nur die Panzergeräusche kommen immer näher. In Erwartung eines diesmal mit Panzerunterstützung geführten Angriffs sitzt die ganze Kompanie auf dem Sprung. Der Panzer kommt immer näher und hält, von einer Tannenschonung verdeckt, auf einer Schneise, keine hundert Meter vor dem rechten Flügel der Kompanie. Dann der scharfe Knall aus der Panzerkanone. Aber der Schuß geht hinüber zu den Russen. Ein deutscher Panzer ? Und da bricht auch schon drüben bei den Russen ein wütendes Feuer gegen den Panzer los, der anfängt, sich langsam zurückzuziehen. Dem Geräusch nach muß es ein Panzerspähwagen sein. Er sieht die Leuchtzeichen der Fallschirmjäger nicht, hört ihr Rufen nicht. Hundert Meter haben zur Verbindungsaufnahme gefehlt, buchstäblich hundert Meter, oder noch weniger !
Da entschließt sich der Leutnant zu einem sofortigen Gegenstoß, bevor diese einmalige Gelegenheit verpaßt ist ! Noch hält der Panzer ein Stück weiter auf der Schneise, und die Russen scheinen im Moment die Fallschirmjäger ganz vergessen zu haben und greifen nur den Panzer auf der Schneise an. Der Mann am Fernsprecher soll die Nachbarn verständigen und Meldung an das Bataillon erstatten, aber erst wenn die Kompanie weg ist ! Unter Zurücklassung einer schwachen Besetzung in der Stellung tritt der Leutnant mit der Kompanie aus dem Stand heraus an, und die Züge brechen aus der Hüfte feuernd mit Hurra in den Hochwald ein.Die Russen sind durch diesen plötzlichen Angriff derart überrumpelt, daß es kein Halten mehr für sie gibt. Die Fallschirmjäger, einmal in Fahrt, setzen nach und lassen dem Feind gar nicht erst Zeit, sich wieder festzusetzen. In breiter Schützenkette, ununterbrochen feuernd , treiben sie die fliehenden Russen vor sich her, die nur noch vereinzelt dazu kommen, zurückzuschießen.

Nach einigen hundert Metern kommt ein großes Waldlager in Sicht. Etwa 8 - 10 Holzbunker, zum Teil mit Schießscharten versehen. Aus einem kommt MG-Feuer. Aber schon hat sich ein Obergefreiter von der Seite herangearbeitet und eine Handgranate von hinten ins Innere geworfen. Den ersten Russen, der herausspringt, erwischt der Feuerstoß des Obergefreiten, den zweiten, noch im Eingang, die detonierende Granate. Von rechts wird durchgerufen : "Verbindung zur Infanterie hergestellt !" Die Spitze des entgegenkommenden Heeresverbandes ist auf der Schneise bis in Höhe des Waldlagers vorgedrungen. Das genügt ! Der Leutnant hält die Kompanie an. Einige Rudel brauner Gestalten, die sich geduckt nach Nordwesten ins Dickicht schlagen, werden noch unter Feuer genommen, dann ist der Angriff beendet. Das ganze hat hat kaum mehr als eine halbe Stunde gedauert. Dem Gefechtslärm links und rechts nach zu urteilen, haben sich die Nachbarn dem Angriff der 15. Kompanie angeschlossen.

Das Waldlager besteht aus verstreut liegenden, massiven Holzbunkern. Die Kompanie macht dort eine ansehnliche Beute. Auch manches, was man selbst gebrauchen kann, und deshalb gar nicht erst meldet, zum Beispiel gutes, gepflegtes Schanzzeug, scharfe Äxte und Sägen, Sprengmittel, einen Kartoffelsack, halb gefüllt mit Machorka, dem starken, würzigen, nicht sehr wohlriechenden Eigenbau, aus dem die Russen mit Zeitungspapier ihre Zigaretten drehen, und den auch die Landser in Ermangelung von etwas Besserem nicht verschmähen. Auch ein vor den Schlitten eingespanntes Pferd steht mit zitternden Flanken im Waldlager, sein Kopf ist an einem Baum hochgebunden, und das Tier ist im Kampflärm ganz irre vor Angst.
Doppelferngläser Zeiss 6x30, haargenau nachgebaut, nur mit Hammer und Sichel versehen und fortschrittlicherweise schon olivgrün, sind neben ebenfalls nachgebauten, schweren Colts begehrte "Souvenirs" und man nimmt es mit der pflichtgemäßen Ablieferung nicht so genau.
Für das Bataillon sind für eine "Erfolgsmeldung" vor allem die

erbeuteten Waffen von Interesse : ein schwerer Granatwerfer 12cm, mehrere schwere Maschinengewehre "Maxim" und schätzungsweise 150 - 200 Handfeuerwaffen, die noch im Walde herumliegen. Auch davon behält sich die Kompanie zur Verbesserung der eigenen Bewaffnung einige moderne russische Schnellfeuergewehre und ein paar Maschinenpistolen zurück, aus denen auch deutsche Munition verschossen werden kann.

In die alte Stellung zurückgekehrt, läßt der Leutnant alle Meldungen an das Bataillon vom Fernsprecher durchgeben und vermeidet es, den Major selbst anzusprechen. Der soll, als der Fernsprecher ihm den schon begonnenen Gegenstoß der Kompanie meldete, ganz schön getobt und sogar von Kriegsgericht gesprochen haben.
Die Kompanie hat in der alten Stellung eine ruhige Nacht, nur das Frieren nimmt kein Ende. Am Morgen, nach Sonnenaufgang, wird es etwas besser, und auch der Kompanieführer ist fest eingeschlafen. Er wird bei hellem Sonnenschein von der Wache geweckt : " Herr Leutnant, der Major ist da und geht in unserer alten Stellung herum." Der Leutnant reibt sich den Schlaf aus den Augen, bringt seine Uniform in Ordnung und macht dem Bataillonskommandeur vorne am Hochwald Meldung. Der sagt erst gar nichts, dann knurrt er, ohne den Leutnant anzusehen : "Wenn d a s schief gegangen wäre, mein Lieber, dann wären Sie dran gewesen. Machen Sie sowas nicht nochmal !" Der Leutnant denkt : Das konnte ja gar nicht schief gehen, aber er sagt nur: "Jawohl, Herr Major!" Wenn es wirklich schief gegangen wäre, hätte der Major seinetwegen kaum ein Kriegsgericht bemühen müssen. Der Kommandeur geht mit Notizblock und Bleistift im Vorfeld der alten Stellung umher. Anscheinend will er die Verluste des Feindes schätzen.
Zählen wird er die vielen Toten kaum können, sie liegen kreuz und quer im Walde verstreut. Es sind hunderte.
Die Kompanie kann sich nicht lange ausruhen. Schon am nächsten Tag zeigt sich wieder mal, daß unterstellte Einheiten nicht immer gerade schonend behandelt werden. Die Kompanie

erhält Befehl, auf sich allein gestellt etwa 5 km nach Norden vorzustoßen, dort nach links Verbindung zum rechten Flügel einer Gebirgsjägereinheit zu suchen und rechts davon einen Stützpunkt zu bilden. Der Haken an der Sache ist, daß der Wald noch keineswegs feindfrei ist und niemand weiß, in welcher Stärke die Russen noch drin sitzen. Außerdem steht der Kompanie nur eine sehr ungenaue, veraltete Karte zur Verfügung, auf der das Gelände, durch das sie vorgehen muß, teilweise als ein See verzeichnet ist.

Beim Vorgehen der Kompanie zeigt sich dann auch bald, daß der Hochwald dort, wo der See beginnen müßte, in ein von Birken und Krüppelkiefern bedecktes Sumpfgelände übergeht. Die Männer waten durch tiefes Schneewasser, hin und wieder versinkt einer bis über die Hüften in der eiskalten Brühe. Die zurückgelegte Entfernung wird anhand der abgespulten Feldkabelrollen genau gemessen, jede Rolle 500 Meter. Die Richtung wird sicherheitshalber durch mehrere Marschkompasse überprüft.

Wie erwartet, gibt es auch bald Feindberührung. Noch im Hochwald wird der linke Flügel der Kompanie vom Feind in Zugstärke angegriffen. Nach einer kurzen Schießerei ziehen sich die Russen zurück. Die Männer des linken Zuges behaupten, die Angreifer wären zum Teil Frauen in Uniform gewesen.

Noch einmal trifft die Spitze der Kompanie unversehens auf einen von einem Offizier geführten Feindtrupp. Die Fallschirmjäger sind schneller, und der Trupp wird aufgerieben, wobei auch der Offizier fällt.

Vorgeschickte Spähtrupps finden am späten Nachmittag den Stützpunkt der Gebirgsjäger. Auf einem auf der Karte als vorspringende Landzunge im See verzeichneten Punkt, der im Gelände am Baumbestand nur sehr vage als in den Sumpf vorspringender Hochwald zu erkennen ist, bezieht die Kompanie Stellung und bildet einen "Igel". Innerhalb der Stellung befinden sich zwei russische Holzbunker, von denen der eine Kompaniegefechtsstand wird.

Es müssen noch kurz zuvor Russen dagewesen sein, die sich bei Annäherung der Kompanie aus dem Staube gemacht haben. Die Asche einer Feuerstelle ist noch warm. Jedenfalls müssen sie in der Nähe sein und den neuen deutschen Stützpunkt aus dem Walde heraus beobachten. Inzwischen ist es Nacht geworden. Als der Kompanieführer gerade die Zugführer bei sich hat, um noch etwas zu besprechen, ertönt aus Richtung des einen Zuges ein lautes Schnarchen, das in der nächtlichen Stille des Waldes doppelt verräterisch ist. Stimmen werden laut : " Stopft dem Kerl ´ne Zeltbahn in den Rachen!" und der betreffende Zugführer eilt ärgerlich zu seinem Zug, um das verräterische Schnarchen abzustellen. Aber er kommt bald wieder und meldet grinsend : "Das ist keiner von meinen Leuten, das ist ein Iwan weiter vorne im Walde." Inzwischen ist das laute Schnarchen wohl auch den anderen Russen zuviel geworden, und es wird wieder still im Walde.
Als der Kompanieführer mit noch zweien seiner Männer einen Rundgang durch die Stellung macht, hören die drei ein scharfes Hissen über sich. Im Hinwerfen erwischt es sie. Der Granatwerfereinschlag lag 5 - 6 Meter hinter ihnen, und nur dem weichen Sumpfboden ist es zu verdanken, daß die Splitterwirkung hauptsächlich nach oben gegangen ist, und nicht alle drei getötet worden sind.
Aber immerhin, der Feldwebel und der Obergefreite sind recht schwer verwundet und müssen so bald wie möglich zurückgeschafft werden. Der Leutnant hat mehr Glück gehabt. Mit Taschenlampe und Pinzette holt der "Sani" ihm im Russenbunker die Splitter aus Rücken und Gesäß und klebt alles fein säuberlich zu. Der russische Granatwerfer gibt keine Ruhe. Immer wieder wird der Stützpunkt beschossen.

Die Kompanie hat einen sehr wichtigen Mann dabei: einen vorgeschobenen Beobachter der Artillerie. Er bekommt über Funk Verbindung zu seiner Feuerstellung und schießt am nächsten Morgen Sperrfeuerräume ein. Auch die Kompanie hat Verbindung zum Bataillon, allerdings nur über Draht, über die

mitgeführte Leitung. Eine anfällige Verbindung, die auf der Strecke vom Russen unterbrochen oder auch angezapft und abgehört werden kann. Aber dazu muß er sie erst im Schlamm finden.
Einen Tag später erhält die Kompanie Befehl, nach rechts Verbindung zu einem anderen Bataillon aufzunehmen , dessen linker Flügel sich in der Nähe befindet. Ausgesandte Spähtrupps kommen ergebnislos zurück. Das Gelände rechts ist zum Teil noch feindbesetzt, und von der anderen Einheit fehlt jede Spur.
Der Major gibt sich mit diesem Ergebnis nicht zufrieden. Er behauptet, die Kompanie hätte sich falsch orientiert und würde an einem falschen Geländepunkt liegen. Der Leutnant solle gefälligst zusehen, daß er die Verbindung nach rechts herstellt. Dem bleibt nichts übrig, als einen kampfstarken Spähtrupp loszuschicken, um endlich den rechten Nachbarn zu finden.
Der Spähtrupp bleibt lange weg, man hört ziemlich entfernt eine Schießerei. Dann kommt er zurück mit 4 Gefangenen, und der Spähtruppführer meldet, daß bis auf 2 km keine eigene Truppe im Walde zu finden sei.
Der Major ruft den anderen Major an und dann wieder ziemlich wütend den Leutnant. Er verbittet sich jede weitere Diskussion. Der rechte Nachbar läge richtig im Gelände und er, der Leutnant solle nun endlich einen gegebenen Befehl ausführen.
Der Leutnant weiß sich keinen Rat, aber da kommt unerwartete Hilfe. Der VB, der wie alle in der Kompanie sein Problem mitbekommen hat, macht einen Vorschlag : Er wird mit dem Grundgeschütz seiner Batterie zwei Schuß nach Karte, mit hochgezogenem Sprengpunkt, auf den eigenen Standort, also den Stützpunkt der Kompanie, schießen. Die ganze Kompanie soll mit beobachten, wo die beiden Granaten in der Luft detonieren.
Nun, um es kurz zu machen : Die eine detoniert genau über dem Stützpunkt, die andere etwa 60 m weiter. "So," sagt der VB, "jetzt können Sie ihrem Major melden, daß ihre Kompanie genau richtig liegt, es sei denn, er will behaupten, daß die gesamte Korpsartillerie falsch eingerichtet ist und um mindestens 2 km danebenschießt, und das wird er ja wohl nicht !"

Aber so einfach ist das jetzt gar nicht mehr. Der Major will keine Erklärungen mehr anhören, geschweige denn verstehen. Er hört einfach nicht zu ! Erst, als der Leutnant vorschlägt, dann doch bitte die Artillerie anzurufen, wird er stutzig. Dann fällt schließlich der Groschen, und er kann sein Vergnügen kaum verbergen, jetzt dem anderen Major eins auswischen zu können. Tags darauf ist der rechte Nachbar da und stellt die Verbindung her.
Große Schwierigkeiten bereitet der Nachschub durch den Sumpfwald. Munition und Verpflegung müssen von Trägern, die von der Gefechtsstärke der Kompanie abgehen, in stundenlangen, beschwerlichen Märschen herangeschafft werden.
Dabei treiben sich im Hinterland überall noch versprengte Russen herum, so daß die Träger auch jederzeit ihre Waffen bereithalten müssen. Die Feldküchenverpflegung kommt meist kalt und oft verschmutzt oder halb verschüttet in die Stellung. Die Kompanie versucht deshalb beim Bataillon zu erreichen, daß die Verpflegung auf mehr Konserven umgestellt wird, damit die Träger nicht so viel "Wasser" kilometerweit schleppen müssen. Erst nach einiger Zeit wird diesem Wunsch wenigstens teilweise entsprochen.
Nachdem auch die anderen Kompanien des Bataillons vorgezogen sind, muß die 15-te weiter nach links rücken und liegt jetzt in dem auf der Karte als See eingezeichneten Sumpfgelände. Aus dem angrenzenden Hochwald wird Holz für den Stellungsbau herbeigeschafft, denn im schwankenden Moorboden ist jegliches Schanzen unmöglich. Man stößt sofort auf Wasser. Die Männer liegen auf Lattenrosten, die sie nach und nach mit einem Splitterschutz und einer Überdachung verstärken.

So wenig sich das mit dichtem Kuselgestrüpp bewachsene Gelände zur Verteidigung eignet, einen großen Vorteil hat es doch: man ist vor Panzern sicher. Allerdings nicht vor der feindlichen Infanterie. Die greift hier immer wieder an. Dabei verfolgt sie eine andere Taktik als zuvor. Die Stellungen der Russen liegen weit zurück, und sie schicken häufig Späh- und Stoßtrupps bis Zugstärke durch das Niemandsland vor. Der Sumpf, in dem die

15-te jetzt liegt, scheint selbst ihnen für eine feste Stellung zu ungemütlich zu sein.
Das gibt der Kompanie die Möglichkeit, sich etwas Schußfeld vor den Stellungen zu schaffen, Sicherungen vorzuschieben und ebenfalls Aufklärung durch Spähtrupps zu betreiben.
Bei einem Angriff auf den rechten Flügel der Kompanie wird der Feind zurückgeschlagen und hinterläßt mehrere Verwundete wenige Meter vor der deutschen Stellung. Als der Kompanieführer, durch die Schießerei alarmiert, zum rechten Zug läuft, kann er nicht mehr verhindern, daß ein Oberjäger vor die Stellung kriecht, um den um Hilfe rufenden Verwundeten hereinzuholen. Von der Stelle, wo der Verwundete liegen müßte, wird auf ihn das Feuer eröffnet. Der Oberjäger springt wütend auf und hält mit seiner Maschinenpistole zwischen die vor ihm liegenden Russen. In diesem Augenblick bricht hinter Sträuchern und Mooshuckeln ein rasendes Feuer los. Der Oberjäger wird förmlich umgerissen. Unter dem Feuerschutz mehrerer Maschinengewehre gelingt es den Kameraden, ihn wieder zurückzuziehen. Er lebt noch, und der Sanitätsdienstgrad versorgt ihn, so gut er kann, aber die Russen haben diesen Mann regelrecht durchsiebt. Er hat unter anderem auch einen Bauchschuß davongetragen, und der allein ist tödlich, wenn er nicht innerhalb weniger Stunden operiert wird.
Der Oberjäger, ein ruhiger, großer Mann, Schwabe, ist bei jedermann in der Kompanie beliebt, und es melden sich sofort viele Freiwillige, um ihn zum Verbandsplatz nach Lipowik zu tragen. Auf einer schnell zusammengebauten Trage aus jungen Birkenstämmen will der Verwundete - er ist bei Besinnung - noch etwas sagen. Der Kompanieführer hält sein Ohr an das von Mullbinden verdeckte Gesicht mit dem zerschossenen Kiefer. Kaum vernehmlich hört er : "Grüß die Kameraden !"
Die Träger werden von einem Trupp mit lMG als Schutz bei Feindberührung begleitet, mit dem sie sich im Tragen abwechseln können, denn der Oberjäger ist ein großer, schwerer Mann. Ihn kilometerweit durch den Sumpfwald zu tragen, ist schon eine Aufgabe.

Der Tag vergeht, und die ganze Kompanie wartet gedrückt auf die Rückkehr der Träger. Spät am Abend kommen sie an, und schon ihre Mienen verraten, daß alle Mühe umsonst war. Müde und traurig berichtet der Führer des Kommandos : Nachdem sie unter großen Anstrengungen mit dem Verwundeten den Waldrand vor Lipowik erreicht haben, fallen ihm die vielen Soldaten und das rege Treiben im Dorf auf. Durch sein Doppelfernglas erkennt er, daß es Russen sind. Lipowik ist in russischer Hand ! Troß und Verbandsplatz müssen sich abgesetzt haben. Der Trupp umgeht die Lichtung und stößt auf der anderen Seite im Walde dann doch noch auf einen Teil des Trosses, bei dem sich auch einer der Ärzte befindet. Der Verwundete hat bereits große Schmerzen. Der Arzt kann ihm nicht mehr helfen. Zum Glück hat er Morphium. Als seine Kameraden ihn verlassen, ist der Oberjäger tot.

Eines Nachts gelingt es den Russen, die offenbar gezielt auf Gefangene aus sind, um sich Feindnachrichten zu verschaffen, einen vorgeschobenen Horchposten der Kompanie zu überrumpeln und gefangenzunehmen. Nach zwei Stunden kommt der wieder und bringt auch gleich die "Wintowka" eines seiner Bewacher samt aufgepflanztem Bajonett mit. Die Russen haben ihn mit Bajonettstichen in Rücken und Gesäß im Laufschritt vor sich hergetrieben. Da hat der bärenstarke Obergefreite - wie er sagt - "aanen Blutrausch kriagt", seinem Peiniger das Gewehr entrissen und über den Schädel geschmettert. In der Dunkelheit ist es ihm dann geglückt, ins Gebüsch zu entkommen, bevor die anderen Russen, die einen eigenen Verwundeten tragen mußten, ihn wieder ergreifen konnten.

Im Rahmen einer Propagandaaktion bekommt die Kompanie kleine "Propagandaraketen" geliefert. Das sind ganz einfache Pappzylinder, die man wie Silvesterraketen von einem Stab aus abschießt. Der Zylinder fliegt einige hundert Meter, platzt in der Luft und verstreut eine große Zahl von Flugblättern über feindlichem Gebiet oder dem Niemandsland. Am Flugblatt, in dem die russischen Soldaten zum Überlaufen aufgefordert werden, befindet sich ein Propusk, ein Passierschein, der dem Überläufer gute Behandlung und sonst noch alles mögliche verspricht, was nicht stimmt. Er bekommt genaue Anweisung, wie er sich verhalten soll : vor der deutschen Linie die Wintowka mit dem Bajonett nach unten in den Boden stoßen und den Passierschein hochhalten ! Die Fallschirmjäger halten das für ausgemachten Blödsinn. So dumm wird kein Russe sein, um auf so etwas hereinzufallen.

Aber siehe da, zwei Tage später erscheint ein freundlich winkender Russe vor der HKL, rammt kraftvoll sein Bajonett bis oben in den Boden und kommt gewichtigen Schrittes mit hochgehaltenem Propusk zu den Fallschirmjägern herüber, als wenn er soeben die deutsche Staatsangehörigkeit erworben hätte. Ein kräftiger Bauernbursche mit offenem, ehrlichem Gesicht. Schade um den Kerl !

Eigene Aufklärung durch Spähtrupps hat ergeben, daß in etwa 1km Entfernung eine russische Minensperre liegt. Zusammen mit den jetzt links aufgeschlossenen Gebirgsjägern soll die Kompanie bis an diese Sperre vorstoßen und dort eine neue Stellung beziehen. Gegen nur geringen Feindwiderstand erreicht die Kompanie die befohlene Linie und richtet sich zur Verteidigung ein. Die Gebirgsjäger links stoßen auf stärkeren Feind, und ihr Angriff bleibt unter schweren Verlusten liegen. Darauf erhält die Kompanie Befehl, ebenfalls auf die alte Linie zurückzugehen.

Der Leutnant will in der Stellung bleiben, schließlich hat er mit der Kompanie schon fast eine Woche lang weit vorgezogen als Stützpunkt allein in diesem Walde gelegen. Da scheint es ihm kein größeres Risiko zu sein, diese nun einmal schon gewonnene Stellung bis zum nächsten Tag zu halten. Aber es helfen keine Vorstellungen, die Kompanie muß zurück !

Am nächsten Tag wird erneut angegriffen. Diesmal stößt auch die 15-te auf stärkeren Feindwiderstand und hat 2 Tote und mehrere Verwundete, bevor sie die gestrige Stellung wieder erreicht. Im Vorgehen bei diesem Angriff sieht der Kompanieführer rechts vor sich, hinter einer Baumwurzel, einen Russen bewegungslos mit

dem Gewehr im Anschlag liegen. Der Russe schießt nicht, macht aber auch keine Anstalten, sich zu ergeben. Ein Oberjäger springt auf ihn zu, um das Gewehr beiseite zu schlagen. In diesem Augenblick zieht der Russe ab, und der Schuß reißt dem Oberjäger den Ärmel auf, ohne ihn weiter zu verletzen. Ein Beispiel für die dumpfe Sturheit mancher russischer Soldaten.
Die Kompanie liegt nun an dem Minenfeld, dessen Gassen natürlich den Russen, aber nicht der eigenen Truppe bekannt sind. Es ist eine 40-50 m tiefe Sperre, in der Schützenminen verlegt sind. Das sind primitive, kleine, mit Sprengstoff gefüllte Holzkästen, deren Deckel schon bei leichtem Druck einen Nagel in die Zündkapsel drückt und den Sprengsatz zur Entzündung bringt. Ein typisch russisches Erzeugnis : einfach, billig, aber sehr gefährlich, denn die Dinger detonieren sogar im Wasser. Die Wirkung ist nur selten tödlich, meist wird dem, der auf eine solche Mine tritt, der Fuß abgerissen. Die Gebirgsjäger und auch die eigene Kompanie haben durch dieses Minenfeld Ausfälle gehabt. Nur einer der Fallschirmjäger hat das sagenhafte Glück gehabt, daß ihm lediglich der halbe Stiefel vom Fuß gerissen wurde und er, außer Schmauchspuren im Gesicht und ein paar Schrammen, mit dem Schrecken davongekommen ist.

Der Major weiß das natürlich alles, aber er will weiter. Er kann einem keine Pioniere zum Räumen von Minen geben und auch nicht sagen, wie man durch das Minenfeld kommen soll, "irgendwie" müßte das gehen. Und wieder ist es keine seiner eigenen Kompanien - da gibt es keine Entschuldigung - sondern die vom IV. Bataillon ihm unterstellte Kompanie, die als erste das Minenfeld überwinden soll. In diesem Fall befiehlt er nicht, er drängt, er "erwartet."
Da kommt ein Obergefreiter zum Leutnant, ein bewährter Spähtruppler, Forstgehilfe im Zivilberuf. Er zeigt ein Kästchen vor, eine entschärfte und entleerte Schützenmine, darin ein Dutzend Zündkapseln aus anderen Minen, die er auf eigene Faust entschärft hat. Er kennt jetzt den Mechanismus und die Art, wie sie verlegt und getarnt sind und erklärt sich bereit, eine Gasse in

die Sperre zu räumen, wenn er noch zwei Mann zur Hilfe bekommt.
Obwohl kein ausgebildeter Pionier, räumt er innerhalb kurzer Zeit mit zwei freiwilligen Helfern eine Gasse in die Sperre und entschärft dabei fast hundert dieser tückischen, hochempfindlichen Schützenminen, die, wenn sie einem unter den Händen detonieren, natürlich auch tödlich sind.

Die Kompanie hat es "irgendwie" geschafft und geht, nachdem sie einige feindliche Sicherungen verjagt hat, jenseits des Minenfeldes in Stellung. Diesmal darf sie wieder allein ohne Anschluß im Walde liegen.

Erst nach Tagen zieht das Bataillon nach, und der Bataillonsgefechtsstand wird in Sichtweite, etwa 80 m hinter dem Kompaniegefechtsstand des Leutnants, in zwei dort vorgefundenen russischen Holzbunkern eingerichtet.
Die 15. Kompanie liegt jetzt im Hochwald am Rande des Sumpfes und hat nach links keinen Anschluß mehr. Der Sumpf wird lediglich durch Spähtrupps der weiter links liegenden Gebirgsjäger gesichert. Da durchzukommen ist für den Feind natürlich kein Problem. Der linke Flügel der Kompanie wird deshalb stark abgesichert und für alle Fälle auch ein MG nach rückwärts in Stellung gebracht. Zunächst passiert nichts, aber eines Morgens im ersten Licht sieht der nach rückwärts beobachtende Posten Russen im Rücken der Kompanie. Er eröffnet sofort das Feuer, und ein Teil der jetzt alarmierten Kompanie nimmt die Russen ebenfalls unter Feuer. Es ist ein etwa 40 Mann starker Stoßtrupp, der direkt auf den Bataillonsgefechtsstand zuläuft. Zwischen den Holzbunkern des Bataillons wird es jetzt auch lebendig. Die Russen schlagen einen Bogen und laufen, einige Tote und Verwundete zurücklassend, hinter der deutschen Front weiter. Mit besonderem Vergnügen haben die Männer der 15-ten beobachtet, daß sich beim Bataillonsstab einige Gestalten barfuß und in Unterhosen am Feuerkampf beteiligt haben, einem Anzug, der in vorderster Linie auch bei Nacht nicht angebracht ist.

Der russische Stoßtrupp wird einige Tage später im Abschnitt des IV. Bataillons hinter den deutschen Linien gestellt und aufgerieben.

Überhaupt ist die frühe Dämmerung vor Sonnenaufgang die "Stunde des Russen", da sind bei der Kompanie die meisten wach, auch wenn sie nicht gerade am MG liegen. Ein Gefreiter verspürt mal um diese Stunde einen Druck auf der Blase und geht ein paar Schritt neben die Stellung. Plötzlich steht er vier Russen gegenüber. Er trägt keine Waffe, sein MG steht 10m weiter links, nur eine ungeladene Leuchtpistole hängt an seiner Seite. Die reißt er geistesgegenwärtig hoch, und die Russen lassen ihre Waffen fallen und nehmen die Hände hoch. Stolz bringt er seine Gefangenen zum Kompaniegefechtsstand und seine Kameraden, an denen er vorbeikommt, reiben sich verdutzt die Augen.

Sehr unangenehm ist für die Kompanie Granatwerferfeuer, das häufig auf dem Abschnitt liegt. Eines Tages entdeckt ein Spähtrupp auf einer kleinen Lichtung im Walde die Granatwerferstellung, die gar nicht besetzt ist. Offenbar kommt die Bedienung nur hin und wieder zum Werfer, um ein wenig zu schießen und verschwindet dann wieder. Der Werfer steht fertig eingerichtet da, daneben ein Kartoffelsack, halb gefüllt mit Wurfgranaten. Der Spähtrupp kehrt nochmals zurück und vermint den Sack mit den Wurfgranaten mit einer Kilo-Ladung und einem empfindlichen Zünder. Dieser Werfer hat die Kompanie nicht wieder belästigt.
Auch die berüchtigte russische "Ratschbum" lernen die Fallschirmjäger kennen, obwohl es ein Rätsel ist, wie dieses flach feuernde Geschütz im Walde so nah an die deutsche Stellung herangebracht werden konnte. Eine 40 cm dicke Espe wird neben einer MG-Stellung von einer Ratschbum in Mannshöhe abrasiert, und die Bedienung hat Glück, daß der Stamm nicht auf ihren kleinen Verschlag gefallen ist.
Es wird Frühling und immer wärmer. Im April hatten die Jäger und Naturfreunde in der Kompanie frühmorgens ihre Freude an

der Birkhahnbalz im Moor, die weithin zu hören war. Jetzt ist es noch wärmer geworden, und an geschützten Plätzen sonnen sich schon Kreuzottern auf den Mooshuckeln.
An einem wunderschönen Frühlingsmorgen ist es ausnahmsweise so still im Walde, daß die Vögel erst zaghaft, und dann immer munterer zu zwitschern und zu singen beginnen, eine Seltenheit in diesem Abschnitt. Alle genießen diese Ruhe und die Wärme nach dem furchtbaren Frieren während der Wintermonate. Aber plötzlich fahren die Männer hoch. In die Stille des Waldes hallen vor der Stellung mächtige Akkorde, ein Symphonieorchester, die Zweite Ungarische Rhapsodie von Liszt ! Ein Wunder ! Einen Augenblick hat es allen die Sprache verschlagen, dann schallendes Gelächter auf der ganzen Front : "Der Iwan macht Musik !" Aber dann verstummt das Gelächter, und alle hören doch hin, es ist einfach zu schön !
Der Lautsprecher muß direkt in einem der Artillerie-Sperrfeuerräume stehen, und der Leutnant von der Artillerie hat schon Verbindung zu seiner Feuerstellung aufgenommen. Die Musik endet, und eine Stimme in einwandfreiem Deutsch ertönt : "Deutsche Soldaten, kommt herüber zu uns ! Hier gibt es dreimal täglich warme Verpflegung. Auch Frauen gibt es bei uns... usw!" Aber da kommt schon die erste Lage angeheult und schlägt krachend dort ein, wo die Stimme herkommt. Und wieder schallendes Gelächter : "Da habt ihr eure warme Verpflegung und eure Weiber !" Damit ist der Spuk vorbei.

Es hat sich nicht vermeiden lassen, daß die Truppe nach Benutzung russischer Bunker und Schlafpritschen völlig verlaust ist. Eine Körperpflege ist in dieser Stellung kaum möglich. Das Wasser im Moor ist eine schwarzbraune Brühe, die man ungekocht zu nichts verwenden kann.
Die Männer leiden sehr unter dieser Plage, und mit der wärmer werdenden Witterung ist eine zweite, fast noch schlimmere hinzugekommen : die Mücken ! Es ist unvorstellbar, wie diese Blutsauger sich in der Sumpfregion am Wolchow in Myriaden auf die Menschen stürzen und ihnen zusammen mit den Läusen das

Leben zur Hölle machen. Die Luft ist erfüllt von einem ständigen Tosen, als wenn man sich in unmittelbarer Nähe eines Wasserfalls oder der Turbine eines Kraftwerks befinden würde. Nicht einmal auf den "Donnerbalken" kann man sich setzen, ohne mit einem Zweig seinen Allerwertesten vor den wütenden Attacken zu schützen.

Es werden grüne Mückenschleier an die Truppe ausgegeben, aber die nützen auch nur bedingt. Je mehr man sich, vor allem beim Schlafen, nach außen abdeckt, um so mehr plagen einen darunter die Läuse. Morgens sieht man überall hinter der Stellung kleine Feuer, an denen die Landser ihre Unterwäsche filzen. Die "Abschüsse" werden gezählt, und es werden immer wieder neue Rekorde aufgestellt.
Die Truppe hat nicht nur Ausfälle durch die fast täglichen Kampfhandlungen. Fieber und Durchfall zehren an den Kräften der zusammengeschrumpften Züge. Die Gefechtsstärke der Kompanie ist auf ein Drittel der Sollstärke abgesunken.

Endlich, **Anfang Juli**, erfolgt die Ablösung. Die Kompanie stößt wieder zu ihrem Bataillon, dem IV. Bataillon. Ein Häuflein abgemagerter, zum Teil bärtiger Gestalten zieht am Bataillonskommandeur vorüber, der nach Monaten kopfschüttelnd seine Kompanie wiedersieht. Als der Wald sich öffnet und die Männer nach langer Zeit freien Blick über eine weite, grüne Fläche haben, da wirkt das wie ein Schock. Ein ganz merkwürdiges Gefühl, als wenn man plötzlich nackt in einem großen Saal stehen würde, und man muß sich langsam an die Weite gewöhnen.

In Uschaki wird das Bataillon entlaust, und die Männer können sich einige Tage lang bei schönem Sommerwetter und ordentlicher Verpflegung erholen und auch äußerlich wieder in Ordnung bringen. Dann geht der Zug ab in die Heimat. Über Narwa, Dorpat, Riga geht es durch Ostpreußen nach Helmstedt. Auch wenn die Wiedersehensfreude groß ist, so ist es diesmal

kein Triumphzug wie nach Kreta. Es gibt keinen Sieg zu feiern, sondern höchstens die Tatsache, daß man es noch einmal geschafft hat, heil zurückzukehren.
Der Krieg hat durch die Ostfront ein neues Gesicht, eine neue Dimension bekommen. Er ist noch grausamer geworden ! Gemeiner !

Im August ist das Bataillon vom Urlaub zurück, auch die Genesenen stoßen aus Lazaretten und vom Ersatztruppenteil wieder zu ihren Kompanien.
Und wieder beginnt in der Garnison der Aufbau.

Stellenbesetzung
des IV.Bataillon / LL-Sturmregiment
1941/42 in Rußland

Btl.Stab

Btl.Kommandeur :	Major	Gericke, Walter
Adjutant :	Olt.	Engelhardt, Hans
Nachr.Zugführer :		
Btl.Arzt :	StArzt Dr.	Zänker, Helmut
Verwaltung :	ObInsp.	Stork, Wilhelm
	Insp.	Gräfrath, Josef
	W.Insp.	Falck, Fritz

13. Kompanie

Kp.Chef :	Olt.	Heck
Zugführer:	Lt.	Thomsen, Thomas
	Lt.	Nitzschke, Siegfried
	Ofw.	Petersen, Alfred gef.
Kp.Arzt :	AssArzt Dr.	Weber, Karl-Heinz
Hauptfeldwebel :	Hfw.	Klotzsche, Siegfried

14. Kompanie

Kp.Chef :	Hptm.	Pfeifer, Hans (?)
Zugführer :	Lt.	Knaus
	Lt.	Kroll, Werner
Kp.Arzt :	OArzt	Dr. Wolf
Hauptfeldwebel :	Hfw.	Langrock, Fritz

15. Kompanie

Kp.Chef :	Olt.	Ringler, Helmut
Zugführer :	Lt.	Brehde, Dietrich *
	Lt.	Weiß
	Lt.	Nikolai
	Ofw.	Hilker
Kp.Arzt :	AssArzt Dr.	Peetz
Hauptfeldwebel :	Hfw.	Owe

16. Kompanie

Kp.Chef :	Hptm.	Griesinger, Emil	
Zugführer :	Lt.	Gleitsmann	gef.1942
	Lt.	Freudenberg, Walter	gef.1942
	Ofw.	Sina, Karl	
	Fhr.	Piesk, Roland	gef.1942
KpArzt			
Hauptfeldwebel			

---

* führt nach Ausfall von Olt. Ringler die 15. Kp. am Wolchow

II. Teil

Das II. Bataillon, Fallschirmjägerregiment 6

Frankreich

Anfang Oktober wird das IV.Bataillon nach Frankreich auf den Truppenübungsplatz **Mourmelon le Grand** verlegt, auf etwa halber Strecke zwischen Chalon-sur- Marne und Reims. Dort wird es als **Lehrbataillon** der **Erdkampfschule der Luftwaffe** unterstellt. Es hat die Aufgabe, in verschiedenen Lehrgängen Führungspersonal für die Luftwaffen-Felddivisionen auszubilden, Lehrvorführungen zu veranstalten und daneben Truppenversuche für das XI. Fliegerkorps durchzuführen. Die Luftwaffen-Felddivisionen sind ein Beitrag der personell bevorzugt ausgestatteten Luftwaffe für die Ostfront. Ein Beitrag, der vermutlich auch dem Prestige der Luftwaffe dienen soll. Man hat die Fliegerhorste und sonstigen Heimatdienststellen nach abkömmlichem Personal durchkämmt und dabei eine große Zahl von qualifizierten Dienstgraden für die neuen Divisionen gewonnen. Nur fehlt diesem Personal die nötige infanteristische Ausbildung und natürlich jede Kampferfahrung. Das hat in den ersten Einsätzen zwangsläufig zu Rückschlägen und hohen Verlusten geführt.
Das IV.Bataillon des Sturmregiments soll nun als Lehrbataillon in Lehrgängen für Bataillons- Kompanie- und Zugführer Offiziere und Feldwebel der Luftwaffe für eine solche infanteristische Verwendung an der Ostfront ausbilden und dabei vor allem die eigenen Erfahrungen aus dem zurückliegenden Einsatz im Süden und Norden der Ostfront weitervermitteln. Außerdem stellt das Bataillon der Schule Ausbilder für spezielle Lehrgänge an

schweren Infanteriewaffen zur Verfügung. Eine besonders verantwortungsvolle Aufgabe ist es , die Lehrgangsteilnehmer auch hinsichtlich ihrer Eignung für die vorgesehene Verwendung zu beurteilen. Diese Eignung muß einigen von ihnen abgesprochen werden, weil Zweifel daran bestehen, ob man ihnen im Fronteinsatz das Leben von Soldaten anvertrauen kann. Der Kommandeur und sein Lehrpersonal kennen in diesem Punkt keine Gnade !

Die Fallschirmjäger nehmen die Lehrtätigkeit sehr ernst und tun ihr Bestes, um den Lehrgangsteilnehmern in der kurzen Zeit so viel wie möglich beizubringen. Mit zeitraubendem Ballast hält man sich nicht auf, die Ausbildung ist praxisnah und beschränkt sich auf das Wesentliche. In Feldpostbriefen aus Rußland bedanken sich später manche der Offiziere und Feldwebel für die Ausbildung in Mourmelon, die ihnen, wie sie schreiben, im Einsatz sehr genützt hat.

Die vom Bataillon durchzuführenden Truppenversuche sind eine willkommene Abwechslung in der täglichen Lehrtätigkeit. Auf Grund der Erfahrungen beim Kreta-Einsatz ergeben sich verschiedene Forderungen hinsichtlich der Ausbildung und Ausrüstung der Fallschirmtruppe. So werden Absprünge mit verbesserten Verschlüssen am Gurtzeug des Fallschirms gemacht, die dem Springer nach der Landung ein schnelleres Lösen vom Fallschirm ermöglichen. Zuvor mußte der Springer mehrere Schnallen und Karabinerhaken lösen, um sich vom Fallschirm zu befreien, was auf Kreta sicher manchem Fallschirmjäger das Leben gekostet hat.
Die wichtigste Neuerung aber ist das Springen mit weittragenden Waffen am Mann. Die Tatsache, daß auf Kreta nur mit der Pistole und ein paar Eihandgranaten am Mann gesprungen wurde, ist als einer der Hauptgründe für die schweren Verluste bei diesem Einsatz zu betrachten.
Beim erweiterten Truppenversuch in Mourmelon bestätigt sich, daß bei entsprechender Technik sowohl mit der Maschinenpistole

als auch mit dem Karabiner und dem leichten Maschinengewehr gesprungen werden kann.
General Student ist nach Mourmelon gekommen und wohnt persönlich den Sprüngen des Lehrbataillons bei. In einem Gespräch mit den Fallschirmjägern betont er die besondere Bedeutung dieser Versuche.

Auch aus der Heinkel, der He-111, die ein schnelleres Flugzeug als die Ju-52 ist, wird in Mourmelon gesprungen. Dabei muß der Springer sich ohne Sicht nach draußen durch eine enge Bodenluke fallen lassen und dabei darauf achten, daß er nicht mit dem Gesicht auf die Kante der Öffnung schlägt. Die Landser meinen : "Wie durch ein Plumps-Klo im fahrenden D-Zug", und das finden sie unsportlich und nicht sehr schön.

Auch mit Lastenseglern - DFS 230 - wird wieder geübt. Und da gibt es ganz was Neues : Sturzflug und Landung mit Bremsfallschirm ! Da kann man im steilen Sturzflug runtergehen, den Bremsfallschirm am Leitwerk öffnen und auf einer lächerlich kleinen Fläche landen. Den Sturzflug aus großer Höhe verträgt nicht jeder, aber für die meisten ist es eine tolle Sache.
Wer am Wochenende nicht Wachdienst oder sonstigen Dienst und auch nichts ausgefressen hat, kann nach Reims fahren. Es besteht eine günstige Zugverbindung, und man braucht für die Fahrt nur eine gute halbe Stunde. Die Sehenswürdigkeiten und die Geschichte dieser Stadt sind höchstens am Anfang interessant. Schließlich hat Reims den Fallschirmjägern Naheliegenderes zu bieten als gotische Baukunst und Erinnerungen an die Jungfrau von Orleans. Die Kinos zeigen teilweise deutsche Filme, und es dauert auch nicht lange, bis die Landser ihre Stammkneipen ausfindig gemacht haben.
Weihnachten und die Jahreswende **1942/43** sind überschattet von den Ereignissen an der Ostfront. Nach den glänzenden Siegen der immer weiter nach Osten vordringenden Wehrmacht will und kann man es einfach nicht glauben, daß eine ganze Armee in **Stalingrad** zu Grunde gehen soll. Eine Armee ! Nicht ein

Regiment oder eine Division. Eine Armee, das sind viele Divisionen, das sind 280000 Soldaten, von denen ein jeder einen Namen hat, eine Familie, Vater und Mutter, vielleicht Frau und Kinder !
Die Männer des IV.Bataillons haben die Schrecken des Krieges im russischen Winter kennengelernt und können sich vorstellen, um wieviel schrecklicher die Lage der Kameraden bei Stalingrad sein muß, die auf verlorenem Posten dem Tod oder einer schlimmen Gefangenschaft entgegensehen. Als dann umrahmt von Trauermusik der Wehrmachtsbericht das Ende der 6. Armee in Stalingrad verkündet, da herrscht auch bei den Fallschirmjägern in Mourmelon eine zutiefst gedrückte Stimmung. Die ersten Zweifel an der Unbesiegbarkeit der Wehrmacht kommen auf, Zweifel an der Unfehlbarkeit des Oberkommandos.
 Anfang des neuen Jahres wird das IV.Bataillon aus dem Verband des Sturmregiments herausgelöst und als

II. Bataillon / Fallschirmjägerregiment 6

in die neuaufgestellte 2. Fallschirmjägerdivision eingegliedert. Das bedeutet, daß die bisherigen schweren Kompanien des IV. Bataillons in Jägerkompanien umgewandelt werden.
Eine Ausnahme bildet die 8. Kompanie, die gemäß Gliederung der Jägerbataillone mit 3 sMG-Zügen wieder eine schwere Kompanie wird. Der 4.Zug erhält statt der sonst üblichen mittleren Granatwerfer "Leichtgeschütze" Kaliber 7,5 cm. Diese Leichtgeschütze sind eine für die Fallschirmtruppe sehr wesentliche neue Erfindung : Sie sind, weil beim Schuß ein Teil des Explosionsdruckes nach rückwärts entweichen kann, nahezu rückstoßfrei. Das bedeutet, daß sie sehr viel leichter gebaut sein können als normale Geschütze, und daß sie sich deshalb besonders für den Lufttransport eignen.
Das neue II. Bataillon bleibt nach wie vor Lehrbataillon an der Schule, und die Umgliederung vollzieht sich deshalb mehr

nebenbei. Zwischen den Kompanien findet ein Personalaustausch statt, so daß die neue 5.,6.,7.und 8.Kompanie personell nicht jeweils der früheren 13., 14., 15. und 16.Kompanie entsprechen. Die schweren Kompanien in ihrer ursprünglichen Zusammensetzung hören auf zu bestehen. Insgesamt aber ist das neue Bataillon identisch mit dem früheren IV. Bataillon des Sturmregiments, und es behält auch den blauen Kometen als sein taktisches Kennzeichen.

Im Frühjahr wird das Bataillon mit der Durchführung einer Übung beauftragt. Der Ausgangslage zufolge soll ein Fallschirmjägerbataillon, dargestellt von einer Kompanie, den Flugplatz Mourmelon aus der Luft in Besitz nehmen.
Zuvor soll eine Haubitz-Batterie, die aus einer Feuerstellung bei der **Ferme de Buy,** einem verlassenen Gehöft, den Flugplatz beherrscht, im Handstreich ausgeschaltet werden. Hierzu wird ein Zug mit Lastenseglern mittels Bremsfallschirmen direkt in der Feuerstellung auf engstem Raum landen und die Artillerie außer Gefecht setzen.

Der "Feind" wird von der ebenfalls in Mourmelon liegenden Artillerieschule des Heeres dargestellt. Den Artilleristen ist nicht bekannt, wie der Angriff erfolgen wird, aber da sie es mit Fallschirmjägern zu tun haben, rechnen sie natürlich mit einem Falschirmabsprung.
Der Start der Fallschirmjäger erfolgt in Reims, und auch der Zug, der mit den Lastenseglern die Artilleriestellung angreifen soll, bricht in Mourmelon frühzeitig auf, um pünktlich abfliegen zu können. Er trifft in Reims so zeitig ein, daß der Zugführer beschließt, noch einen kurzen Halt im Soldatenheim einzulegen. Aber kaum haben er und seine Männer das Soldatenheim betreten und sich gesetzt, kommt ein rundlicher Heeres-Oberst wutschnaubend hereingestürmt und fällt über den ahnungslosen Leutnant her. Ob er der Führer dieses Kommandos sei, von welcher Einheit er komme, und sein Soldbuch soll er vorzeigen ! So´ne Schweinerei sei ihm, dem Oberst, im ganzen Leben noch

nie passiert! Er ist so aufgebracht, daß es eine Weile dauert, ehe dem Leutnant zu dämmern beginnt, was sich überhaupt abgespielt hat:
Da haben doch auf der Fahrt durch die Stadt ein paar Himmelhunde auf seinem letzten Wagen sich einen Spaß daraus gemacht, Zünder von Übungshandgranaten auf den Bürgersteig zu werfen, die mit lautem Geknatter detonierten und die Passanten in Angst und Schrecken versetzten. Vor lauter Gaudi und Vergnügen ist ihnen dabei entgangen, daß sich unter den Zivilisten auch der deutsche Standortkommandant von Reims befand, nämlich eben dieser Oberst, der zusammen mit den Franzosen vor den krachenden Übungszündern hüpfend Reißaus nehmen mußte.
Nachdem der Leutnant sich ausgewiesen und die gewünschten Angaben gemacht hat, entschuldigt er sich für die Missetat seiner Leute und versucht, das Interesse des Obersten für die bevorstehende Übung zu wecken. Er erzählt ihm vom Sturzflug mit dem Bremsfallschirm, und daß die jungen Soldaten, die sonst streng gehalten werden, vor einem solchen Einsatz auch mal über die Stränge hauen wollen. Der Oberst glaubt zunächst, daß der Leutnant ihm mit dem Sturzflug und den Bremsfallschirmen jetzt auch noch einen Bären aufbinden will und verbittet sich solche Scherze. Erst, als er ein paar schriftliche Übungsunterlagen sieht, läßt er sich besänftigen. Schließlich trennen sich die Fallschirmjäger und der Oberst in aller Freundschaft, und wenn die Zeit nicht gedrängt hätte, hätte er wahrscheinlich noch einen ausgegeben.

Am Flugplatz gibt es keinen größeren Aufenthalt mehr. Die drei Lastensegler werden im Schlepp auf über 2000 Meter hochgezogen und schon bald darauf ausgeklinkt.
Lautlos fliegen sie im Gleitflug auf ihr Ziel zu. Jeweils 12 Mann in einer Maschine sitzen rittlings hintereinander auf der Bank. Die Seitenwände sind so konstruiert, daß man sie bei der Landung abwerfen kann, damit alle Mann gleichzeitig aus der Maschine springen können. Der Leutnant

fliegt mit dem "Kettenführer" in der mittleren Maschine, die beiden "Kettenhunde" folgen links und rechts nach rückwärts gestaffelt.

Schon bald ist aus der großen Höhe das Ziel zu erkennen : die Gebäude der Ferme, so groß wie Kaffeebohnen, davor der Landeplatz, auch nicht größer als eine Zehnpfennig - Briefmarke. Noch halten die Maschinen Höhe und gleiten lautlos weiter über das Ziel heran. Dann schließlich drückt der Kettenführer den Steuerknüppel weit nach vorne, und die Maschine schießt steil in die Tiefe, gefolgt von den beiden Kettenhunden. Der Luftstrom beginnt zu tosen, die ganze Maschine bebt, und die leichtgebauten Tragflächen schwanken verdächtig unter der Belastung. Die Erde beginnt immer schneller auf sie zuzurasen, man erkennt die Geschütze in der Feuerstellung und eine Menge Zuschauer auf der anderen Straßenseite.

Der Pilot reißt und reißt am Hebel zum Auslösen des Fallschirms, aber nichts tut sich. Er fängt die Maschine ohne Bremsfallschirm ab, und zentnerschwer drückt es die Männer auf die Bank. Wie ein Pfeil schießt der große Lastensegler unter einer Stromleitung hindurch auf ein langes Stallgebäude zu, an den Lichtmasten verliert er die Enden beider Tragflächen. Mit einem Ruck reißt der Pilot die Maschine nach links in eine enge Lücke zwischen den Gebäuden und vermeidet dadurch den frontalen Aufprall an der Stallmauer. Die Tragflächen werden dabei vollends abrasiert, und der Rumpf kracht in einer Wolke von Ziegel- und Mörtelstaub und splitternden Dachpfannen schräg an die Mauer des Nachbargebäudes.

Die Fallschirmjäger schnallen sich blitzschnell los und stürzen mit Hurra auf die entgeisterten Artilleristen zu, die ihnen mit Verbandspäckchen zu Hilfe eilen wollen. Zum Dank werden sie mit Übungshandgranaten beworfen und "gefangengenommen". Auch den beiden Kettenhunden sind die Bremsfallschirme nicht aufgegangen, und sie haben ebenfalls gefährliche Bruchlandungen gemacht, wobei einer von ihnen einen freistehenden, ländlichen Lokus umgerissen hat, auf dem glücklicherweise gerade niemand saß.

Auf dem "Feldherrnhügel" haben über tausend Zuschauer diesen Teil der Übung aus nächster Nähe beobachten können, darunter drei Generale. Sie alle sind beeindruckt von der Blitzartigkeit dieses Angriffs, denn niemand, weder die Zuschauer noch die Artillerie und nicht einmal das Leitungspersonal haben die Annäherung der drei Maschinen aus der Sonne heraus bemerkt, bevor sie, wie der Blitz aus heiterem Himmel polternd in die Feuerstellung rasten.
Das Erfreulichste an der ganzen Sache ist, daß es keine ernsthaften Verletzungen gegeben hat, denn das Versagen der drei Bremsfallschirme hätte leicht zu einer Katastrophe führen können. Daß es so glimpflich und ohne Verluste ausgegangen ist, ist einzig und allein der Geistesgegenwart und dem fliegerischen Können der drei Piloten zu verdanken.
Nach diesem spektakulären Auftakt geht die Übung planmäßig weiter. Es folgt ein Angriff von Jagdbombern mit Übungsbomben auf Feindstellungen, dann der Fallschirmabsprung einer Kompanie auf dem Flugplatz Mourmelon.
Alles in allem ein schöner Erfolg für das Bataillon. Aber Gesprächsthema Nummer Eins bleibt in den nächsten Tagen die Bruchlandung der Lastensegler bei der Ferme de Buy.

Weshalb die Bremsfallschirme an allen drei Maschinen versagt haben, nachdem sie bei den Vorübungen immer fehlerlos funktioniert haben, hat die Truppe nie erfahren. Ein Zufall kann es kaum gewesen sein.

Ende April wird das Bataillon nach Südfrankreich auf den Truppenübungsplatz La Courtine in der Nähe von Clermont-Ferrand verlegt. Da es als Lehrtruppe jetzt weniger beansprucht wird, können die Kompanien beginnen, sich in der neuen Besetzung zu formieren und die eigene Weiterbildung voranzutreiben. So erreicht das Bataillon um diese Zeit wieder einen hohen Ausbildungsstand.

Monterotondo

Im Sommer 1943 bahnt sich erneut eine Krise im Süden an. Die Alliierten sind auf Sizilien gelandet, Mussolini ist gestürzt, und Marschall Badoglio hat am 25. Juli die Macht in Italien übernommen. Während deutsche Soldaten im Süden italienischen Boden schwer kämpfend gegen den gemeinsamen Feind verteidigen, halten die Italiener ihre intakten, ausgeruhten Verbände ganz offensichtlich zurück. Die Zusammenziehung von 5 italienischen Divisionen bei Rom, im Rücken der deutschen Italienfront, und die zunehmend feindselige Haltung italienischer Kommandostellen gegenüber der Wehrmacht sind alarmierende Zeichen.
Trotz gegenteiliger Beteuerungen des Marschalls und auch König Victor Emanuels rechnet das deutsche Oberkommando mit einem Abfall und Frontwechsel des italienischen Bundesgenossen. Vorsorglich wird daher die 2. Fallschirmjägerdivision im Luftmarsch aus Frankreich nach Italien in den Raum bei Rom verlegt.

Das II. Bataillon/Fallschirmjägerregiment 6 verbleibt nicht im Regiments - beziehungsweise Divisionsverband, sondern wird allein nach Süditalien verlegt und untersteht dort dem XI.Fliegerkorps unmittelbar. Von Avignon aus startend, wird es mit Zwischenlandung in Neapel direkt nach **Foggia** geflogen.
Wegen der häufigen Fliegerangriffe auf den Flugplatz Foggia bezieht das Bataillon Biwak in der Nähe von **Manfredonia** in

Die 13-te marschiert

Springerlehrgang 1940 : Sprung aus der JU-52

Kreta, Höhe 107 : Bereitstellung zum Angriff

Kreta : Vormarsch auf der Küstenstraße

5. Rückkehr von Kreta : Einmarsch in Helmstedt

Helmstedt : Begrüßung im Fliegerhorst

Rußland, Südabschnitt : fast nichts geht mehr !

Stellungsbau : einer sichert

Blick vor die eigene Stellung

Schneesturm bei minus 40 Grad

Zug Thomsen mit Hauswirtin

Gespanne müssen her!

Schwere Granatwerfer in Aktion

sMG : Tag und Nacht feuerbereit

Den kannte jeder : Siegfried Nitzschke

Es gibt Pferdefleisch

Ankunft am Wolchow : noch lachen sie

Es wird Frühling im Sumpfwald

Einer von vielen : Benedikt Staufenbeil

Frankreich : Sturzlandung bei der Ferme de Buy

Monterotondo : Kastell mit weißer Flagge

Häuserkampf

Anzio - Nettuno : Einheiten der 3.US - Division gehen im Abschnitt "Yellow Beach" an Land

Engländer in der Moletta

Hans Engelhardt besucht die 13-te in der Moletta

Die schweren Werfer als Feuerwehr

Alfred Bott und Hugo Heuser nach einem heißen Tag

General Trettner auf dem Gefechtsstand des 11. Regiments

27 436 Gräber : Deutscher Soldatenfriedhof Pomezia / Italien

Mehr als 40 Jahre später : Karl - Heinz Demandt am Grab
von Egon Thiel

einem von Olivenwäldern und Weinbergen bewachsenen Gelände. Die Kompanien liegen weit aufgelockert in den Weinbergen, in denen die Trauben bereits reifen. Auf einem angrenzenden Stoppelfeld landet auch der Transportverband mit 50 Ju-52 und zieht die Maschinen, soweit möglich, zwischen die Bäume in Deckung. Ein Teil der Flugzeuge wird am Rande des Feldes mit Tarnnetzen abgedeckt.

Der Bataillonskommandeur hat zu diesem Zeitpunkt bereits einen Geheimauftrag, den außer General Student und dessen Chef des Stabes nur er kennt. Im Falle einer Kapitulation Italiens soll das Bataillon über dem italienischen Hauptquartier abspringen und das Oberkommando gefangennehmen, um so die Führung der italienischen Streitkräfte auf einen Schlag auszuschalten. Das Hauptquartier liegt in **Monterotondo**, einer kleinen Stadt etwa 25 km nordostwärts von Rom. Die Italiener haben das gesamte Gebiet, einschließlich des Luftraumes, zum Sperrgebiet für die Wehrmacht erklärt, so daß eine vorherige Aufklärung des Objektes ausgeschlossen erscheint. Trotzdem gelingt es dem Bataillonskommandeur mittels einer List, sich auf abenteuerliche Weise Zugang in das Sperrgebiet zu verschaffen und zumindest im Vorbeifahren einen flüchtigen Überblick über das Objekt und die Verteidigungsanlagen zu gewinnen. Auch können vom Korps einige Luftbilder beschafft und durch Kurier nach Foggia geflogen werden.
Dem Bataillon ist von all dem nichts bekannt. Man weiß nur, daß mit einem Einsatz zu rechnen ist, und daß man sich auf Häuserkampf einstellen soll. Deshalb wird alles mögliche geübt, vor allem Sprengdienst. Fast jeder Mann wird eine Sprengladung 3 kg oder 1 kg beim Absprung am Koppel tragen, die dazugehörige Zündschnur mit Sprengkapsel und Abreißzünder im Hohlsaum am Kragen der Kombination eingefädelt. Es werden Strickleitern aus Lastenfallschirmen gebaut, die hier noch von den Versorgungsflügen nach Afrika herumliegen.
Neben diesem straffen Dienst wird täglich Sport getrieben, und auch die Verbindung zu den nebenan liegenden

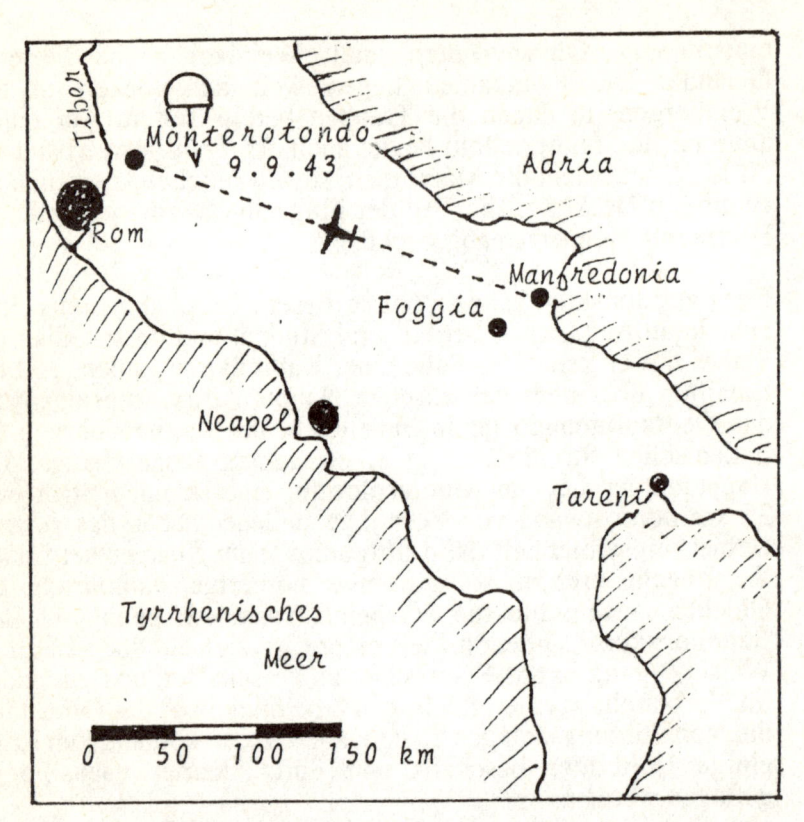

Handstreich auf das italienische Hauptquartier
am 09.09.1943

Flugzeugbesatzungen ist enger als sonst üblich. Fallschirme, Waffenbehälter und Rohrrahmen zum Absetzen größeren Gerätes befinden sich in der Nähe der Maschinen, so daß im Alarmfall ein schnelles "Verlasten" möglich ist.

Aus Richtung Foggia hört man häufig Fliegerangriffe, und jeder ist froh, daß das Bataillon sich weiter abgesetzt hat. Nachts starten dann die eigenen Verbände nach Afrika, und nach ein paar

Stunden hört man sie zurückkommen.
Eines Tages, um die Mittagszeit, wird das Lager dann doch von einem Dutzend britischer Tiefflieger angegriffen. Es sind doppelrümpfige Lightnings, die aus ihren Bordwaffen feuernd urplötzlich angeschossen kommen. Offenbar gilt der Angriff nicht dem Bataillon, das weit aufgelockert und gut getarnt im Gelände liegt, sondern den Transportmaschinen nebenan, die von oben eher auszumachen sind und auch ein lohnenderes Ziel bieten. Eine Ju-52 wird in Brand geschossen, aber auch eine Lightning wird vom Posten an einem Flieger-MG abgeschossen und zerschellt unweit des Lagers am Boden. Der Pilot kommt ums Leben. Auf eigener Seite gibt es keine Verluste an Menschen. Am 8. September gibt es nach längerer Zeit wieder Marketenderware. Das ist ein Grund, um abends ein wenig zu feiern, und die Züge sitzen bei Einbruch der Dunkelheit noch beisammen. Es wird gesungen und erzählt und natürlich auch über den voraussichtlichen Einsatz gerätselt. Es ist schon fast 22 Uhr, und die Männer schicken sich an, in ihre Zelte zu kriechen. Und ausgerechnet da gibt es Alarm! Die Offiziere werden zum Bataillonsgefechtsstand befohlen.

Es ist so weit: Italien hat vor den Alliierten kapituliert und schlägt sich auf ihre Seite! In Frascati beim Korps hat man den amerikanischen Soldatensender Palermo abgehört, der diese Nachricht, offenbar vorzeitig, ausgestrahlt hat.
Die deutschen Truppen bei Rom schlagen sofort los. Aber die Verbindung des II. Bataillons zum Generalkommando in Frascati reißt ab. Der Kommandeur kann gerade noch den Befehl zum "selbstständigen Handeln gemäß Auftrag" empfangen. Dann ist er auf sich allein gestellt.

Der Einsatzbefehl braucht nicht mehr ausgearbeitet zu werden, alles ist vorbereitet, Pausen von Luftaufnahmen des Zielgebietes sind angefertigt, ein Zielpunktplan erstellt. Die Kampfaufträge für die einzelnen Kompanien liegen fest. Die Startbereitschaft ist bis 05.45 Uhr herzustellen. So bleibt den Kompaniechefs und

Staffelkapitänen nach der Einsatzbesprechung genügend Zeit für ihre Vorbereitungen. Unglücklicherweise sind tags zuvor die Waffenbehälter teilweise geleert worden, weil angeblich ein Erdeinsatz bevorstehen sollte. Jetzt müssen sie im Dunkeln erneut gepackt werden, was viel Zeit erfordert.

Angriffsziel ist ein großes, mittelalterliches **Kastell,** in dem das **Commando Supremo,** das italienische Oberkommando, sein Hauptquartier eingerichtet hat.
Der Angriffsplan sieht im wesentlichen vor, daß die Kompanien möglichst nah am Objekt abspringen, um in den Rücken der schweren Waffen und der Verteidigungsanlagen zu gelangen, die hauptsächlich auf eine Verteidigung nach außen, gegen einen zu Lande angreifenden Gegner ausgerichtet sind. Indem die Kompanien teilweise das Objekt überfliegen, werden sie so abgesetzt, daß sie nach außen hin alle Zufahrten sperren und gleichzeitig einen Ring um das Kastell schließen, um jedes Entkommen aus dem Hauptquartier zu verhindern. Das gilt vor allem für die Person des Marschall Badoglio, der noch in seinem Hauptquartier vermutet wird.

Eine Schwierigkeit für die Angreifer besteht darin, daß das Kastell sich an seiner Rückseite unmittelbar an die Altstadt mit ihren verschachtelten Häusern und winkeligen Gassen anlehnt.

Obwohl ursprünglich, wie erwähnt, alles für eine schnelle Verlastung des Bataillons vorbereitet war, müssen jetzt die Kompanien doch die ganze Nacht über arbeiten, um die Waffenbehälter neu zu packen.
Insbesondere das Heranbringen und Einhängen der Waffenbehälter in die Bombenschächte der Maschinen ist harte Knochenarbeit und wird durch die Stockfinsternis noch erschwert. Die unglückselige Marketenderware vom Vorabend trägt auch nicht gerade zum allgemeinen Wohlbefinden bei, vor allem bei denen, die außer der eigenen Schnapsportion noch ein paar weitere von Kameraden verdrückt haben.

Um 06.30 Uhr startet das Bataillon in der Reihenfolge Stab mit Nachrichtenzug, 5., 6., 7. und 8. Kompanie. Es ist der **9.September 1943**. Die mit dröhnenden Motoren an den Start rollenden und mit Vollgas startenden Maschinen entwickeln auf dem kleinen Stoppelfeld einen Staub, der die aufgehende Sonne verdunkelt und am Boden die Sicht behindert.

Bereits im Anrollen wird eine der Maschinen vom Piloten plötzlich scharf abgebremst. Eine kleine, menschliche Gestalt kommt der startenden Maschine winkend entgegengelaufen. Die Maschine hält, und an der Tür erscheint ein schnaufender Obergefreiter, immerzu schreiend: "Nehmt mich mit, nehmt mich mit!" Die Kameraden ziehen ihn herein, und die Maschine startet ohne weitere Verzögerung.

Erst in der Luft stellt sich heraus, was mit dem Obergefreiten los ist, einem knorrigen, alten Hasen, der schon auf Kreta und in Rußland dabei war. Immerhin ist sein Anzug genau so ungewöhnlich wie sein ganzer Auftritt : Er ist, von außen gesehen, nämlich mit nichts anderem als der Fallschirmjäger-kombination und mit Springerstiefeln bekleidet, in denen ein Paar nackte, behaarte Waden stecken. Oder anders rum : Ihm fehlen Helm, Koppel, Hose und vor allem eine Waffe! Einen Fallschirm hat er immerhin mit angeschleppt.

Was war geschehen ? Nun, der Marketenderschnaps am vergangenen Abend war nicht jedermanns Sache gewesen, und so hatte dieser Obergefreite verschiedene Kameraden der Mühe enthoben, ihre Zuteilung selbst hinter die Binde zu gießen. Die Folge war ein solider Rausch, den er in einem Versteck ausschlafen wollte. Natürlich wurde er beim Alarm in seiner Gruppe vermißt, aber für größere Nachforschungen hatte nun niemand mehr Zeit. Vom Motorendonner schließlich geweckt, merkte er, was los war. Daß er in der Eile nur an die zum Springen notwendigen Dinge gedacht hat, nämlich Springerstiefel, Kombination und vor allem einen Fallschirm aus dem Gerätezelt, ist bemerkenswert. An eine Waffe hat er überhaupt nicht gedacht! Nun, die Kameraden statten ihn mit einer Pistole und einigen Handgranaten aus. Unten muß er sich dann selbst noch besorgen. Und die Kameraden schärfen ihm auch noch ein, daß er sich in diesem Aufzug auf keinen Fall gefangen nehmen lassen darf ! Als Fallschirmjäger ohne Hosen im Einsatz würde er die ganze Zunft blamieren.

Was in Mourmelon in Truppenversuchen erprobt worden ist, das soll sich jetzt im Ernstfall, im Gefecht bewähren. Es wird durchwegs mit Waffen gesprungen. In einigen Kompanien hat man sich darauf vorbereitet, Handgranaten, Sprengladungen und sogar Panzerminen mit Hangranatenzündern aus den Maschinen zu werfen, um so den Gegner am Boden zumindest zu stören. Wer eine Maschinenpistole trägt, soll möglichst schon vom Schirm aus schießen.

Um 08.25 Uhr fliegt der Verband Monterotondo an und erhält sofort heftiges Abwehrfeuer vom Boden. Es ist ein schlechter Witz, daß da unten ausgerechnet deutsche 8,8 cm Flak steht und auf Deutsche schießt. Ein Geschenk Hitlers an seinen Freund, den Duce.

Die 6. und die 7. Kompanie verfehlen ihre Absetzräume um bis zu 4 km. Der **Bataillonsstab** fliegt teilweise auch am vorgesehenen Raum vorbei. Nur der Bataillonskommandeur mit Teilen des Stabes und des Nachrichtenzuges wird richtig abgesetzt, nachdem der Kommandeur den Flugzeugführer selbst eingewiesen hat. Aber damit ist er mit wenigen Leuten auf sich allein gestellt, denn die 7. Kompanie, die zusammen mit dem Bataillonsstab springen sollte, ist weitergeflogen.

Das Gehöft, das als Bataillonsgefechtsstand vorgesehen war, erweist sich als eine von Italienern besetzte Feuerleitstelle. Drei Offiziere und sieben Mannschaften werden von den Fallschirmjägern nach kurzer Gegenwehr gefangengenommen.

Während die paar Mann vom Bataillonsstab den Gefechtsstand zur Rundumverteidigung einrichten, bemühen sich die verbliebenen Teile des Nachrichtenzuges, zunächst vergeblich, um Verbindung zu den Kompanien. Die **5. Kompanie** landet unter starkem Flak-

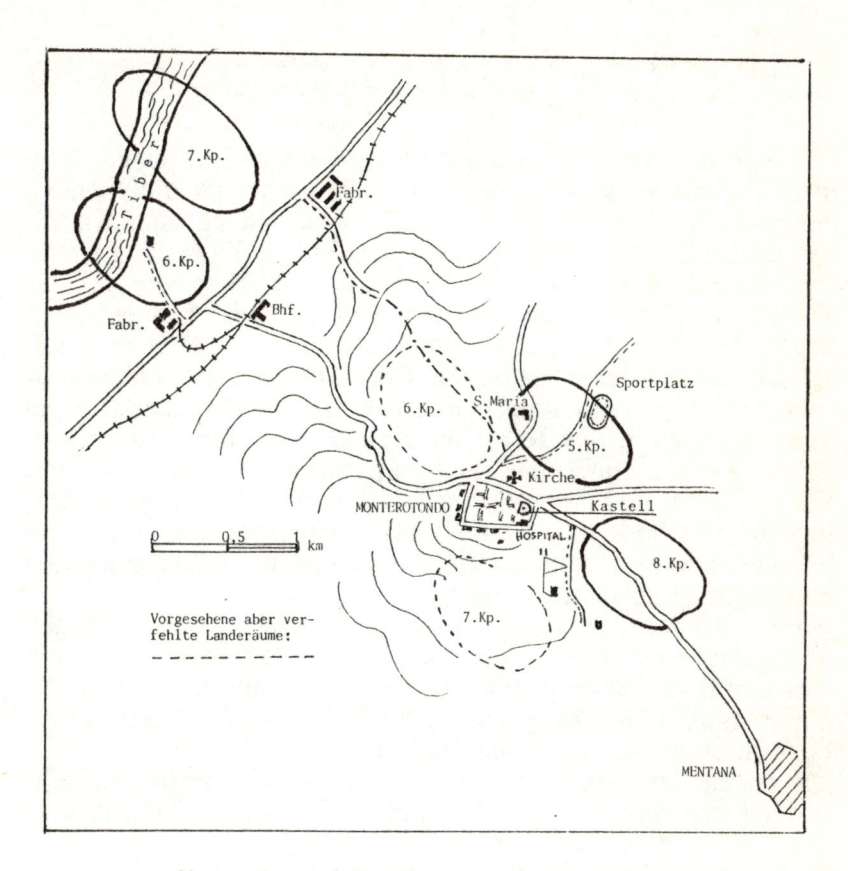

Absprung des II.Bataillons bei Monterotondo
am 09.09.1943

und Infanteriebeschuß. Sie verfehlt ihren Absetzraum nur geringfügig. Ein Barackenlager, ein Zeltlager und einige Feldstellungen werden ausgeräumt und dabei etwa 180 Gefangene gemacht. 3 Flakgeschütze werden außer Gefecht gesetzt.
In einer Laubenkolonie am Sportplatz wimmelt es von bewaffneten Soldaten, die, zuvor sehr schießfreudig, nur

geringen Widerstand leisten, sobald sie selbst direkt angegriffen werden. Die ganze Gegend scheint voller Truppen zu sein.

Der Zugführer des 1. Zuges läßt sich mit einem Teil seiner Leute mit vorgehaltener Pistole von einem italienischen Oberleutnant an einer Minensperre vorbei auf dem nächsten Weg zum Kastell führen. Im Laufschritt geht es bergan, einige Widerstandsnester sind schnell ausgeräumt. Aber oben, an der Allee, die auf das Kastell zuführt, liegen sie fest. Von einer bunkerartigen Straßensperre weiter oberhalb wird die Straße der Länge nach mit sMG-Feuer bestrichen, da ist kein Durchkommen. Der Zug weicht nach rechts aus und umgeht durch Gärten und Hinterhöfe die Straßensperre. In der Nähe des Kastells sind die Häuser vom Feind besetzt, und die Fallschirmjäger müssen sich mit Handgranaten und Sprengladungen den Weg freikämpfen. Der italienische Oberleutnant, ein Nachrichtenoffizier, läuft gehorsam mit, aber man sieht ihm das Entsetzen an, wenn seine Kameraden im Nahkampf überrannt werden.
An der Vorderfront des Kastells, einem großen, aus mächtigen Steinquadern errichteten, jahrhundertealten Bau, befindet sich ein terrassenförmig ansteigender Vorgarten, dessen nach der Straße hin abfallende Böschung teilweise durch Mauern abgestützt ist. Dazwischen stehen einige alte Bäume.
Die beiden Tore sind verschlossen, und vom Turm des Kastells und aus den vielen Fenstern der breiten Vorderfront schlägt dem Zug heftiges Feuer entgegen.
Es gibt sofort Ausfälle, und die Fallschirmjäger müssen an der Böschung und hinter Bäumen Deckung suchen.
Der italienische Oberleutnant wird mit einer weißen Fahne vorgeschickt, um die Besatzung zur Kapitulation aufzufordern. Aber die da drin denken nicht daran, der Oberleutnant wird beschossen und muß sich mit seiner weißen Fahne schleunigst in Sicherheit bringen.
An die Tore ist auch von der Seite nicht heranzukommen. Sobald jemand sich der Mauer nähert, hagelt es Handgranaten und Sprengladungen vom Turm und aus den Fenstern. Der Zug muß

sich vorerst darauf beschränken, den Feuerkampf mit dem Gegner zu führen und ihn vor allem mit eigenen Scharfschützen zu bekämpfen, bis Verstärkung herankommt.

Auch der 2. Zug der 5. Kompanie muß bei der Landung zunächst Feindstellungen niederkämpfen, um überhaupt Fuß fassen zu können. Dann greift er eine mit Pak und sMG besetzte Sperre an und schaltet sie aus. In der Nähe des Lazaretts verstärkt sich der Widerstand, der Zug hat 2 Tote. Darauf entschließt sich der Zugführer, den Gegner von Westen her zu umfassen. Nach heftigem Feuerkampf stößt er bis an die Straße durch und deckt damit den rechten Flügel der 5. Kompanie.

Die 6. Kompanie wird - wie auch die 7. Kompanie und Teile des Stabes - zu spät abgesetzt und landet etwa 4 km nordwestlich von Monterotondo. Die Kompanie springt in starkem Abwehrfeuer, eine Transportmaschine geht brennend zu Boden. Ein Springer wird in der Luft von einer Explosion zerrissen, vermutlich ist seine Sprengladung getroffen worden. Auch zwei Waffenbehälter detonieren in der Luft. Teile der Kompanie werden über den Tiber hinweggetrieben, mehrere Männer landen im Fluß und ertrinken. Von den Transportmaschinen aus hat man das teilweise beobachtet, einige Maschinen fliegen erneut an und es werden Schlauchboote abgeworfen, mit denen die jenseits des Flusses gelandeten Männer übersetzen und Anschluß an die Kompanie finden.
Das Gelände, in dem die Kompanie abgesetzt worden ist, bietet wenig Deckung und liegt unter Flakfeuer und Infanteriebeschuß. Monterotondo ist von dort nicht zu sehen, und es gibt keine Anhaltspunkte für eine Orientierung. Schließlich gelingt es der Kompanie mit den ebenfalls falsch abgesetzten Teilen des Bataillonsstabes bis zum Bahnhof vorzustoßen, wo gerade ein Truppentransport eintrifft. Die Soldaten werden entwaffnet, der Munitionswagen wird gesprengt. Im weiteren Vorgehen in Richtung Kastell wird die Kompanie im Westteil der Stadt in heftige Häuserkämpfe verwickelt.

Auch die **7. Kompanie** hat ihren Landeraum um etwa 4,5 km verfehlt und befindet sich zwischen der Bahnlinie und dem Tiber. Die Anflugrichtung der 6. und 7. Kompanie hat sich offenbar gekreuzt, so daß ein "Seitenwechsel" stattgefunden hat. Auch die 7-te verliert zwei Mann, die in den Tiber fallen und in der schweren Ausrüstung, die auch dem besten Schwimmer keine Chance läßt, ertrinken. Die jenseits des Tiber gelandeten Teile können ebenfalls mit den abgeworfenen Schlauchboten über den Fluß setzen und Anschluß an die Kompanie bekommen. Schon beim Sammeln liegt die Kompanie unter Beschuß vom Fabrikgelände in der Nähe der Straßengabel. Es gelingt ihr, die westlich der Stadt von Nord nach Süd führende Hauptstraße zu erreichen. Der Kompanieführer läßt den 3. Zug zur vorläufigen Sicherung nach Westen zurück und greift mit dem 1. und 2. Zug den Feind im Fabrikgelände an.

Wie in der Stadt und der ganzen Umgebung scheint hier ebenfalls alles von Truppen überschwemmt zu sein. Aber auch hier zeigt sich, daß der Gegner im Fabrikgelände, der den Fallschirmjägern bei der Landung so schwer zugesetzt hat, nicht sehr standfest ist, wenn er direkt angegriffen wird. 20 Offiziere und etwa 200 Mann strecken vor den zahlenmäßig weit schwächeren Fallschirmjägern die Waffen.

Beim weiteren Vorgehen auf die Stadt stößt die Kompanie auf bunkerartig ausgebaute Stellungen, die von Italienern besetzt sind, und die von der Kompanie kaum genommen werden können. Ein vorgeschickter Parlamentär erreicht durch geschicktes Verhandeln die Übergabe, und die Kompanie kann gemäß ihrem Kampfauftrag in Richtung Kastell vorstoßen. Aber es ist viel Zeit verlorengegangen. Der 2. Zug geht durch den Südteil der Stadt vor, während der Kompanieführer mit dem Kompanietrupp und dem 1.Zug durch die Schlucht im Süden der Stadt, der 3. Zug entlang des Stadtrandes auf das Kastell vorstoßen.

Die 8. Kompanie landet wie vorgesehen und kann auftragsgemäß die Sicherung nach Osten übernehmen. Während der Kompaniezug gegen die Häusergruppe am Lazarett vorstößt,

nimmt der Kompanieführer mit Teilen der Kompanie eine, vorher als solche nicht erkannte, Marinefunkstation und setzt sie außer Betrieb. Eine Durchgabe von Funksprüchen wird durch rasches Zupacken verhindert. Etwa 200 Marinesoldaten, darunter 10 Offiziere, werden nach kurzer Gegenwehr gefangengenommen. Am Kloster ergeben sich an die 300 Mann und 11 Offiziere.
Die große Zahl von Gefangenen beginnt für alle Kompanien ein Problem zu werden, mit solchen Zahlen hat vorher niemand gerechnet.
Im weiteren Verlauf macht die Kompanie noch mehr Gefangene, darunter einen Oberst mit seinem Adjutanten. Von zwei erbeuteten, großkalibrigen Geschützen kann das eine feuerbereit gemacht und gegen den zunehmend von Osten drückenden Feind eingesetzt werden. Beim Säubern der Häuser beiderseits der Straße Monterotondo - Mentana werden weitere Gefangene gemacht und Fahrzeuge und Material sichergestellt.

Vor dem Kastell hat sich bis Mittag die Lage nur wenig verändert. Der Rest des 1. Zuges der 5. Kompanie hat sich eingefunden. Beim Vorgehen durch die Gärten und Häuser im Rücken des 1.Zuges ist er auf starken Feind gestoßen, der, zahlenmäßig weit überlegen und schwer bewaffnet, überall noch in den Häusern und Kellern sitzt. Der Zugführer im Vorgarten des Kastells ist gezwungen, sich zunehmend nach rückwärts abzusichern.

Teile der **8. Kompanie** haben das Kastell erreicht und ein Leichtgeschütz in Stellung gebracht. Aber mit 7,5 cm Granaten kann man höchstens die feindlichen Schützen in den Fenstern beeindrucken. Dem riesigen Bau kann ein so leichtes Kaliber nichts anhaben. Soldaten der 5. Kompanie haben einen erbeuteten leichten Granatwerfer in Stellung gebracht, mit dessen steiler Flugbahn es möglich ist, in das Innere des Schloßhofes zu schießen. Granate auf Granate detoniert im geschlossenen Hof, und das dürfte für die da drin schon recht unangenehm sein. Aber noch bleiben alle Versuche, an das Portal heranzukommen, im massierten Feuer aus dem Kastell liegen.

Gegen 15.00 Uhr erscheint der Bataillonsadjutant am Schloß und unterrichtet die dort stehenden Fallschirmjäger über die Lage. Die anderen Kompanien haben sich bis in die Nähe des Schlosses durchgekämpft und werden in Kürze zum konzentrischen Angriff antreten.Aber noch bevor das in Bewegung kommt, erreicht der 2.Zug der 5. Kompanie die Nordostecke des Kastells, und gegenüber, von Südwesten kommend, stößt der Chef der 7-ten mit Teilen seiner Kompanie von links in den Belagerungsring vor dem Kastell. " Ja lebst denn Du noch ! " brüllt er dem Führer des 1.Zuges zu und schwingt seine Maschinenpistole.
Ohne vorherige Verständigung untereinander werden das Kastell, die Fenster, der Turm wie auf Kommando derart mit Feuer zugedeckt, daß die Verteidiger jetzt doch in Deckung müssen. Unter dem Schutz dieses Feuerüberfalls huschen mehrere Gestalten, eng an die Mauer gedrückt, von rechts an das Portal heran, Männer der 5. Kompanie. Der Führer des 2. Zuges legt mit einem seiner Männer eine 3 kg-Ladung am Haupttor ab, ein Oberjäger des 1. Zuges bringt gleichzeitig eine 1 kg-Ladung am Nebentor an. So schnell wie sie vorgelaufen sind verschwinden die drei, auch der Leutnant trotz seiner stattlichen 1,90 flink wie ein Wiesel.

Fast gleichzeitig detonieren die beiden Sprengsätze, splittern die schweren Bohlen an den Toren. Mit Hurra, aus der Hüfte auf die Fensterfront feuernd, stürmen die Fallschirmjäger auf das Portal zu. Am Haupttor erscheint in diesem Augenblick eine weiße Fahne. Sie wird an einer Stange durch das zersplitterte Tor geschoben. Das Tor wird geöffnet, und die beiden Zugführer der 5-ten und der Bataillonsadjutant dringen als erste in das Schloß ein. Ein ältlicher italienischer Hauptmann, vermutlich der Kommandant des Stabsquartiers, kommt ihnen entgegen und schickt sich zu einer umständlichen Übergabe an. Aber die Fallschirmjäger haben jetzt für sowas keine Zeit. Während der eine Zugführer und der Chef der 7. Kompanie sich mit den nachdrängenden Männern um die Gefangennahme der Italiener im Schloß kümmern, rennen die beiden anderen Offiziere mit dem

italienischen Hauptmann die Treppen zum Turm hoch. Sie lassen den Italiener selbst seine Flagge einholen und die weiße Flagge hissen. Inzwischen wird ein Fliegersichtzeichen herbeigeschafft und gegen 15.30 Uhr, nunmehr als deutsche Flagge, über dem Kastell gehißt.
Die Wirkung dieser Maßnahme, die eigentlich als Sammelzeichen und zur Orientierung für die eigene Truppe gedacht war, ist verblüffend. Noch ehe die drei vom Turm hinuntergestiegen sind, liegt das Kastell unter schwerem Artilleriefeuer. Auf den umliegenden Höhen beginnen Panzer und Artillerie sich auf ihr verlorengegangenes Hauptquartier einzuschießen. Doch dieser riesige, massive Bau kann schon einiges vertragen. Von einem Fallschirmjägerbataillon verteidigt, dürfte er so schnell nicht wieder einzunehmen sein.

Unten auf dem Boden des Turmes, der bis oben hin offen ist, liegt ein Haufen toter Soldaten. Sie sind oben zwischen den Zinnen von den deutschen Scharfschützen abgeschossen worden und durch den Turm heruntergestürzt. Der italienische Hauptmann zieht traurig eine Decke über die Leichen und bekreuzigt sich. Vermutlich sind es seine Leute, die er alle gekannt hat.
Die weithin sichtbare Flagge über dem Kastell bewirkt doch, daß das Bataillon sich dort schnell zusammenfindet. Dem Bataillonskommandeur wird das Schloß nochmals formell übergeben. Bei Überprüfung der gefangenen Offiziere ist schon von Beginn an klar, daß Badoglio sich nicht mehr in Monterotondo befindet. Zusammen mit dem König und der königlichen Familie ist er auf dem Weg zu seinen neuen Verbündeten, den Alliierten. Auch die führenden Militärs sind zum Teil mit ihm ins Exil geflüchtet.
In Monterotondo verstärkt sich inzwischen von Osten her der Druck auf die Stadt, und das Bataillon muß seine Stellungen bis in die Nähe des Kastells zurücknehmen. Immer wieder treffen noch Trupps ein, die versprengt waren und sich aus den Außenbezirken der Stadt zum Kastell durchzuschlagen.

Das vorerst größte Problem bei der Verteidigung des Bataillons im Kastell sind die vielen Gefangenen. Mehr als 2000 italienische Soldaten, davon rund hundert Offiziere, müssen bewacht und auf längere Sicht auch verpflegt werden. Dazu kommen zahlreiche Zivilangestellte und Arbeiter, die aus Sicherheitsgründen auch nicht freigelassen werden können. Wie sich herausstellt, führt von den weitläufigen Kellergewölben ein unterirdischer Gang ins Freie und endet in der Nähe der Kirche. Der 3. Zug der 5. Kompanie verhindert gerade noch rechtzeitig den Ausbruch einer Gruppe von Offizieren auf diesem Wege.

Über die Lage in Rom ist nicht das geringste bekannt. Das Bataillon hat seinen Auftrag erfüllt und hat das italienische Oberkommando - wenn auch ohne Badoglio - ausgeschaltet. Aber es ist in Monterotondo von einer erdrückenden Übermacht eingeschlossen, und es ist völlig ungewiß, ob in absehbarer Zeit von außen Hilfe zu erwarten ist.
Da die Angriffe aus Richtung **Mentana** immer heftiger werden, entschließt sich der Kommandeur zum Verhandeln, um wenigstens Zeit zu gewinnen. Er schickt seinen Adjutanten als Parlamentär zum Kommandeur der angreifenden Truppen mit dem Auftrag, den Feind zur Kapitulation aufzufordern. Zusammen mit einem italienischen Oberleutnant und einem Gefreiten der 8.Kompanie erreicht der Leutnant die vorderste italienische Linie, etwa 1,2 km südlich der Stadt. Trotz weißer Parlamentärs-Flagge gelingt es dem italienischen Offizier nicht, seine Landsleute zur Feuereinstellung zu bewegen. Gegen 17.00 Uhr erreicht der Parlamentär schließlich einen italienischen Regimentskommandeur, der ihn nach kurzer Verhandlung zum Divisionsgefechtsstand weiterschickt. Schon während der Verhandlung mit dem Regimentskommandeur wird dem Leutnant klar, daß die Aufforderung zur Kapitulation beim derzeitigen Stand der Dinge eine reichlich überzogene Forderung darstellt. Die Truppe des Gegners macht einen guten Eindruck, und er schätzt die Zahl der aufmarschierten Panzer auf etwa 250. Angesichts dieser haushohen Überlegenheit lehnt der italienische

Divisionskommandeur denn auch eine Kapitulation entschieden ab. Aber er stimmt einem Waffenstillstand für die Dauer der Verhandlungen zu.

Der Bataillonsadjutant bemüht sich daraufhin, die Verhandlungen in die Länge zu ziehen. In einer Kirche, mit einem Geistlichen als Dolmetscher, versuchen ihn die Italiener von der Hoffnungslosigkeit der Lage für sein Bataillon zu überzeugen. Er wiederum blufft mit der eigenen Stärke in der Stadt, spricht von einem in Kürze zu erwartenden Entsatz des Bataillons und von der Möglichkeit eines Fliegerangriffs durch die deutsche Luftwaffe. Der Zufall will es, daß Mentana, wo auch der Divisionsstab liegt, tatsächlich von deutschen Fliegern angegriffen wird. Das verleiht den Argumenten des deutschen Unterhändlers erheblichen Nachdruck, und der Divisionskommandeur genehmigt eine Verbindungsaufnahme zum XI. Fliegerkorps in Frascati. Monterotondo liegt inzwischen wieder unter schwerem Artilleriefeuer eines italienischen Verbandes, der anscheinend nicht über den Waffenstillstand unterrichtet ist.
Der Kommandeur bestellt darauf den Kompanietruppführer der 5.Kompanie zu sich : " Oberfähnrich, haben Sie Mut ? " Nun, was kann ein Oberfähnrich auf eine solche Frage seines Kommandeurs schon antworten ! "Jawohl, Herr Major !" natürlich leuchtenden Auges ! Und im Stillen denkt er: "Verdammt noch mal, was will der Alte jetzt von dir !" Der Auftrag, den er erhält, ist dann auch wahrhaftig kein Kinderspiel. Er soll sich zum Gefechtsstand des italienischen Kommandeurs durchschlagen, wo der Adjutant, wenn er überhaupt durchgekommen ist, seit Stunden festgehalten wird. Er soll, wenn möglich, mit dem Adjutanten Verbindung aufnehmen und der italienischen Führung klar machen, daß sie die Beschießung des Kastells einstellen soll, weil sich dort zweieinhalbtausend Gefangene befinden.

Mit zwei Freiwilligen seiner Kompanie als Begleiter und einem italienischen Hauptmann, der gut deutsch spricht, macht sich der

Oberfähnrich mit einem weißen Bettuch als Parlamentärs-Flagge auf den Weg. Mit lautem "Non spalare, parlamentari !" versuchen sie ihr Glück.
Aber die weiße Fahne wird von den Italienern als Zielscheibe benutzt, und die Männer rollen sie ein, um sich besser so durchzuschlagen. Der Trupp erhält ständig Beschuß durch Pak und Infanteriewaffen. Die größte Schwierigkeit bereitet der italienische Offizier, der, wenn er einmal Deckung gefunden hat, nicht mehr herauszukriegen ist, wenn die anderen in einer Feuerpause weiterlaufen wollen. Der Oberfähnrich muß ihn mit seiner Pistole, der einzigen Waffe, die die drei Parlamentäre mit sich führen, zum Weiterlaufen zwingen. So braucht der Trupp für eine Strecke von etwa 2 km über zweieinhalb Stunden.

Der Divisionsgefechtsstand ist weiträumig abgesperrt, und den drei Deutschen werden bei ihrer Ankunft erstmal die Augen verbunden. Sie bekommen weder ihren Adjutanten noch einen höheren Offizier des Divisionsstabes zu sehen. Man sagt ihnen nur immer wieder, daß die Fallschirmjäger in Monterotondo sich ergeben müßten.
Der Oberfähnrich erfährt nicht, ob seine Forderung nach Feuereinstellung weitergegeben ist, er kann es nur vermuten. Der Bataillonsadjutant scheint angekommen zu sein, aber auch darüber erfährt er nichts Sicheres. Mit dem Adjutanten in Verbindung zu treten, wenn er überhaupt noch auf dem Divisionsgefechtsstand ist, erweist sich als aussichtslos. Darauf beschließt der Oberfähnrich, sich bei der erstbesten Gelegenheit wieder zum Bataillon durchzuschlagen.

Die Gelegenheit bietet sich noch in derselben Nacht. Obwohl die Parlamentäre von den Italienern wie Gefangene behandelt werden, gelingt es dem Oberfähnrich in einem unbewachten Augenblick gegen 02.00 Uhr sich mit seinen beiden Begleitern davonzuschleichen. Ohne Behinderung durch den italienischen Hauptmann kommen sie verhältnismäßig schnell an den feindlichen Stellungen vorbei. Für die Italiener besteht kein Anlaß zu besonderer Wachsamkeit. Aber in Monterotondo wird es nochmals kritisch, und sie geraten in große Gefahr : Sie erhalten Feuer von den eigenen Kameraden und können von Glück sagen, daß es keine Verluste gibt.

In Rom und Umgebung hat das XI. Fliegerkorps noch am Abend des 8. September, sofort nach Bekanntwerden der Kapitulation Italiens, mit dem Entwaffnen der italienischen Verbände begonnen. Diese leisten zum Teil energischen Widerstand. Badoglio hat bis zu diesem Zeitpunkt insgesamt 7 Divisionen um Rom versammelt, eine gewaltige Übermacht. Die ganze Gegend gleicht einem riesigen Heerlager.

Dem XI. Fliegerkorps ist für den Fall **"Achse"** - das ist der Deckname für den Abfall Italiens - die 3. Panzergrenadierdivision unterstellt, die jetzt wie vorgesehen von Nordwesten her angreift, während die 2. Fallschirmjägerdivision von Süden gegen die Hauptstadt vordringt.

Bei Tivoli, in der rechten Flanke der 2. Division, steht zu diesem Zeitpunkt, Gewehr bei Fuß, die italienische Elite-Division **CENTAURO**. Diese sogenannte Schwarzhemdendivision ist komplett mit modernstem deutschem Kriegsgerät ausgestattet und besitzt einen hohen Kampfwert.
Badoglio hat sofort nach dem Sturz Mussolinis die faschistischen Offiziere der Division gegen königstreue Heeresoffiziere ausgetauscht. Die Haltung dieser Division ist daher ungewiß, und sie stellt eine Bedrohung für die rechte Flanke der 2.Fallschirmjägerdivision dar. Ein Hauptmann im Korpsstab hat den jetzigen Kommandeur der Division CENTAURO , den Grafen Calvi di Bergolo, Schwiegersohn des Königs, in Afrika bei Rommel kennengelernt. Der Hauptmann, bekanntermaßen kein Freund von Traurigkeit, hat sich in Afrika mit dem Grafen gut verstanden. Er erbietet sich, einen Versuch zur Kontaktaufnahme mit dem General zu unternehmen. Es gelingt ihm auch bis zum Divisionskommandeur vorzudringen und ihn

von der Sinnlosigkeit eines Kampfes gegeneinander zu überzeugen. Der Kommandeur der CENTAURO erklärt sich zum Stillhalten bereit !
Andere italienische Verbände leisten erbitterten Widerstand, und es gibt Verluste auf beiden Seiten.

Beim Korps in Frascati ist am 9. September nicht bekannt, ob überhaupt und wenn, mit welchem Erfolg das Unternehmen Monterotondo stattgefunden hat.
Vom Dach des Gefechtsstandes beobachten Offiziere des Stabes den Horizont in Richtung Monterotondo. Aber die Entfernung ist zu groß, und es sind keine Flugzeuge oder irgendwelche Anzeichen von Kampfhandlungen zu erkennen. In Anbetracht des Gefechtslärms in der Umgebung von Rom ist es auch schwierig, entsprechenden Lärm aus Richtung Monterotondo auszumachen. Erst als die Italiener auf Drängen des deutschen Parlamentärs, des Bataillonsadjutanten in Mentana, Verbindung mit dem XI. Fliegerkorps aufnehmen, wird bekannt, daß der Einsatz stattgefunden hat. Mit welchem Erfolg ist nach wie vor ungewiß. Das Korps schickt einen Offizier als Unterhändler zum italienischen Divisionsstab nach Mentana, der dort allerdings nicht mit dem Adjutanten sprechen und auch über die Lage in Monterotondo nichts erfahren darf. Aber der Leutnant kann dem Unterhändler des Korps doch einige Worte zuraunen : "Stadt genommen, Funk zerstört, feindliche Angriffe, viele Panzer !"

Am 10. September hat bei Rom die 3. Panzergrenadierdivision die Lage im Norden weitgehend bereinigt, während die 2. Fallschirmjägerdivision von Süden mit mehreren Stoßgruppen bis tief in die Stadt vorgedrungen ist und die Schlüsselpositionen größtenteils besetzt hat. Damit ist die italienische Sache bei Rom verloren, oder besser gesagt, die Sache Badoglios. Sein Versuch, der deutschen 10. Armee in den Rücken zu fallen und den Rückweg abzuschneiden, ist gescheitert. Die italienischen Verbände bei Rom kapitulieren vor der Wehrmacht, und es wird weiteres Blutvergießen verhindert.

In Monte Rotondo hat sich durch das Einschalten des Korps die Lage schon in der vorhergegangenen Nacht geklärt. Zusammen mit dem Bataillonsadjutanten und einem italienischen Parlamentär begibt sich der Unterhändler des Korps in die belagerte Stadt, um das Herauslösen des Bataillons vorzubereiten. Auch diese drei Offiziere werden auf ihrem Weg durch die Stadt wahllos beschossen und könen sich gerade noch mit heiler Haut in das Kastell retten. Der Befehl zur Feuereinstellung setzt sich bei den Italienern einfach nicht durch.
Auch am 10. September, als das Bataillon wie vereinbart unbewaffnete Kommandos zum Bergen seiner Toten ausschickt, werden diese Kommandos angegriffen, und es gibt zuguterletzt auch noch Verluste. Die Fallschirmjäger begraben ihre gefallenen Kameraden auf dem Friedhof in Monterotondo*, und tags darauf rückt das Bataillon mit einer Fahrzeugkolonne des XI. Fliegerkorps aus Monterotondo ab.

Das Bataillon hat in diesem Einsatz unter schwierigen Bedingungen seinen Auftrag erfüllt und das italienische Oberkommando - wenn auch ohne Badoglio - gefangen genommen. Es hat während der kritischen Stunden des Kampfes um Rom starke Kräfte des Feindes gebunden, eine kampfstarke Panzerdivision und weitere Verbände, die nicht mehr zum Einsatz in Rom kamen. Verbände, deren Kommandeure vermutlich gar nicht wußten, daß der König und der Marschall nicht mehr in Monterotondo waren und deshalb, statt auf Rom auf Monterotondo marschierten. Die hohen Verluste des Bataillons sind zwar zum Teil darauf zurückzuführen, daß zwei Kompanien falsch abgesetzt wurden und dadurch der gesamte Angriffsplan in Frage gestellt war, im wesentlichen aber auf die zahlenmäßig vielfache Überlegenheit des Gegners und seine volle Abwehrbereitschaft.
Trotz alledem ist dieser Einsatz kaum bekannt geworden. Er ist untergegangen in den sich überstürzenden Ereignissen jener Tage,

---

* : später umgebettet nach Pomezia

dem Verrat der Italiener, dem gelungenen deutschen Gegenzug, dem Handstreich auf Rom und der Kapitulation der italienischen Streitkräfte. Vor allem aber wegen der drei Tage später erfolgten Befreiung Mussolinis am 12. September. Diese Befreiungsaktion auf dem Gran Sasso ist, obwohl kein Schuß dabei fiel, ein publizistischer Knüller geworden, der alles andere in den Schatten stellt.

Daß dieses, von General Student geplante und von seinen Fallschirmjägern ausgeführte Unternehmen dann fälschlicherweise auch noch der SS, dem Sturmbannführer Skorzeny als Trittbrettfahrer bei diesem Unternehmen , zugerechnet worden ist, hat seinen weltweiten Bekanntheitsgrad eher noch erhöht und wird vermutlich auch so in die Geschichte eingehen.

Stellenbesetzung

des II. Bataillons, Fallschirmjägerregiment 6 am 9. September 1943

Btl.Kommandeur :	Major	Gericke, Walter
Btl.Adjutant :	Lt.	Christiansen, Bruno
Btl.Arzt :	StArzt Dr.	Zänker, Helmut
Verwaltung :	OZmstr.	Stork, Wilhelm
	W-OInsp.	Falck, Fritz
Chef 5, Kompanie :	Olt.	Nitzschke, Siegfried
Chef 6. Kompanie :	Olt.	Knaus, ...
Chef 7. Kompanie :	Olt.	Thomsen, Thomas
Chef 8. Kompanie :	Olt.	Engelhardt, Hans

Der Einsatz Monterotondo in Zahlen

Gesamt- Sprungstärke	665
Transportmaschinen	49
Verluste :	
gefallen	52
vermißt	4
verwundet	79
Gefangene :	
Offiziere, etwa	100
Uffz./Mannschaften, etwa	2400
Erbeutet :	
Geschütze versch. Kaliber	11
l MG	57
sMG	16

Handfeuerwaffen entsprechend der Zahl der Gefangenen.

Das II. Bataillon wird von Monterotondo zunächst nach **Tivoli** verlegt. Unterwegs sind überall noch große Truppenansammlungen der Italiener zu sehen. Kurz vor Tivoli kommt ein aufgeregter italienischer Oberleutnant auf einem Motorrad der Kolonne nachgefahren. Sein Verband würde von deutschen Fliegern angegriffen, man solle doch bitte veranlassen, daß der Angriff eingestellt wird.
Links der Straße ist tatsächlich auf einer weiten Ebene ein großer Verband mit Fahrzeugen zu erkennen, und deutsche Bomber kreisen über dem Gebiet. Aber sie greifen nicht an, es besteht ja

auch gar kein Grund dazu ! Außerdem, wie sollte die marschierende Kolonne der Fallschirmjäger jetzt noch einen Angriff der Luftwaffe verhindern, deren Maschinen bereits über dem Ziel kreisen ? Fliegersichtzeichen auslegen, aber welche ? Keine deutschen, das könnte als Täuschung ausgelegt werden ! Weiße - natürlich - weiße Bettlaken oder Tischtücher sollen sie auslegen, das werden die Flieger schon verstehen und Ruhe geben! Der Oberleutnant scheint halbwegs beruhigt zu sein und knattert auf seiner Maschine zurück, vermutlich schon überlegend, wo er die weißen Bettlaken hernehmen soll.

In Tivoli erwartet das Bataillon eine Überraschung : Es wird sofort wieder eingespannt und soll Waffen und Gerät der Division CENTAURO übernehmen und sicherstellen. Deutsche Waffen und deutsches Gerät modernster Bauart. Auch das ein "Führergeschenk", wie es heißt zum Geburtstag des Duce.
Den Soldaten des II. Bataillons gehen die Augen über. Die 5.Kompanie, zur Übernahme der Ausrüstung des Flakbataillons eingeteilt, muß fabrikneue 8,8 cm Flakgeschütze, schwere Halbketten-Zugmaschinen Henschel und kaum gefahrene, geländegängige Kübelwagen Kfz-12 und Kfz-15 von den Italienern übernehmen. Was den Fallschirmjägern aber besonders ins Auge sticht, ist das MG-42 ! Das sagenhafte, neue deutsche Maschinengewehr, das so gut wie keine Ladehemmung kennen soll, und das wegen seiner enorm hohen Feuergeschwindigkeit von den Russen angeblich schon als "elektrisches Maschinengewehr" bezeichnet wird.
Die Fallschirmjäger, die noch mit dem ebenfalls guten, aber sehr viel anfälligeren MG-34 ausgerüstet sind, das sie in Rußland in manche schwierige Situation gebracht hat, wittern jetzt natürlich Morgenluft. Mit einer 8,8 cm-Flak, die man hier ohne weiteres verschwinden lassen könnte, können sie nichts anfangen und mit einer schweren Henschel-Zugmaschine ebenso wenig. Aber hinter den MG-42 sind sie her ! Die werden abgestaubt und noch einige Fahrzeuge dazu. Das fällt bei diesem "Räumungsausverkauf" in Tivoli gar nicht auf !

Ähnlich geht es bei den anderen Kompanien, und das Bataillon beendet diese Aktion als ein wieder voll motorisierter, gut bewaffneter Verband.

Das Verhalten der Offiziere der CENTAURO gegenüber den Deutschen ist sehr entgegenkommend, fast kameradschaftlich. Beim Flakbataillon haben sie in einem kleinen Privathaus ein improvisiertes Offizierskasino eingerichtet. Am letzten Tag nach der Übergabe laden sie die deutschen Offiziere zum Abendessen ein. Der Bataillonsadjutant, auch ein Conte, spricht fließend Deutsch und macht den Dolmetscher. Als beim Essen ein Trinkspruch auf die gemeinsame Waffenbrüderschaft ausgebracht wird, ist den Deutschen spätestens klar, daß Badoglios Säuberungsaktion bei der CENTAURO nicht sehr erfolgreich gewesen sein kann. Allerdings sind es hauptsächlich jüngere Offiziere. Den Bataillonskommandeur bekommen die Deutschen auch während der Übergabe überhaupt nicht zu sehen.
Nach der Aktion CENTAURO in Tivoli werden Teile des II.Bataillons zur Küstensicherung südwestlich von Rom an die See verlegt. Im Abschnitt eines Zuges liegt eine alte Burg namens **Torre Astura**. Sie ist auf einem Felsen im Meer erbaut und nur über eine Brücke zu erreichen. Die kleine Burg hat eine sehr lange Geschichte. Ihre Grundmauern sollen aus der Zeit des Kaisers Nero stammen, der am 15. Dezember im Jahre 37 nach Christus in **Anzio** geboren wurde und von 54 - 68 n. Chr. Rom regierte. Mitte des 13. Jahrhunderts hat man in den Mauern dieser kleinen Festung den letzten Hohenstaufen, den 16-jährigen Konradin bis zu seiner Hinrichtung in Neapel im Jahre 1268 gefangen gehalten. Die Burg ist jetzt als Wohnsitz eines italienischen Filmschauspielers ausgebaut, der sich aber meist im Ausland aufhalten soll. Man hat von ihr eine ausgezeichnete Beobachtungmöglichkeit nach beiden Seiten über den gesamten Küstenabschnitt, und der Zugführer beschließt, seinen Gefechtsstand in die alte Festung zu legen. Der Hausverwalter, oder besser gesagt "Burgverwalter" kann ausfindig gemacht werden, um aufzuschließen.
Im Inneren des alten Gemäuers fühlt man sich ins frühe Mittelalter

versetzt. Schwere, alte Möbel scheinen Jahrhunderte überdauert zu haben, und sofort drängt sich einem die Frage auf, ob dieses oder jene Stück wohl noch vom jungen Konradin vor seinem Tode auf dem Schafott berührt worden ist. Die zu der alten Burg passende, stilechte Einrichtung ist nur hier und da unauffällig durch etwas modernen Komfort ergänzt. Eine besondere Attraktion für den Leutnant und seinen Zugtrupp ist das Badezimmer, in dem es sogar eine funktionierende Warmwasserversorgung gibt und in dem man, in der Badewanne liegend, eine großartige Aussicht aufs Meer genießen kann, auf dem Farben und Stimmung von Stunde zu Stunde wechseln.
Neben diesen Annehmlichkeiten machen die Fallschirmjäger sich natürlich auch Gedanken über ihren Auftrag als Küstensicherung. Die eigene Führung scheint über kurz oder lang mit einer feindlichen Landung von See her in dieser Gegend zu rechnen. Was sollen sie dann mit ihren leichten Maschinengewehren gegen die schwere Schiffsartillerie einer Landungsflotte ausrichten? Sie können allenfalls das Einsickern schwächerer Kräfte bei Nacht und Nebel verhindern, aber keine Landung eines größeren Verbandes. Und einfach wegzulaufen haben sie bisher noch nicht gelernt!
Aber diese Überlegungen erübrigen sich schon nach wenigen Tagen. Das Bataillon wird nach **Frascati** verlegt. Dort ist gerade Weinlese, und es gibt schon den jungen Wein, ein edles Gewächs, aber in diesem Stadium mit Vorsicht zu genießen, besonders, wenn er aus Eimern oder Gießkannen großzügig ausgeschenkt wird.
Die Offiziere und Unteroffiziere, letztere soweit sie Zugführer sind, müssen an jeweils zwei Abenden in der Woche nach Rom zu einem großen Planspiel. Es findet unter Leitung des Regimentskommandeurs, Major Libach, in der großen Vorhalle einer feudalen römischen Villa statt. Thema der Übung ist die Abwehr einer feindlichen Landung von See her im Raum südwestlich von Rom, also etwa der Gegend, aus der das Bataillon gerade herkommt.
Der Leitende behandelt ausführlich Details auf Kompanie- und

Zugebene, und insbesondere die jüngeren Offiziere und Unteroffiziere dürften bei dieser interessanten Planübung, die sich über Wochen hinzieht, eine Menge dazugelernt haben.

Nach Abschluß des Planspiels wird die selbe Lage noch einmal im Gelände als "Stabsrahmenübung" durchgespielt, das heißt mit den Stäben und Nachrichteneinheiten, aber ohne Truppe, die nur "angenommen " wird, und insgesamt auf 2 Tage verkürzt.

Das Erstaunliche ist, daß die Planübung und die anschließende Stabsrahmenübung in fast demselben Gelände spielen, in das die Truppe nur wenige Monate später als Feuerwehr geworfen wird, um den gelandeten, überlegenen Feind so früh wie möglich aufzuhalten.

III. Teil

Das Fallschirmjägerregiment 11

Aufstellung nördlich Rom

Ende Oktober 1943 beginnt in Italien die Aufstellung der **4. Fallschirmjägerdivision.** Divisionskommandeur wird Oberst i.G. Heinz Trettner, bisher Chef des Stabes beim XI. Fliegerkorps. Die Division wird aus den neu aufzustellenden Fallschirmjägerregimentern 10, 11 und 12 gebildet. Das II.Bataillon, Fallschirmjägerregiment 6 wird aus dem Verband der 2.Fallschirmjägerdivision herausgelöst und mit der Neuaufstellung des

Fallschirmjägerregiment 11

beauftragt. Unter Zuführung von Personal aus Deutschland, vorwiegend ausgebildeten Fallschirmspringern, beginnt die Aufstellung nördlich von Rom in den Standorten **Spello, Foligno, Spoleto und Trevi.**

Die auf Kreta, in Rußland und Monterotondo bewährten Soldaten des Bataillons bilden für das neue Regiment, das auch wieder den blauen Kometen als sein Zeichen trägt, einen hervorragenden Stamm.

Die Aufstellung erfolgt in nachstehender Besetzung:

Rgt´sKommandeur :	Major	Gericke, Walter
Rgt´sAdjutant .	Lt.	Christiansen, Bruno
OrdonanzOffz.:	Lt.	Späing, Ingo
Rgt´sArzt :	StaArztDr.	Zänker, Helmut
Verwaltung :	StIntdt.	Stork, Wilhelm
	W-OInsp.	Falck, Fritz
Kdr. I. Btl.:	Major	Kleye, Oskar
Kdr. II. Btl.:	Olt.	Engelhardt, Hans
Kdr. III. Btl :	Hptm.	Wolf, Kurt
Chef 13. Kompanie :	Olt.	Brehde, Dietrich
Chef 14. Kompanie :	Olt.	Knaus ...

Die alliierte Luftwaffe fliegt um diese Zeit schon Tagesangriffe auf mittelitalienische Städte. Im Bereich des 11. Regiments ist Foligno als Eisenbahnknotenpunkt besonders gefährdet. Der Führer der dort liegenden Einheit läßt daher vorsorglich Splittergräben in einer Grünanlage neben der Unterkunft anlegen. Als er seine Männer beim nächsten Fliegeralarm in die Gräben schicken will, sind diese bis an den Rand gefüllt mit zappelnden, schreienden Italienern, die jetzt natürlich nicht aus den Gräben herauszukriegen sind.
Der Kompanieführer läßt sich anschließend den Bürgermeister kommen und macht ihm klar, daß das so natürlich nicht geht ! Er wird dem Bürgermeister Schanzzeug leihen , und der soll sich noch zusätzlich welches von der Feuerwehr besorgen, und dann sollen sich die Leute ihre eigenen Splittergräben graben. An denen der Fallschirmjäger würde künftig ein bewaffneter Posten stehen, der niemand in die Nähe läßt.

Die Aktion läuft gut an, und als bald darauf die Stadt wirklich angegriffen wird, gibt es weder bei den Fallschirmjägern noch bei der Zivilbevölkerung Verluste an Menschen.

Die Aufstellung und Ausbildung in den Standorten des Regiments läuft inzwischen auf Hochtouren. Man weiß nicht, wieviel Zeit einem die Alliierten noch lassen. Auf abgesperrtem, improvisiertem Schießgelände vor der Stadt wird scharf geschossen, auch mit schweren Waffen, um vor allem die neu hinzugekommenen, jungen Soldaten so schnell wie möglich mit ihrer Waffe vertraut zu machen und auf den Ernstfall vorzubereiten. Die Alten nehmen sich der Jungen in kameradschaftlicher Weise an, und diese fühlen sich nach dem Hin und Her beim Ersatztruppenteil und dem langen, beschwerlichen Eisenbahntransport bei ihrem neuen "Haufen" sehr bald zuhause.

Weihnachten und Neujahr stehen, wie schon im Vorjahr, im Schatten der sich zunehmend verschlechternden Kriegslage. Ein jeder fragt sich im Stillen, was dieses Neue Jahr ihm wohl bringen wird. Wer in der Heimat Angehörige in einer Großstadt hat, macht sich Sorgen, denn die Angriffe auf reine Wohngebiete in den deutschen Städten nehmen immer mehr zu.

Am 18. 1. 1944 erhält der Kommandeur des Fallschirmjägerregiment 11 von der 4. Fallschirmjägerdivision Befehl zur sofortigen Aufstellung einer **Einsatzgruppe** im Raum Isola Farnese. Die Einsatzgruppe wird gebildet aus Teilen

     Stab Fallschirmjägerregiment   11
     I. Bataillon   - " -   11
     II.Bataillon   - " -   12

Durch diese Maßnahme sollen einsatzfähige Teile der beiden noch in Aufstellung begriffenen Regimenter vorgezogen werden und soll den in den Garnisonen verbliebenen Teilen noch Zeit zur weiteren Ausbildung gelassen werden.

Die Einsatzgruppe wird verstärkt durch ein Grenadierbataillon und weitere Heereseinheiten, sowie eine Sturmgeschützabteilung, Flak und Heeresartillerie. Sie wird unter der Bezeichnung

Kampfgruppe Gericke dem Korpsstab Schlemmer in Grottaferrata unterstellt. Die beiden Bataillone werden ebenfalls nach ihren Führern als **Bataillon Kleye** und **Bataillon Hauber** bezeichnet, weil sie innerhalb ihres Regiments zusammengestellt sind und in ihrer Zusammensetzung nicht mehr ihrer eigentlichen Bataillonsbezeichnung entsprechen. Der Aufstellungsort Isola Farnese liegt etwa 15 km nordwestlich von Rom.

Die restlichen Teile des Regiments verbleiben unter Führung des Kommandeurs des III. Bataillons in den Standorten und setzen die Ausbildung fort.

Anzio-Nettuno

Am **22.1.1944 um 05.30 Uhr** trifft folgender fernmündliche Befehl bei der Kampfgruppe Gericke ein :

"**A l a r m** ! Feind beiderseits Nettuno gelandet. Ein Bataillon sofort im Kfz-Marsch nach Albano ! Kampfgruppenkommandeur voraus zum Korpsstab Schlemmer ! "

Die bislang größte amphibische Operation der Kriegsgeschichte hat begonnen, die alliierte Landung bei **Anzio - Nettuno**.
Die amerikanische 3. und die britische 1. Infanteriedivision, sowie das amerikanische 504. Fallschirmjägerregiment sind unter dem Schutz ihrer Luftwaffe und der schweren Schiffsartillerie mit Panzern, Artillerie und Fahrzeugen an Land gegangen. Eine Armada von insgesamt 374 Schiffseinheiten hat sie von Neapel und anderen nahegelegenen Mittelmeerhäfen an die Küste bei Rom, in den Rücken der deutschen Italienfront gebracht.
Die amerikanische 1. Panzerdivision , die 45. Infanteriedivision und die britische 56. Infanteriedivision sind bereits als 2. Welle im Zulauf.
Der Weg nach Rom ist frei ! Eine gepanzerte Vorausabteilung des General Lucas könnte auf dem Petersplatz sein, lange bevor die Kampfgruppe Gericke als erster geschlossener Verband alarmiert wurde, denn die Landung hat bereits um 02.00 Uhr begonnen, und bis Rom sind es auf guter Straße 50 km.

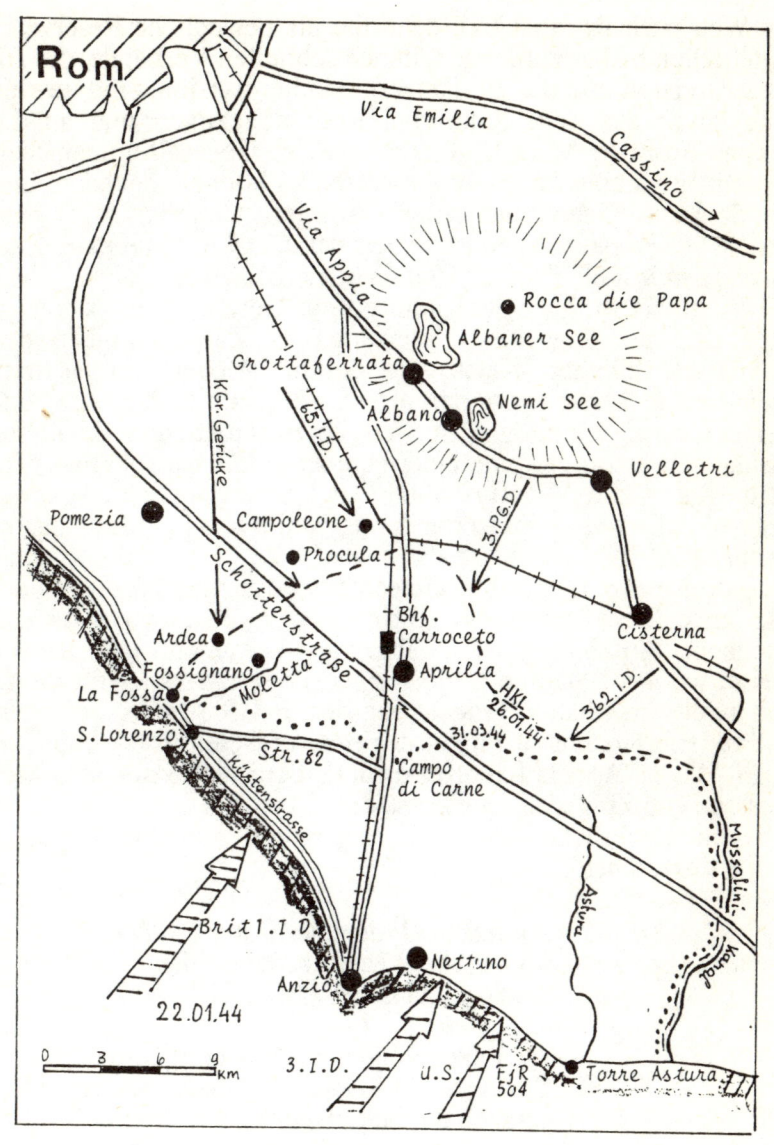

Lage bei Anzio-Nettuno am 22./23.01.1944

Der Weg nach Rom ist frei, denn die als bewegliche Reserve in Mittelitalien bisher zurückgehaltenen schnellen Verbände, die 26. Panzerdivision und die 29. Panzergrenadierdivision, sind wenige Tage zuvor aus dem Raum bei Rom abgezogen und an die Cassino-Front in Marsch gesetzt worden. Generalfeldmarschall Kesselring glaubte dieses verantworten zu können, nachdem ihm der deutsche Geheimdienstchef, Admiral Canaris, bei einem Besuch vor einigen Tagen versichert hatte, daß mit einer alliierten Landung in Mittelitalien zur Zeit nicht zu rechnen sei.

Vordringliche Aufgabe der Kampfgruppe Gericke ist es, schon am Tage der Landung durch Sperrung der Zufahrtsstraßen den Aufmarsch eigener Kräfte im Raum Albano zu sichern. Gleichzeitig kommt es darauf an, eigene Aufklärung und Gefechtsvorposten möglichst weit vorzutreiben und damit die Ausgangslage zur Bildung einer eigenen HKL zu schaffen. Vor allem gilt es, die **Molettaschlucht** und andere, quer verlaufende Gräben, die ein Panzerhindernis bilden, in das eigene Hauptkampffeld einzubeziehen und die bis dahin schon vorgedrungenen, feindlichen Gefechtsvorposten zurückzuwerfen.

Die erste Feindberührung erfolgt bei **Ardea,** wo schwache feindliche Aufklärungskräfte abgewiesen werden, und bei **La Fossa,** wo das Bataillon Hauber einen Panzerspähwagen erbeutet und zwei Amerikaner, Angehörige der 5. US Armee, gefangennimmt. Ein am linken Flügel angesetzter Spähtrupp meldet um 20.30 Uhr : "Aprilia feindfrei. Brücke bei Campo di Carne nach Aussage von Zivilisten feindbesetzt."

Als voraussichtliche Hauptstoßrichtungen des Feindes beginnen sich abzuzeichnen :

      - am rechten Flügel der Kampfgruppe,
        im Abschnitt Hauber, die Straße
        Anzio - La Fossa - Ostia,

      - am linken Flügel, im Abschnitt Kleye, die
        Straße Anzio - Aprilia - Albano, wo ver-
        mutlich der Schwerpunkt liegen wird.

Am 23.1. findet das Bataillon Kleye Anschluß nach links zu der dort eingerückten Kampfgruppe Schönfeld der 3.Panzergrenadierdivision.
Aber am 25. 1. stoßen Teile der 1. britischen Infanteriedivision, unterstützt von Panzern und Artillerie, entlang der Albanostraße vor und werfen die Kampfgruppe Schönfeld aus Aprilia zurück. Die Kampfgruppe Gericke verliert dadurch wieder den Anschluß nach links, wo eine Lücke von fast einem Kilometer entsteht. Am 27.1. wird die inzwischen herangeführte 65. Infanteriedivision in die Lücke eingeschoben, kann aber das weitere Vordringen des Gegners auf **Campoleone** nicht verhindern. Der britische Angriff wird am 29.1. von Teilen der inzwischen in den Landekopf gebrachten 1. US Panzerdivision unterstützt, die nach links ausholend Campoleone von Westen her angreifen sollen. Dabei treffen sie auf die offene linke Flanke des Bataillons Kleye und erzielen mit 30 Panzern einen Einbruch beiderseits der **Schotterstraße** nach Nord westen.

Mit Unterstützung schwerer Flak und der geschlossen zur Panzerabwehr eingesetzten 14. Kompanie des FschJgRgt. 11 wird der feindliche Vorstoß am 30.1. am **Fosso di Vallelata** zum Stehen gebracht. Die beabsichtigte Zangenbewegung des Panzerverbandes scheitert im zusammengefaßten Feuer des Bataillons Kleye.

Am 7. 2. läuft der deutsche Gegenangriff an und gewinnt in erbittertem Kampf Schritt für Schritt an Boden. Am 9. 2. werden die Briten von der 3. PGD aus Aprilia geworfen, und die HKL wird an den Südrand des Ortes gelegt. Besonders hart umkämpft ist der **Bahnhof Carroceto** am linken Flügel der Kampfgruppe, der in blutigen Nahkämpfen mehrfach den Besitzer wechselt, und an dem das Bataillon Kleye in wenigen Tagen insgesamt 180 Gefangene macht.

Bei den schweren Kämpfen in der Nähe des Bahnhofs **fällt am 10. 2. auch der Bataillonskommandeur, Major Kleye.**

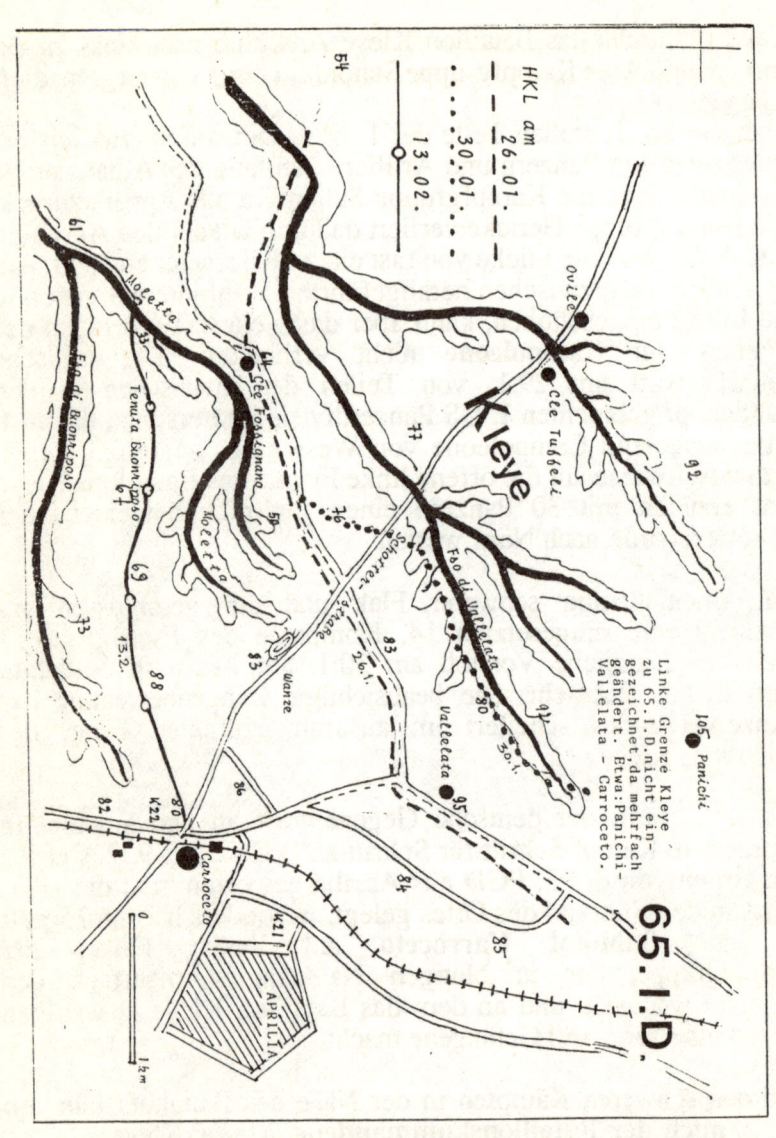

Linker Flügel der Kampfgruppe Gericke vom 26.01.-13.02.

Am 13. 2. wird das Bataillon Kleye aus der HKL gezogen und in eine Auffangstellung in die Vallelataschlucht nordostwärts der Schotterstraße verlegt.

Die Verluste des Bataillons in der Zeit vom 22.01. bis 13.02. betrugen :

        Gefallen   70
        Verwundet   187
        Vermißt   34

Im gleichen Zeitraum wurden von der Kampfgruppe Gericke 545 Gefangene gemacht, 10 Panzer bzw. gepanzerte Kettenfahrzeuge vernichtet und zahlreiche Geschütze und schwere Waffen erbeutet. Diese Zahlen spiegeln die außerordentliche Härte der Kämpfe in der ersten Phase der Schlacht im Landekopf wieder. Es hat Tage gegeben, an denen der Truppe nicht einmal kalte Verpflegung zugeführt werden konnte. Munition und Verpflegung mußten im unwegsamen Gelände von Trägerkolonnen kilometerweit vorgebracht werden, wodurch die Gefechtsstärken der Kompanien empfindlich geschwächt wurden. Beim Munitionsnachschub sind davon vor allem die schweren Kompanien betroffen. Bei der 13. Kompanie führt das bei dem häufigen Stellungswechsel in der ersten Zeit dazu, daß mitunter nur ein oder zwei Granatwerfer in Stellung gebracht werden, und der Rest der Kompanie zum Munitionstransport eingesetzt werden muß.
Trotz der außerordentlichen Belastung der Truppe und der großen zahlenmäßigen und materiellen Überlegenheit des Gegners hat die Kampfgruppe in diesen ersten Wochen ihren Auftrag weitgehend erfüllen können. Sie hat - wenn auch unter hohen Verlusten - den Aufmarsch eigener Kräfte und die Bildung einer Abwehrfront um den Landekopf ermöglicht und damit einen schnellen Vorstoß auf Rom, in den Rücken der bei Cassino kämpfenden deutschen 10. Armee verhindert. Dieser Erfolg ist sicherlich auch auf die zunächst sehr zögernde Haltung des Gegners zurückzuführen, der

sich nach erfolgter Landung nicht zu einem schnellen, kühnen Vorstoß mit stärkeren Kräften entschließen konnte. Winston Churchill macht seiner Enttäuschung darüber mit der bissigen Bemerkung Luft :
> "Ich glaubte, wir hätten bei Anzio eineWildkatze an Land gesetzt, aber es ist ein gestrandeter Wal !"

In den letzten Januartagen sind mit der 4. Fallschirmjägerdivision auch die restlichen Teile des 11. Regiments in den Landekopf nachgeführt worden. Nur das III.Bataillon ist außerhalb des Landekopfes zur Sicherung der Küste zwischen der Tibermündung und dem Landekopf eingesetzt.

Am 16. 2. beginnt der zweite deutsche Gegenangriff zur Einengung des Landekopfes. Der Angriffsplan sieht vor, daß der Hauptstoß gepanzerter Kräfte entlang der schnurgerade durch ebenes Gelände von Aprilia nach Anzio führenden Straße erfolgen und den Landekopf in zwei Teile aufspalten soll, während am Mussolinikanal im Osten und im Molettaabschnitt im Westen Entlastungsangriffe vorgetragen werden.

Um 05.30 setzt der Feuerschlag der eigenen Artillerie ein, dem der Angriff der von Panzern unterstützten Infanterie folgt. Die feindliche Abwehr reagiert mit vernichtendem Sperrfeuer. Die die Infanterie begleitenden Panzer können wegen des aufgeweichten Bodens kaum die Straße verlassen, und der Angriff gewinnt nur langsam an Boden. Der Entlastungsangriff am Mussolinikanal wird insbesondere für das dort eingesetzte Infanterie-Lehrregiment zu einem Fiasko. Es wird zusammengeschossen und fällt unter schwersten Verlusten auf seine Ausgangsposition zurück. Dagegen kommen die Fallschirmjäger im zerschnittenen Gelände der Gräben und Schluchten im Westen besser voran und erreichen den Nordrand der **Re Michele-Schlucht,** von wo aus sie bereits die **Strada 82** mit Infanteriewaffen beherrschen.

Am 17.2. morgens fliegen 30 deutsche Jagdbomber Angriffe auf Feindstellungen beiderseits der Albanostraße auf Höhe der Kreuzung mit der Strada 82. Der darauf folgende Infanterieangriff führt zu einem 1 1/2 km tiefen Einbruch in die feindliche Verteidigungsfront. In den Morgenstunden des 18. 2. erreichen Teile der 29. PGD die Strada 82 bei Campo die Carne, wo der eigene Angriff an der hohen Straßenüberführung, die ein Panzerhindernis bildet, zum Stehen kommt. Damit ist der innere Verteidigungsring des Landekopfes erreicht, der von der alliierten Führung als "letztmögliche Verteidigungslinie" festgelegt ist, bei deren Überschreiten durch die Deutschen die Evakuierung des Landekopfes eingeleitet werden soll.

Beim Angriff am 16. 2. ist Hauptmann Vogel, der nach dem Tode von Major Kleye am 10. 2. dessen Bataillon übernommen hat, ebenfalls gefallen. Als dritter Kommandeur innerhalb kurzer Zeit übernimmt Hauptmann Heinz Ruthe das Bataillon, das wieder seine ursprüngliche Gliederung und seinen Namen "I.Bataillon/FschJgRgt 11" erhält.

Die Kampfgruppe Gericke wird nunmehr aus dem II.Btl./FschJgRgt 11 und den Regimentseinheiten gebildet, dazu wird ihr vorübergehend bis zum Wiedereinsatz des abgelösten eigenen I. Bataillons das I. Bataillon FschJgRgt 12 unterstellt. Die Kampfgruppe ist jetzt rechts an das FschJgRgt 12 und links an das FschJgRgt 10 angelehnt.

Für die ohnehin sehr nachtempfindlichen Amerikaner und Engländer ist die nächtliche Stoßtrupptaktik der Fallschirmjäger im Gewirr der Schluchten und Gräben im Moletta - Buonriposo Abschnitt eine besondere Gefahr, und für die Deutschen in diesem Teil des Landekopfes die erfolgreichste Angriffsart. Trotzdem gelingt es nicht, den Ostausläufer des Buonriposorückens zu gewinnen, von dem aus der Feind die flache Pläne ostwärts der Albanostraße beherrscht und die dort eingesetzten Teile der 29. PGD in ihrer rechten Flanke bedroht.
Die Fronten verhärten sich immer mehr, und es kommt zu einem erbitterten Stellungskrieg, gekennzeichnet von einem bislang nicht erlebten Artillerieeinsatz des Gegners und seiner großen Luftüber-

legenheit. Die deutsche Luftwaffe gibt sich nicht geschlagen, und ihre Angriffe auf die Hafenanlagen bei Anzio und die auf der Reede ankernden Schiffe sind trotz Ballonsperren und enormer Flakabwehr bei den Alliierten gefürchtet. Aber mit der Zeit werden die deutschen Flieger mehr und mehr aus dem Luftraum über dem Landekopf verdrängt, und die Fallschirmjäger in ihren Löchern am Boden müssen mitansehen, wie einzelne Messerschmidt oder Focke Wulf - Maschinen mitunter gleich von einem halben Dutzend Mustangs oder Thunderbolts gejagt werden. Auch die amerikanischen Nahaufklärer kreisen von früh bis spät über den deutschen Stellungen und weisen ihrer Artillerie unbehelligt die Ziele zu. Einmal gelingt es, einen solchen Aufklärer abzuschießen, danach halten seine Kollegen etwas mehr Abstand.
Die 13. Kompanie hat mit ihren schweren Granatwerfern in der Molettaschlucht südlich **Fossignano** Feuerstellung bezogen und sich tief in den feindseitigen Hang eingegraben, um Schutz vor dem andauernden schweren Artilleriefeuer zu finden. Die großen Nachschubschwierigkeiten, insbesondere beim Heranschaffen der schweren Werfermunition, sind eines Tages schlagartig behoben, als die Kompanie in Besitz ihrer legendären "Karrete" gelangt. Genauer gesagt, eines britischen sogenanten "Bren Carrier´s", eines gepanzerten Kettenfahrzeuges, das scheinbar bewegungsunfähig, herrenlos im Gelände stand. Kraftfahrer der Kompanie bastelten daran herum, und schließlich lief der Schlitten wie ´ne Eins. Der nach den Seiten gepanzerte, nach oben hin offene Laderaum des flinken, sehr geländegängigen Vehikels ist für den Nachschub der Kompanie wie geschaffen. Wo sonst Träger sich im Schweiße ihres Angesichts "Sprung auf Marsch, Marsch !" mit ihren Lasten mühsam vorarbeiten mußten, prescht jetzt die Karrete mit bis zu 10 Zentnern Ladung in erstaunlichem Tempo über Gräben und Granattrichter hinweg und kann im Artilleriefeuer auch ein paar kräftige Splitter vertragen. Die Kompanie hat seitdem keine Nachschubschwierigkeiten mehr, und der Vorrat an 10,5 cm Werfergranaten, rund um die Stellung eingegraben, nimmt ein stattliches Ausmaß an. Die vorne eingesetzten Jägerkompanien können dementsprechend wirksam unterstützt

werden. Und es gibt täglich wieder warme Verpflegung, die der Spieß persönlich, oder einer seiner Köche zusammen mit der Feldpost vorbringt.

Der Weg zu den B-Stellen liegt meist unter starkem Artilleriefeuer. Bei der Ablösung der dort eingesetzten vorgeschobenen Beobachter und ihrer Funker hat die Kompanie häufig Ausfälle. Zwei Funker, die eines Tages zwischen sich an einer Stange ein neues Funkgerät für die B-Stelle nach vorne tragen wollen, werden vor den Augen ihres Kompanieführers durch einen Volltreffer zerfetzt, so daß von den beiden Männern und dem Funkgerät nichts als ein rauchender Trichter übrig bleibt.

Ein besonders schweres Los haben die Melder und die "Strippenflicker", die hauptsächlich die Verbindung nach rückwärts aufrecht erhalten müssen. Die vorhandenen Funkgeräte werden vorrangig für die Verbindung zu den B-Stellen benötigt. Deshalb steht nach rückwärts nur der Draht zur Verfügung, der oft zerschossen wird. So kommt es, daß die Störungssucher meist gerade dann unterwegs sind, wenn die Strecke unter starkem Feuer liegt.

Über das amerikanische, flächendeckende Artilleriefeuer kursiert im Landekopf ein bissiger Witz, der sogar von englischer Seite stammen könnte : "Wenn die deutsche Artillerie schießt, gehen die Engländer in Deckung. Wenn die englische Artillerie schießt, gehen die Deutschen in Deckung. Aber wenn die amerikanische Artillerie schießt, gehen Deutsche u n d Engländer in Deckung !"

Unter den für diese Geschichte ausgewerteten Dokumenten befindet sich auch das Tagebuch eines namentlich leider nicht bekannten Fallschirmjägers, der im Bataillon Kleye als Melder eingesetzt war. Seine fast täglichen, korrekten Eintragungen im Zeitraum etwa eines Jahres beeindrucken durch die trockene Sachlichkeit und Kürze, mit der er "seinen" Alltag, unter anderem auch in der Schlacht im Landekopf, festhält. Nachstehend ein wörtlicher Auszug für den Zeitraum einer Woche im Landekopf :

"**23.2.** Der Tommy schießt weiter und greift an. Starke Ausfälle. Oberleutnant Nitzschke übernimmt das Bataillon am Morgen. Die 3. Komp. unter Ltn. Freitag, die Stabskomp. und Teile der 4.Kompanie kommen aus den Küstenstellungen zu uns. Das alte I.Bataillon ist wieder zusammen. Kompanie Knaus wird heraus-gezogen. 39 Verwundete. **24. 2.** Wir gewinnen ungefähr 200 Meter. Um 1/2 10 Uhr den Bataillonskommandeur zum Rgt. Gef. geführt . Bei Ofw. Köpf gegessen und getrunken. Pit angeheitert. Nach 3 Stunden über Fossignano zurück. Inzwischen Leutnant Düvell und Freitag schwer verwundet. Obj. Schwarz am TVP* getroffen. Taub. Wir gehen auf alte Stellung zurück. Tommy fühlt vorsichtig vor. Feuer liegt dauernd auf den Stellungen, Störungsfeuer, vor allem durch Werfer. Am Abend liegt wieder heftiges Feuer auf uns. Darauf trommeln unsere Batterien sehr heftig und deutsche Maschinen greifen wieder an.
27. 2. Im strömenden Regen am Mittag als Melder zum Regiments-Gef.St. Auf dem Rückweg in Fossignano Schiffsartilleriefeuer. In der Nacht schläft Horst Seeger bei mir. Nachts ruhig, nur sMG-Feuer. **28.2.** Am Bach gewaschen, anschl. Haare von Frank schneiden lassen. Am Mittag zum Regiment. Regen. Am Abend und in der Nacht Ariefeuer. **Dienstag, den 29. 2.** Nach Mitternacht verstärkt sich das Feuer. Wir liegen 2 mal unter schwerem Beschuß. Der Gegner streut alles ab mit sämtlichen Arten und Kalibern. Der Stoßtrupp Hasselbach, der am Morgen zur Inbesitznahme von Pt. 72 angesetzt war, ist abgeschmiert. Horst Seeger am Morgen durch Phosphorgranate gefallen. Ziehe in den Melderbunker. **1. 3.** Am Tage und in der folgenden Nacht verhältnismäßig ruhig. Am Morgen bei uns durch Baumkrepierer 3 Ausfälle. Erich Norden gefallen, Obj.Schuty schwer verwundet, stirbt später. Braun auch schwer verwundet. Mit Rückwirkung vom 1.2. befördert. Am Abend abermals Stoßtrupp mit Obj. Feyrer angesetzt. Wieder abgeschmiert. Albert an der Hand verwundet. In der Nacht klärt es sich auf."

Diese letzte Eintragung deckt sich mit dem Gefechtsbericht des VI. US Korps, der nach langer Regenperiode am 2. 3. klares Wetter und einen Rekordeinsatz der alliierten Luftwaffe vermerkt. Unter Einbeziehung der strategischen Bomberverbände für den taktischen Einsatz zur Unterstützung der eigenen Bodentruppen im Landekopf fliegen an diesem Tage allein im Raum Carroceto- - Velletri - Cisterna B-24 Liberator (240 Einsätze), B-17 Fliegende

---

* : Truppenverbandsplatz

Festung (100 Einsätze), P-38 Lightning (113 Einsätze) und P-47 Thunderbolt (63 Einsätze).
Bei diesen Einsätzen werden tausende von Splitterbomben auf die deutschen Stellungen und Nachschubwege abgeworfen.

Nachdem innerhalb der Kampfgruppe das I. Bataillon/FschJgRgt 12 durch das eigene I. Bataillon abgelöst worden ist, ist die Kampfgruppe Gericke praktisch wieder identisch mit dem 11.Regiment, ohne das III. Bataillon, das nach wie vor die Küste bis hin zur Tibermündung sichert.

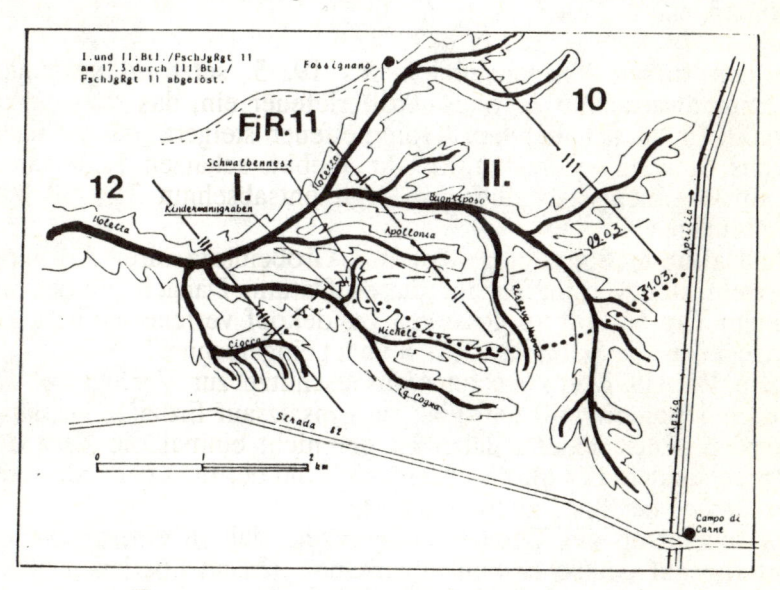

Einsatz des FschJgRgt 11 im Molettaabschnitt

Nach kurzer Wetterbesserung setzen wieder anhaltende Regenfälle ein, die für die Truppe eine schwere Belastung sind. Die Schützenlöcher in der HKL stehen größtenteils unter Wassser. Die flachen Mulden, die sich die Männer daneben gegraben haben, um der Nässe zu entgehen, bieten keinen genügenden Schutz gegen das feindliche Artilleriefeuer. Die Verpflegung kann nur unter großen Schwierigkeiten vorgebracht werden und bleibt manchmal ganz aus. Durchnäßt und frierend ist die Truppe Tag und Nacht dem feindlichen Artilleriefeuer ausgesetzt. Aber sie hält die Stellung, und alle feindlichen Angriffe werden abgewehrt.

Am 17. 3. werden das I. und II. Bataillon, deren Gefechtsstärken auf weniger als die Hälfte abgesunken sind, durch das III. Bataillon abgelöst, das aus dem Küstenabschnitt herausgezogen worden ist.

In den frühen Morgenstunden des 19. 3. setzt im gesamten Regimentsabschnitt heftiges Artilleriefeuer ein, das sich gegen 05.00Uhr zu anhaltendem Trommelfeuer steigert. Als es nach sechs Stunden, gegen 11.00 Uhr abebbt, schätzen Beobachter beim Regimentsstab allein im Regimentsabschnitt 25 - 30 000 Einschläge.
Eine alliierte Eintragung über den Großeinsatz ihrer Artillerie bezieht sich vermutlich auf dieses Datum. Danach wurden an einem Tag 66 000 im gesamten Landekopf verfeuerte Granaten angegeben, die Schiffsartillerie n i c h t eingerechnet !
Dem VI. US Korps stehen 430 Geschütze zur Verfügung, die durch 4 Batterien 90 mm Flak im Einsatz auf Erdziele verstärkt werden. Entscheidend dabei ist gar nicht einmal die Zahl der Rohre sondern der Munitionseinsatz. Und der liegt nach alliierter Schätzung bei 20 : 1 zu ihren Gunsten.
Es scheint an ein Wunder zu grenzen, daß in einem solchen Inferno auf deutscher Seite überhaupt jemand überleben kann. Wieder bestätigt sich, daß Artillerie einer gut eingegrabenen Truppe weniger anhaben kann, als man zunächst annimmt.
Nachdem der Feind am 19.3. das Feuer vorverlegt hat, greift er auf breiter Front an. Aber die Fallschirmjäger sind noch da, und der Angriff scheitert in ihrem zusammengefaßten Feuer. Beim linken und rechten Nachbarn erzielt der Gegner kleinere Einbrüche, die aber wieder bereinigt werden können.

Immer stärker wirkt sich die materielle Überlegenheit der Alliierten aus.
Die Deutschen haben große Erfolge errungen, sie haben den Gegner im Landekopf nicht nur festgenagelt und sein Vordringen auf Rom und die Albaner Berge verhindert, sondern ihn auch bis an den Rand einer Katastrophe zurückgedrängt. Aber der entscheidende Erfolg, den Gegner zurück ins Meer zu werfen, bleibt ihnen trotz aller Tapferkeit der Truppe versagt. Sie ist ausgeblutet, die Kräfte reichen für den letzten, entscheidenden Stoß einfach nicht mehr aus.

In den nächsten Wochen kommt es in der HKL zu einer regen, beiderseitigen Stoßtrupptätigkeit. Es geht um eine in den **Michelegraben** vorspringende Bergnase, in der "Geländetaufe" als **Schwalbennest** bezeichnet, auf der sich britische Gefechtsvorposten in Kompaniestärke in Erdbunkern festgesetzt haben. Aus dieser Stellung bieten sich dem Feind Beobachtungs- und Wirkungsmöglichkeiten in die deutsche HKL.
Durch eine Wegnahme würde der Spieß umgedreht und das Schwalbennest zu einem Dorn im Fleisch der Briten. Deshalb halten sie verbissen an dieser Stellung fest, und es kommt in den folgenden Wochen zu erbitterten Nahkämpfen um dieses von hohem Buschwerk bewachsene kleine Fleckchen Erde.

Dabei zeichnet sich ein Stabsfeldwebel besonders aus, der erst vor kurzem aus der Heimat an die Front versetzt wurde und ohne jede Kampferfahrung zum III. Bataillon gekommen ist.
Es zeigt sich sehr bald, daß dieser "Neuling" der geborene Stoßtruppführer ist. Unter seiner kaltblütigen Führung werden eine Reihe sehr erfolgreicher Unternehmen durchgeführt und eine große Zahl von Gefangenen eingebracht. Allein in der Zeit vom 14. - 22. 3. macht das Bataillon am Schwalbennest 70 Gefangene, davon 3 Offiziere.*

---

* : Stabsfeldwebel Kindermann, mit dem Ritterkreuz ausgezeichnet und zum Leutnant befördert. Fällt bei den Rückzugskämpfen in Mittelitalien.

Nach einem unter hohen Verlusten gescheiterten Angriff zeigt der Gegner am 17. 3. am Schwalbennest die Rotkreuz-Flagge, um seine zahlreichen Verwundeten und Toten bergen zu können. Es gibt eine halbe Stunde Waffenruhe. Dabei kommt es erstaunlicherweise sofort zu Tauschgeschäften mit den Tommies. Sie sind scharf auf das deutsche Kommißbrot und auf die bei den Landsern verhaßten Atebrintabletten gegen Malaria. Dafür bieten sie Zigaretten Marke Navy Cut, zu dieser Zeit ein Traum für jeden Raucher. Nachdem die Verwundeten und Toten geborgen sind, wird die Rotkreuz-Flagge eingezogen, und es setzt sofort heftiges Feuer ein, als müßte man wegen der Feuerpause etwas wiedergutmachen.

Den Fallschirmjägern, die mit dem IV. Bataillon in Rußland waren, drängt sich ein Vergleich mit der hinterhältigen Kampfweise am Wolchow auf, wo so etwas nie möglich gewesen wäre. Und auch mit Monterotondo, wo auf unbewaffnete Parlamentäre mit weißer Flagge geschossen wurde. Auch hier ist der Krieg grausam und brutal, aber es ist, wie dieses Beispiel zeigt, ein kleiner Rest von Fairneß übrig geblieben.
Bezeichnend für das Feindverhältnis in diesem Stellungskrieg ist auch die folgende Begebenheit, die nicht aus deutscher sondern aus britischer Quelle stammt :
"Die Strada 82, von den Fallschirmjägern eingesehen und mit Feuer beherrscht, kann von den britischen Versorgungsfahrzeugen nur nachts befahren werden. Bei Tage wird von den Deutschen alles weggeputzt, was sich auf dieser Straße bewegt. Eine Ausnahme bildet ein britisches Sanitätsfahrzeug, das, durch eine Rotkreuz-Flagge gekennzeichnet, auch bei Tage die Strecke befahren kann, um Verwundete zurückzubringen. In einer Art von stillschweigendem Abkommen lassen die Fallschirmjäger den SanKra passieren, ohne ihn zu beschießen. Aber sie sehen ihn mit der Zeit immer häufiger und immer dreister mit seiner flatternden Rotkreuz-Flagge hin- und herfahren, und der Verdacht regt sich und wächst, daß da nicht nur Verwundete gefahren werden.

Die deutschen Fallschirmjäger sind - so der britische Kriegsbericht - Meister in der Taktik der Infiltration, des Einsickerns. Sie haben bei Nacht schon oft die Strada überschritten und im Rücken der Briten Aufklärung betrieben.
Als eines Abends das Sanitätsfahrzeug verspätet in die Dunkelheit gerät, wird es an einer Straßensperre gestoppt, und der Fahrer sieht sich von Fallschirmjägern umringt, die sofort beginnen, sein Fahrzeug zu durchsuchen. Nachdem sie fertig sind, sagt der Leutnant in gutem Englisch zum Fahrer : " Diesmal laß ich dich laufen. Aber wir haben beobachtet, daß ihr mitunter nicht nur Verwundete , sondern Munition, Verpflegung und Personen befördert, die keineswegs verwundet sind. Bestell deinem Chef einen schönen Gruß und sag ihm, daß wenn sowas noch einmal passiert, ich seinen Sankra, mit allem was darin ist, in Fetzen schießen werde, egal, ob er eine Rotkreuz-Flagge trägt oder nicht! Spricht´s, und verschwindet mit seinen Leuten in der Dunkelheit." So zumindest die britische Kriegsberichter - Story.*

Trotz schwerer Opfer gelingt es dem III. Bataillon vorerst nicht, das Schwalbennest vollständig zu besetzen. Die Briten werden bis an den äußersten Südzipfel der Bergnase zurückgedrängt, aber dort halten sie eine letzte Stellung gegen alle deutschen Angriffe.

Nach den anhaltenden Regenfällen, nach Kälte und Schlamm zieht endlich der Frühling im Landekopf ein. In der zerschossenen, zerschundenen Landschaft beginnt überall frisches Grün zu sprießen und die Wunden zu verdecken, die dieser Krieg ihr in den vergangenen Monaten geschlagen hat.
Selbst ein zu hoffnungslosen Zahnstochern verstümmelter Wald im eigenen Abschnitt beginnt zaghaft frisches Grün zu treiben. Eine Luftaufnahme zeigt das ganze Ausmaß der Feindeinwirkung: Trichter an Trichter ! Als wenn auf einem Sandstrand ein Hagelunwetter niedergegangen wäre. Natürlich war die Truppe eingegraben, um zu überleben, aber es ist trotzdem kaum zu fassen, daß sie es so lange ausgehalten hat.

---
* : aus "ANZIO" von Wynford Vaugham-Thomas

Am 1. Mai bringt die "Frontzeitung" des 11. Regiments, der "Meldehund", folgenden Bericht :
<ins>" Das Schwalbennest ist unser.</ins>
Es gibt kaum einen Soldaten in unserem Regiment, der nicht irgendwie an den Kämpfen ums Schwalbennest teilgenommen hat. Heute ist es den Kameraden der Kompanie Kindermann gelungen, dem Feind auf diesem heiß umstrittenen Stück Erde den Garaus zu machen.
Nach einem Feuerüberfall, der den Tommy in seiner Sonntagsruhe anscheinend überraschte, brachen die Männer der Kompanie am 30. 4. in die feindlichen Stellungen ein und machten 7 Gefangene. Der Rest der Besatzung wurde niedergekämpft. Wir hatten keine Verluste an Toten, 2 Mann wurden verwundet. "

Wenig später, am 3. Mai, wird im Regimentsabschnitt zum zweiten Mal ein feindlicher Nahaufklärer abgeschossen.

Das feindliche Artilleriefeuer hält an, aber die Angriffe lassen nach. Für die Fallschirmjäger im Landekopf ist es zwar eine Erleichterung, aber es hat nichts Gutes zu bedeuten. Der Gegner rechnet mit einem baldigen Durchbruch bei Monte Cassino im Verteidigungsraum der 10. deutschen Armee, da braucht er seine Kräfte im Landekopf nicht mehr unnötig zu verschleißen.
Die Rechnung geht auf, am 23. Mai gelingt den alliierten Armeen nach zwei erfolglosen Offensiven im dritten Anlauf der Durchbruch durch die "Gustav-Linie" bei Monte Cassino. Auch das VI. US Korps greift jetzt im Landekopf mit starken Kräften an und erzielt beim linken Nachbarn einen tiefen Einbruch bei Aprilia.
Der Einbruch kann vorübergehend abgeriegelt werden, aber die 4. Fallschirmjägerdivision muß im Verband des Korps auf Rom zurückgehen, um nicht eingeschlossen zu werden. Rechts angelehnt an die 8. britische Armee stößt die 5. US Armee mit dem VI. und dem II. Korps mit insgesamt 10 Infanteriedivisionen und einer Panzerdivision gegen Rom vor.

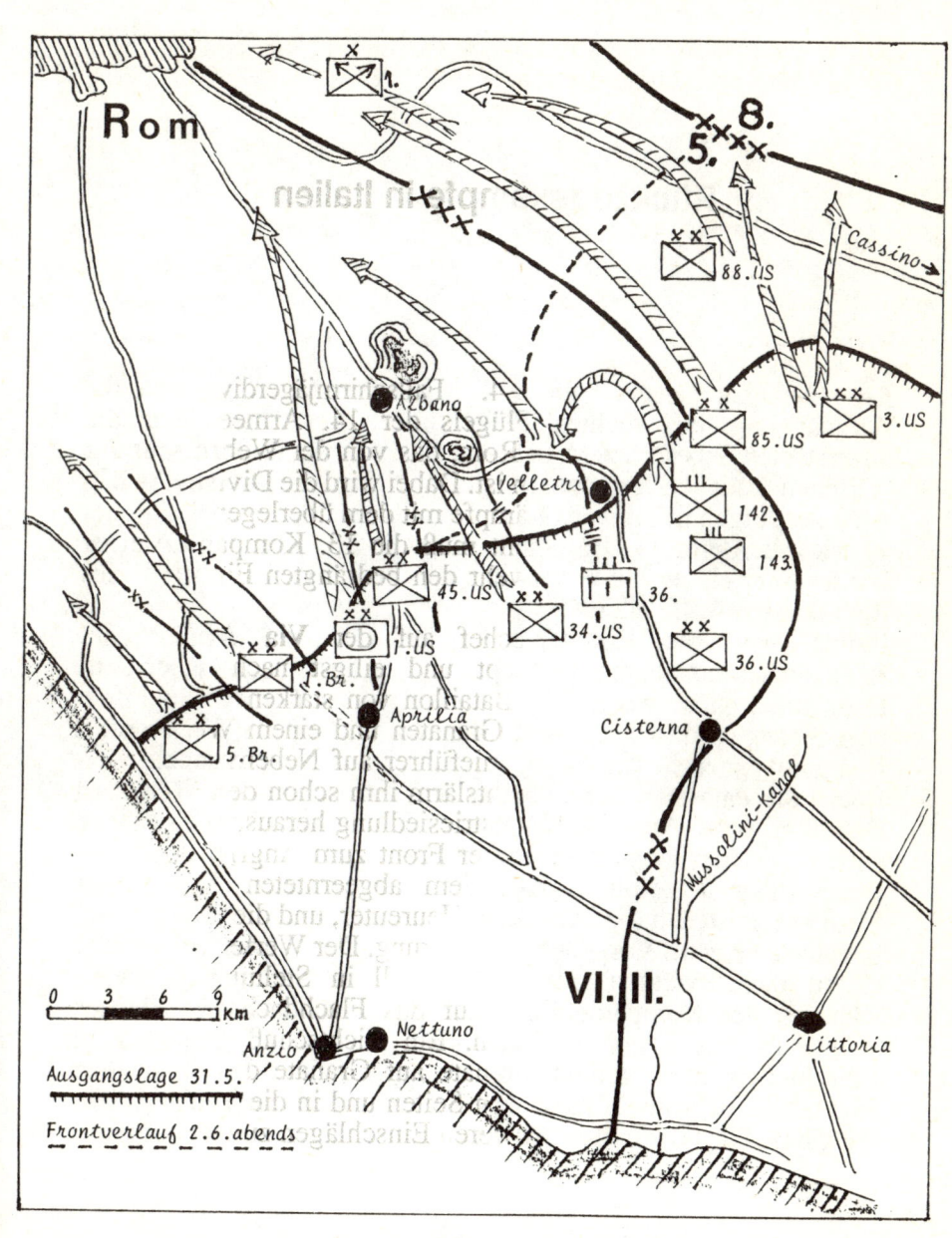

Der alliierte Ansturm auf Rom

Rückzugskämpfe in Italien

Als Nachhut deckt die 4. Fallschirmjägerdivision die Zurücknahme des rechten Flügels der 14. Armee über die unzerstörten Tiberbrücken in Rom, das von der Wehrmacht zur "Offenen Stadt" erklärt worden ist. Dabei wird die Division in den Albaner Bergen in schwere Kämpfe mit dem überlegenen Gegner verwickelt. Beim 11. Regiment muß die 13. Kompanie immer wieder querfeldein als Feuerwehr den bedrängten Einheiten des Regiments zu Hilfe eilen.
Einmal wird der Kompaniechef auf der **Via Appia** vom Regimentskommandeur gestoppt und eiligst nach **Rocca di Papa** umdirigiert, wo das II. Bataillon von starken Feindkräften angegriffen wird. Mit hundert Granaten und einem Werfer samt Bedienung prescht der Kompanieführer auf Nebenstraßen nach Rocca die Papa, wo der Gefechtslärm ihm schon den Weg zum Bataillon weist. Aus einer Industriesiedlung heraus, etwa 800 m entfernt, ist der Gegner in breiter Front zum Angriff über eine weite Pläne angetreten. Auf dem abgeernteten Klee- oder Luzernefeld stehen die bepackten Heureuter, und die Amerikaner benutzen sie beim Vorgehen als Deckung. Der Werfer wird hinter einem mehrstöckigen Gebäude schnell in Stellung gebracht, während der Kompanieführer auf das Flachdach des Hauses steigt, um das Feuer zu leiten. Ein Richtschuß genügt zum Einschießen, dann verläßt Granate auf Granate das Rohr. Der Richtschütze "pendelt" nach den Seiten und in die Tiefe, so daß die ganze Fläche von den schweren Einschlägen zugedeckt wird.

Der Angriff kommt sofort ins Stocken. Die Heureuter bieten natürlich keinen Schutz gegen Sprenggranaten, und die Amerikaner beginnen zurückzufluten, Tote und Verwundete hinter sich lassend.

Noch während sich das abspielt, sieht der Kompanieführer von rückwärts den Kübelwagen des Regimentskommandeurs mit einiger Staubentwicklung herankommen.
Als er gerade über eine kleine Brücke fährt, scheppert es plötzlich in der Luft, zwei Jabos greifen den Kommandeurwagen mit ihren Bordwaffen an. Der Hauptmann auf seiner B-Stelle wagt kaum hinzuschauen, aber dann muß er lachen : So schnell hat er seinen Regimentskommandeur sich noch nie bewegen sehen. Wie ein geölter Blitz ist er unter der Brücke verschwunden, und auch der Fahrer ist beim zweiten Anflug in Sicherheit.
Als der Kommandeur dann mit leicht geschwärztem Gesicht und lädiertem Anzug aus dem Kanalisationsrohr geklettert kommt, sieht er nicht gerade gut gelaunt aus. Wie er dann auch noch seinen zerschossenen Kübelwagen sieht, ist, seiner Miene nach zu urteilen, der Punkt erreicht, an dem man ihm möglichst nicht als nächster über den Weg laufen sollte.

Aber schon geht´s weiter, jemand schreit : "Panzer von links !" Tatsächlich ! Links, noch ziemlich weit, etwa auf 1500 m, kommt ein ganzer Pulk, etwa 20 Sherman Panzer, durch eine Talsenke angekrochen. Sie wollen, so scheint´s, in die linke Flanke der Fallschirmjäger stoßen oder ihnen gar den Rückweg abschneiden.
Der Chef der 13-ten überlegt schon, ob es lohnt, seine letzten Granaten auf die Panzer zu verschießen, als links am Nachbarhaus ein lauter Knall ertönt. Erst jetzt erkennen die Männer der 13-ten die 8,8 cm Flak, die dort gut getarnt auf der Lauer liegt und jetzt Schuß auf Schuß mit ohrenbetäubendem Knall hinausjagt.
Und schon reißt es den vordersten Panzer herum, und er bleibt quer zur Fahrtrichtung liegen, ein weiterer wird gleich darauf getroffen und brennt, und noch einen dritten erwischt es, bevor

der ganze Pulk abdreht und hinter einer Bodenwelle verschwindet. Auch dieser Angriff ist erstmal abgewehrt, und die eigene Absetzbewegung auf Rom kann wenigstens geordnet erfolgen.

Die Amerikaner drängen so scharf nach, daß es in den Außenbezirken von Rom doch stellenweise zu Straßenkämpfen kommt. Die Römer genießen das ganze als ein interessantes Schauspiel. Während MG-Garben die Straße entlangfegen, lehnen Frauen und Kinder interessiert in den Fenstern und sind sich offenbar nicht der Gefahr bewußt, in die sie sich begeben. Nur wenn ein Panzer die Straße entlang schießt, verschwinden alle von den Fenstern.
Die 13-te hat direkt neben dem Kolosseum zwei Werfer in Stellung gebracht und verschießt, mit Beobachtung von einem Hochhaus, ihre letzten Granaten auf den am Stadtrand nachdrängenden Feind. Auch hier sind die Fenster des Hochhauses voller Italiener, die neugierig zuschauen, wie einige Pflastersteine neben dem Straßenbahngleise ausgehoben und die Bodenplatten der Werfer eingesetzt werden. Als dann die ersten Granaten vor ihrer Nase gen Himmel fahren, da sind auch hier die Fenster plötzlich leer.

Nachdem die gesamte 10,5 cm Munition verschossen ist und es vorerst keinen Nachschub gibt, kämpft die 13-te als Jägerkompanie weiter in der Nachhut. Die Werfer werden mit den Fahrzeugen der Kompanie in den Norden der Stadt zum Treffpunkt Forum Mussolini * geschickt, um sie in Sicherheit zu bringen, während die Kompanie zusammen mit den anderen Teilen des Regiments die feindlichen Vorhuten aufhält. Es ist der **4.Juni 1944,** und als endlich der Befehl zum Absetzen nach Norden kommt, hat ein Schlaukopf schon für ein Transportmittel vorgesorgt. Ein Straßenbahnwagen mit Anhänger und Fahrer steht bereit, und zum Nulltarif fährt die 13. Kompanie durch die Ewige Stadt nach Norden. Immer wieder muß der Fahrer halten und mit einer Stange die Weichen vorne umstellen, aber dann geht es

* : heute Forum Romanum

wieder flott weiter. Die Linie führt teilweise durch enge Gassen, und die Fallschirmjäger stecken vorsichtshalber MG- und Gewehrläufe nach links und rechts aus den Fenstern, damit die Italiener nicht etwa auf dumme Gedanken kommen.

Am Forum Mussolini werden die vorausgeschickten Fahrzeuge übernommen, und es geht weiter nach Norden, wo das Regiment eine Auffangstellung auf dem Höhenzug oberhalb von Rom bezieht.

Der Kompaniegefechtsstand der 13-ten befindet sich in einem leeren Kuhstall auf einer Höhe, von der aus die Stellungen der Züge am Vorderhang zu übersehen sind.

Nachts, gegen 02.00 Uhr, wird dem Kompanieführer gemeldet, daß ein deutsch sprechender Zivilist von einem seiner Züge in der HKL aufgegriffen worden ist, der behauptet, deutscher Offizier zu sein und den Kompaniechef sprechen will. Der Mann wird zum Gefechtsstand gebracht, und der Kompanieführer traut seinen Augen nicht : Vor ihm steht sein guter Freund, der Chef der 12. Kompanie, mit dem er als Leutnant in Helmstedt die Stube geteilt hat. Und wie sieht der Mensch aus ?! Keine Kopfbedeckung, ein grell bunter Schlips zum Fliegerhemd, ein stark abgewetztes lila Jackett, sehr auf Taille, aber mit mächtig ausgestopften Schultern. Grüne Springerhose und darunter ein Paar ausgewatschelte, überspitze Halbschuhe. So ungefähr könnte man sich einen Zuhälter aus dem Hafenviertel von Neapel vorstellen !

Aber dem Hauptmann ist gar nicht spaßig zumute. Seine Geschichte ist denn auch starker Tobak : Als er gestern mit seiner Kompanie im Fußmarsch durch Rom zog, meldete sich sein Durchfall, und er mußte dringend austreten. Er läßt die Kompanie weitermarschieren und sucht in einem Privathaus nach einer Toilette. Als er wieder auf die Straße treten will, halten ihn ein paar junge Italiener zurück. Erst jetzt sieht er, daß sich das

Straßenbild innerhalb weniger Minuten schlagartig verwandelt hat. Bilder von Churchill und Stalin hängen aus den Fenstern, und die Leute schwenken Papierfähnchen mit Sternenbanner und Hammer und Sichel. Unter dem Jubel der Römer ziehen erste Sicherungen der feindlichen Vorhut durch die Straße.

Die Italiener verstecken den deutschen "Capitano" erstmal, um ein paar passende, zivile Kleidungsstücke aufzutreiben. Dann geht es los. An den Straßenkreuzungen und auf den Tiberbrücken sind bereits Posten aufgezogen, aber die Italiener haben den Hauptmann in ihre Mitte genommen, der sich mit "Si, Si" und einigen weiteren Brocken an ihrer lebhaften Unterhaltung zu beteiligen scheint. So passieren sie die amerikanischen Posten und bringen den deutschen Offizier über den Tiber.
Im Norden der Stadt verabschiedet er sich von seinen Helfern und hält sich bis Einbruch der Dunkelheit versteckt. In der Nacht schleicht er sich dann an die deutschen Stellungen heran, auf die Gefahr hin, im Dunkeln von eigenen Kameraden erschossen zu werden. Auch die Amerikaner hätten ihn als deutschen Offizier in Zivil nicht erwischen dürfen ! Ein Standgericht und Erschießung als Spion hätte ohne viel Federlesens die Folge sein können. Aber er hat das Risiko nicht gescheut !
Jetzt ist er froh, wieder bei seiner Truppe zu sein.

Übrigens dürfte damit auch erwiesen sein, daß am 4. Juni 1944 in Rom, entgegen anderslautenden Berichten, der Kompaniechef der 12. Kompanie des Fallschirmjägerregiment 11 als letzter deutscher Soldat über den Tiber gegangen ist : Hauptmann Thomas Thomsen aus Husum.

Die Auffangstellung nördlich Rom kann nicht lange gehalten werden. Schon am nächsten Vormittag greifen polnische Einheiten mit Panzerunterstützung die Stellungen des Regiments an. Hinhaltend kämpfend geht das Regiment im Verband der 4.Division entlang der **Via Cassia** zurück.
Bei diesen Rückzugskämpfen werden die Einheiten des 11.

Regiments hauptsächlich von Panzern des Feindes angegriffen. Für Fallschirmjäger, als "leichte Kavallerie" mit nur beschränkten panzerbrechenden Waffen ist es deshalb ein beruhigendes Gefühl, einen Panzer IV oder gar einen Tiger in der Nähe stehen zu haben. Wenn das Kanonenrohr dann auch noch etliche weiße Ringe trägt, die die Zahl der bereits abgeschossenen Feindpanzer anzeigen, dann ist das doppelt beruhigend. Meist sind es einzelne deutsche Panzer, die es mit einem ganzen Rudel amerikanischer Shermans aufnehmen müssen, die aber dank ihrer überlegenen Kanone den Feind immer wieder aufhalten können.
Ein Panzerduell aus nächster Nähe mitzuerleben ist schon eine eindrucksvolle Sache, vorausgesetzt, man sitzt nicht selber in einem solchen Ding. Die Urgewalt mit der diese Kanonen ihre Granaten abfeuern und mit der die feindlichen Geschosse ankommen, ist nichts für schwache Nerven.

Am Abend des 5. 6. erreicht das Regiment den Südrand des Bracciano-Sees.
Die Kriegslage in der Heimat wird inzwischen immer bedenklicher. Am 6. Juni landen die Alliierten unter stärkstem Lufteinsatz in der Normandie, und es gelingt ihnen binnen weniger Tage, 300 000 Mann an Land zu bringen. Die Fallschirmjäger in Italien können nicht glauben, daß das der Anfang vom Ende sein soll. Sie tun ihr Bestes, um zu verhindern, daß das Reich, die deutschen Städte nun auch noch von Süden angegriffen werden. Sie halten tapfer ihre Stellungen und gehen auch unter stärkstem Druck erst dann zurück, wenn der Befehl dazu gegeben ist.
Die Errichtung einer Front im Süden des Reiches, von je her Churchills Lieblingsidee und von ihm frivolerweise als "Stoß in den weichen Unterleib" Europas bezeichnet, führt unter diesen Umständen nicht zum erwarteten Erfolg.
Beginnend mit der Landung in Sizilien, den Schlachten bei Cassino und Anzio-Nettuno, hat der Feldzug in Italien den Alliierten nichts als schwere Verluste eingebracht und beträchtliche Kräfte - weit mehr als deutsche - gebunden. Sie

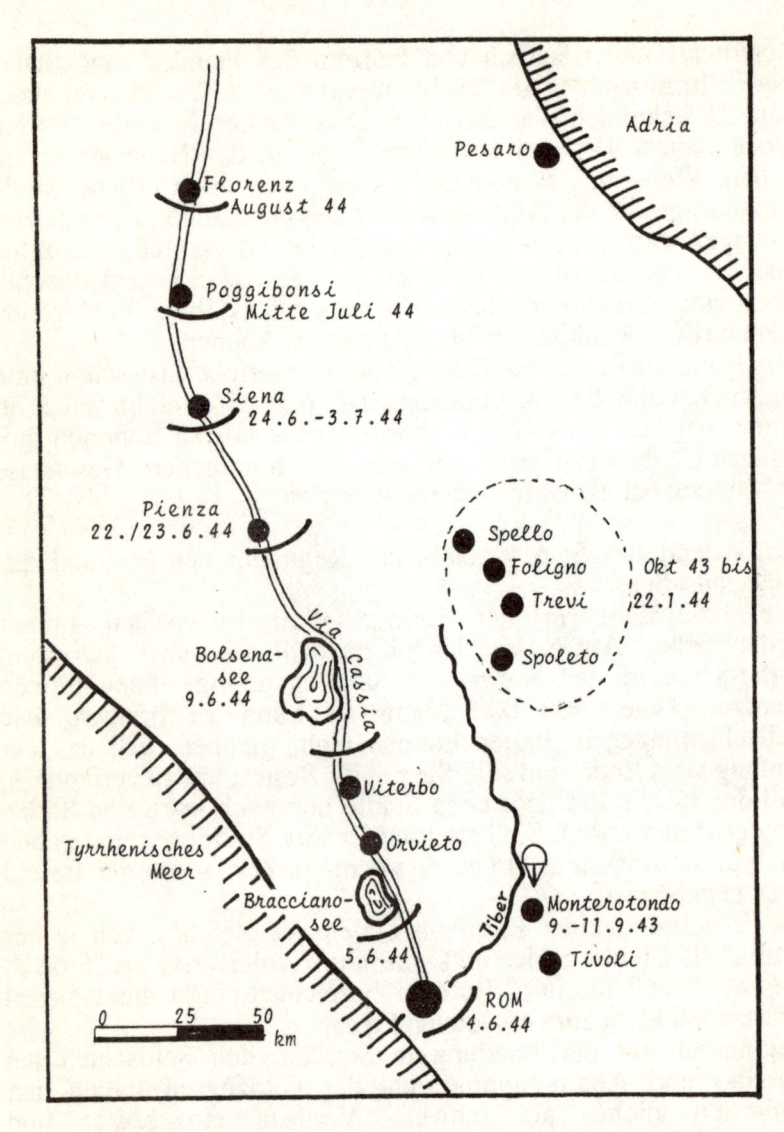

Die Rückzugsgefechte in Mittelitalien Juni bis August 1944

müssen sich über mehr als 1000 km durch die ganze Länge des von Gebirge durchzogenen italienischen "Stiefels" kämpfen, der eine volle Entfaltung von Panzerverbänden nicht erlaubt. Es wird für die Alliierten ein langer, mühsamer und verlustreicher Weg, ohne daß dieser Kriegsschauplatz entscheidende Auswirkungen auf das gesamte Kriegsgeschehen hat.

In den kommenden Wochen wird das Regiment in erbitterten Kämpfen bis **Pienza** zurückgedrängt. Auf dieser Linie werden die Amerikaner 2 Tage lang aufgehalten.
Jeder erfahrene Frontsoldat weiß, daß eine Nahtstelle in der Front, das heißt die Grenze zwischen zwei in der Hauptkampflinie eingesetzten Verbänden, eine Gefahrenquelle ist. Und daß die Gefahr um so größer ist, je größer die Verbände sind, deren linker und rechter Flügel sich an einer solchen Naht berühren. Es mag verschiedene Gründe dafür geben, einer ist sicher mangelnde Verständigung zwischen den Nachbarn, die zu Mißverständnissen führen kann, vor allem aber auch, daß der Feind sich mit Vorliebe solche Nahtstellen für einen Angriff aussucht, sofern er sie erkannt hat.
Diese Erfahrung muß auch die 13. Kompanie wieder mal machen, als sie an einer kleinen Ortschaft namens **Lupampesi** Feuerstellung bezieht. Nachdem die Kompanie nördlich von Rom zeitweise wegen Munitionsmangels als Jägerkompanie eingesetzt war, hat sie nun wieder Munition und kann mit ihren Werfern die Jägerbataillone unterstützen.
Außerdem hat die Kompanie im Austausch gegen drei ihrer 10,5 cm Werfer drei neue 12 cm Werfer für einen schweren Zug erhalten. Das ist eine gewaltige Verbesserung, denn die neuen Werfer schießen doppelt so weit wie die alten, und man kann die 16 kg schweren Granaten nicht nur mit Aufschlagzünder, sondern auch mit Verzögerung verschießen, was ein weiterer Vorteil ist, weil man dadurch sogenannte "harte" Ziele mit Erfolg bekämpfen kann, wie beispielsweise feste Bunker oder massive Gebäude.
Die Kompanie bezieht also nach einem anstrengenden Marsch mit den 10,5 cm - Zügen in Lupampesi Feuerstellung, während der

12 cm-Zug etwa 1 km weiter links in Stellung geht. Der Kompanieführer befindet sich in Lupampesi und nimmt über Funk Verbindung zu dem vorne eingesetzten I. Bataillon auf, um vom Bataillonskommandeur und vom eigenen VB zu erfahren, wie die Lage ist. "Alles ruhig" wird vom Bataillon durchgegeben, das am rechten Flügel des I. Fallschirmkorps, an der Grenze zum Nachbar-Korps, eingesetzt ist. Der Kompanieführer läßt Verpflegung ausgeben und setzt sich in einem der leerstehenden Häuser an den Tisch, um selbst seine Mittagsmahlzeit einzunehmen. Aber er kommt nicht zum Essen, denn ein Melder kommt hereingestürzt und meldet : " Herr Hauptmann, da kommen Fallschirmjäger von oben runter !" Der Chef mißversteht die Meldung, er schnappt sich seine Maschinenpistole und rennt hinaus. Aber am blauen Himmel ist kein Wölkchen und erst recht kein Fallschirm zu sehen. Dann versteht er, die eigenen Jägerkompanien vor ihnen kommen den Berg herunter. Tatsächlich, rechts vor ihnen wimmelt es am Hang. Die Werferzüge sind auch schon alarmiert und beobachten die auf sie zukommenden Soldaten. Jemand ruft : "Das sind ja Amis !", aber der Chef verbietet zu schießen, noch ist nicht sicher, ob es nicht eigene sind. Die Sonne blendet, und man kann es sogar durchs Glas ganz schlecht erkennen. Ihm fällt auf, daß die Soldaten ein sehr einheitliches Sturmgepäck tragen, wie es bei den Fallschirmjägern nach so langem, ununterbrochenem Fronteinsatz längst nicht mehr der Fall ist. Dann dreht sich drüben der Führer einer Gruppe um und die Sonne scheint voll in sein Gesicht. Ein Schwarzer ! Also doch Amerikaner ! Jetzt Feuer frei ! Mit allem, was zur Verfügung steht ! Das sind mindestens 2 Kompanien, wenn nicht ein ganzes Bataillon, und sie sind schon recht nah herangekommen.

Sogleich liegt jetzt auch die kleine Häusergruppe Lupampesi unter feindlichem Infanteriefeuer, und unglücklicherweise sind auch die Werfer von der Seite aus einzusehen. Mit Stricken gelingt es, sie robbenderweise hinter die Häuser in Deckung zu ziehen und erneut in Stellung zu bringen. Dann wird aus allen Rohren geschossen, und der Hang vorne ist bedeckt von krachenden

Fontänen. Plötzlich mischen sich unter die Einschläge noch andere, größeren Kalibers. Wo kommen die her ? Das ist der Leutnant, links mit seinen 12 cm-Werfern ! Der brave Junge hat die Situation erkannt und seine Werfer sofort nach rechts geschwenkt, um der Kompanie zu helfen.

Für die Amerikaner gibt es jetzt kein Halten mehr. Man sieht einige Trupps in Hohlwegen Deckung suchen, aber das nutzt nicht viel bei Werferfeuer.
Von vorne, vom Bataillon, fragen sie an : " Was zum Teufel ist bei Euch los da hinten, hier ist alles ruhig ?" Das sind so die kleinen Mißverständnisse ! Wenn der linke Nachbar sagt : " Mein rechter Flügel befindet sich an dem und dem Punkt", und der rechte Nachbar behauptet das gleiche von seinem linken Flügel, dann kann es vorkommen, daß keiner dort ist, und der böse Feind an eben diesem Punkt mit Pauken und Trompeten durchmarschiert. Sowas kann vor allem dann passieren, wenn Kommandeure sich auf bereits überholte Meldungen ihrer Einheitsführer stützen oder auf ungenaue oder fehlerhafte Orts- und Zeitangaben.

Der Rückzug der 4. Fallschirmjägerdivision erfolgt zu dieser Zeit, wie schon erwähnt, entlang der Via Cassia. So hat zeitweise das 11. Regiment die Straße in ihrem Abschnitt. Dabei erweist es sich als äußerst nützlich, die Straße nicht in der HKL zu sperren, sondern weiter hinten, von der HKL aus nicht eingesehen. 4 amerikanische Jeeps und ein 3/4-Tonner gehen so innerhalb kurzer Zeit in die Falle, und ihre Insassen sind völlig verstört, wenn sie plötzlich von Fallschirmjägern umringt sind und die Hände hochnehmen müssen. Besonders peinlich ist es für eine Gruppe von 4 Offizieren, darunter ein Brite und ein Franzose, die von ihren Stäben in Rom aus einen kleinen Ausflug unternommen haben, um bei schönem Wetter mal die Front zu "besichtigen", und die nun schon auf so schmähliche Weise den Weg in die Kriegsgefangenschaft antreten müssen.
Ende Juni und fast den ganzen Juli über hält die 4. Division bei

Siena und **Poggibonsi** ihre Stellungen trotz heftiger Angriffe der Alliierten.

Die Fallschirmjäger haben es häufig mit Polen zu tun, Einheiten der sogenannten "Anders-Armee". Das ist ein aus Exilpolen unter dem polnischen General Wladyslaw Anders in England aufgestellter Verband. Die hier eingesetzten Einheiten treten zusammen mit Amerikanern auf und kämpfen vermutlich im Verband der 88.US Infanteriedivision. Die Polen sind gute Soldaten, nicht gerade zimperlich. Als Infanterie jedenfalls höher einzuschätzen, und deshalb gefährlicher als Briten und Amerikaner.

Bei den schweren Kämpfen um Siena gelingt es Anfang Juli einem eigenen Gefechtsvorposten - besetzt mit nur 2 sMG und dem VB des 8 cm - Granatwerferzuges des Bataillons - einen Feindangriff in Bataillonsstärke abzuschlagen. Diesmal sind es Engländer, die überraschend von den beiden MGs gepackt werden, und denen der Granatwerferzug mit einem Feuerüberfall von 50 Granaten den Rest gibt. Der Angriff scheitert unter schweren Verlusten.

Ende Juli verläuft die HKL hart südlich **Florenz**. Um die unersetzlichen Kulturgüter dieser Stadt nicht der Zerstörung preiszugeben, wird die HKL auf die Höhen nördlich der Stadt verlegt, und nur Gefechtsvorposten werden am Nordufer des **Arno** belassen. Auf ausdrücklichen Befehl des Oberkommandos der Wehrmacht darf auch der berühmte **Ponte Vecchio** von deutscher Seite nicht beschädigt oder zerstört werden. Die Stadt bleibt dabei von Artillerie- und Granatwerferfeuer weitgehend verschont.

Die Gefechtsvorposten haben sich am Nordufer des Arno in den Häusern verschanzt und wehren lediglich feindliche Späh- und Stoßtrupps ab. Von einem vorne eingesetzten sMG-Zug wird berichtet, daß er im I. Stock eines großen Hotels seine MG in Stellung gebracht hat, wobei der Zugführer per Haustelefon mit seinen Bedienungen in den verschiedenen Zimmern in Verbindung

steht. Und die wachfreien Landser können ihre müden Glieder in den Luxusbetten des vornehmen Hotels ausstrecken.
Sowas müßte es öfter geben, das ist so recht nach ihrem Herzen!

In der Stellenbesetzung des Regiments ergeben sich Ende August einige Veränderungen. Da in naher Zukunft mit der Abgabe eines Bataillons für Neuaufstellungen gerechnet wird, wird der bisherige Chef der 13. Kompanie, Hauptmann Brehde, mit der Aufstellung eines neuen Bataillons im Raum nördlich Florenz beauftragt. Der Regimentsadjutant, Oberleutnant Christiansen, übernimmt als sein Nachfolger die 13. Kompanie und der bisherige Ordonanzoffizier, Leutnant Späing, wird Regimentsadjutant.

Nördlich Florenz, am **Futa-Paß**, wird von Pionieren und zivilen Arbeitskolonnen eine Verteidigungslinie ausgebaut, die vom Tyrrhenischen Meer quer über die italienische Halbinsel bis hin zur Adria verläuft. An dieser sogenannten **Grünen Linie** sollen die Alliierten aufgehalten werden.

Das Personal für das neue Bataillon trifft aus Deutschland ein. Offiziere und Mannschaften sind in Ordnung und würden eine gute Truppe abgeben, wenn - ja wenn - man drei, oder wenigstens zwei Monate Zeit hätte, um sie auszubilden und zu einer Einheit zusammenzuschweißen. Aber diese Zeit wird man bestimmt nicht haben! Außerdem sind sie erbärmlich bewaffnet und ausgerüstet. Italienische Karabiner und alle möglichen Beutewaffen, die nichtmal deutsche Munition verschießen.
Dabei sind die Jungs prima und gehen mit, als gäbe es hier in Italien noch einen Blumentopf zu gewinnen. Es ist ein Jammer!
Die paar alten Fallschirmjäger als Stammpersonal geben sich ehrliche Mühe, um im Schnellverfahren Frontkämpfer aus ihnen zu machen, die nicht ahnungslos in ihr Verderben laufen. Aber was kann man da schon in einer Woche, in zwei Wochen zustande bringen!
Mitte September haben sich alle deutschen Verbände auf die

Grünlinie zurückgezogen, und die von langer Hand vorbereitete alliierte Offensive bricht in voller Gewalt los.
Das neue Bataillon wird als noch nicht einsatzfähig aufgelöst, die Kompanien werden in die anderen Bataillone der Division eingeschoben.

Das 11. Regiment ist direkt am Futa-Paß eingesetzt und hat die Paßstraße und die Paßhöhe westlich **Firenzuola** in seinem Abschnitt.

Die Alliierten haben sich nicht umsonst so lange und sorgfältig auf diese Offensive vorbereitet. In rollenden Tagesangriffen werden die deutschen Stellungen mit Bombenteppichen zugedeckt. Was diese Bomberströme an Zielen auslassen, das wird von Jagdbombern angegriffen. Essenträger, Melder, jedes einzelne Fahrzeug auf den Nachschubstraßen nehmen sie ins Visier ihrer Bordwaffen.
Die Artillerie schießt aus vielen hundert Rohren und hat scheint´s unerschöpfliche Munitionsvorräte. Das geht so tagelang. Die Amerikaner glauben die Deutschen aus ihren Stellungen hinausschießen zu können, aber die weichen nicht!
Gefangene und gefallene Stoßtruppler des Feindes haben vervielfältigte, genaue Lageskizzen von den Stellungen der Grünlinie bei sich, wie sie die Deutschen von den eigenen Stellungen nie gesehen haben. Schon während des Ausbaus müssen die gesamten Pläne den Alliierten in die Hände gespielt worden sein.
Eine Woche lang halten die Fallschirmjäger der 4. Division unter schwersten Verlusten in der Grünlinie aus, dann muß die Division sie zurückziehen.
Auch das 11. Regiment kann seinen Abschnitt am Paß tagelang halten, bis in den Morgenstunden des 26. 9. feindlichen Gebirgstruppen bei dichtem Nebel ein Einbruch zwischen dem I. und II.Bataillon gelingt. Der Einbruch kann abgeriegelt werden, aber auch das Regiment muß im Verband der Division zurückgehen. Die eigenen Verluste sind schwer. Gute alte

Kameraden aus der Zeit von Halberstadt und Helmstedt, die Kreta, Rußland und Monterotondo überstanden haben, finden dabei den Tod.

Die ganze Grünlinie erweist sich als ein hoffnungsloser Versuch, den übermächtigen Feind für längere Zeit aufzuhalten.

Während er größtenteils voll aufgefüllte, ausgeruhte Verbände ins Gefecht führen kann, stehen die abgekämpften, zusammengeschrumpften deutschen Verbände schon das ganze Jahr über ohne Unterbrechung im Einsatz.

Ihr Personalersatz, wenn überhaupt welcher eintrifft, kommt ohne entsprechende Ausbildung und muß vielfach erst im Schützenloch vom erfahreneren Nebenmann angeleitet werden.

Materiell macht sich, hauptsächlich durch den behinderten Nachschub bedingt, vor allem der Munitionsmangel für die schweren Waffen gegenüber der alliierten Feuerwalze bemerkbar. Das im Landekopf geschätzte Verhältnis von 20 : 1 bei Artilleriemunition dürfte noch weiter zu Ungunsten der Deutschen abgesunken sein.

Ein weiterer, sehr entscheidender Nachteil für die Deutschen in der materiellen Ausstattung sind die unzureichenden Nachrichtenverbindungen unterhalb der Bataillonsebene, was die Führung und Feuerleitung sehr erschwert und oft unmöglich macht. Während bei den Amerikanern jeder Kompanieführer zu seinen Zügen Funkverbindung hat, und meist auch der Zugführer per "Walky Talky" mit seinen Gruppenführern in Verbindung steht, ist Funkverbindung auf deutscher Seite ein Luxus, den sich um diese Zeit selbst ein Bataillonskommandeur als Verbindung zu seinen Kompanien meist nicht mehr leisten kann.

Wo eine Meldung über Funk den Vorgesetzten innerhalb von Sekunden erreicht und innerhalb von Minuten seine Entscheidung, sein Befehl an die Truppe übermittelt wird, da kann der gleiche Vorgang um ein Vielfaches länger dauern, wenn Meldung und Befehl von einem armen Teufel von Melder überbracht werden, der im Artilleriefeuer von Trichter zu Trichter um sein Leben rennt. Die Folge sind dann Befehle, die sich auf eine überholte Lage gründen.

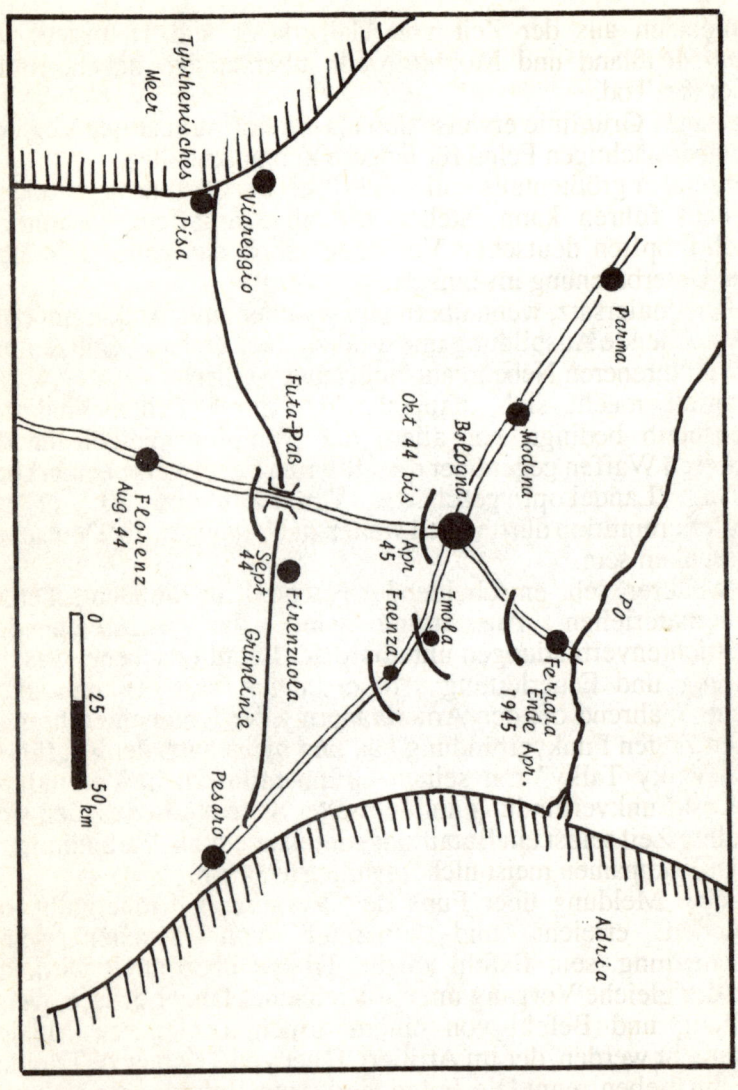

Das FschJgRgt 11 in der Grünlienie und beim Rückzug
in der Po-Ebene

Die 4. Fallschirmjägerdivision verliert in dieser einen Woche über 600 Tote und Vermißte, dazu 1200 Verwundete ! Die Gefechtsstärken der Regimenter sind teilweise bis auf die Hälfte abgesunken.
Aber auch der Feind hat sich bei dieser Offensive verbraucht. Der erbitterte Widerstand der 4. Division hat wenigstens zur Folge, daß er in diesem Jahr nicht mehr die Po-Ebene erreicht, von wo aus er von Süden her in den Luftkrieg gegen Deutschland eintreten könnte.
In Winterstellungen südlich und südostwärts **Bologna** kann die Division die Alliierten wieder längere Zeit aufhalten. Das 11.Regiment verliert um diese Zeit seinen langjährigen Kommandeur, Oberstleutnant Gericke, der zum Stab des I.Fallschirmkorps versetzt wird. Sein Nachfolger wird Oberstleutnant Grundmann, bisher Kommandeur des III. Bataillons im Fallschirmjägerregiment 10. Ebenfalls zum Korps versetzt wird Oberleutnant Christiansen. Sein Nachfolger als Chef der 13.Kompanie wird Oberleutnant Späing. Dessen Nachfolger als Regimentsadjutant wird Leutnant Demandt. Hauptmann Brehde wird zum Fallschirmjägerregiment 12 versetzt, wo er als Nachfolger des tödlich verunglücken Hauptmann Hauber das II. Bataillon übernimmt.

Der Winter 1944 kommt früh, im nördlichen Apennin fällt bereits Anfang Dezember der erste Schnee, und die Berge beginnen weiß zu werden. Die Truppe liegt eingegraben im gebirgigen Gelände südlich Bologna, und außer reger Späh- und Stoßtrupptätigkeit gibt es in dieser Zeit keine größeren Kampfhandlungen.
Die Versorgung der Kompanien muß über unbefahrbare Maultierpfade durch Träger erfolgen, was wieder eine starke Belastung für die Truppe ist. Die 13-te trauert noch immer ihrer braven Karrete nach, die in der Gegend von Pienza endgültig ihren Geist aufgegeben hat. Aber bei einem der Bataillone kommt man zu einer anderen Lösung : einer der erbeuteten Jeeps schafft, entsprechend belastet, die Strecke im Geländegang, und der Fahrer bringt es in einer halsbrecherischen Aktion sogar fertig,

eine Feldküche über die abschüssigen Ziehwege nach vorne zu schleppen. Seitdem kann das Bataillon in dieser Stellung warm verpflegt werden.

Die Bergbauern dieser Gegend sind im Sommer fleißig gewesen und haben sich als Heizmaterial für den Winter Reisig gebündelt und es links und rechts des Ziehweges in Stapeln für den Abtransport bereitgestellt.

Eines Tages bekommt der nahe daneben liegende Truppenverbandsplatz eine Warnmeldung von der Division : Man hat den feindlichen Funkverkehr abgehört. Demnach soll in dem betreffenden Raum eine deutsche Panzerbereitstellung erkannt worden sein und in Kürze von der feindlichen Luftwaffe angegriffen werden. Tatsächlich kreisen ein Dutzend Jabos über der Gegend, und das Sanitätspersonal begibt sich mit einigen Leichtverwundeten eiligst in die Splittergräben. Dann stürzen sich auch wirklich die ersten Jabos mit Bomben und Bordwaffen auf die harmlosen Reisigstapel. Nachdem sie ihren Irrtum erkannt haben, ziehen sie beleidigt von dannen.

Wieder steht Weihnachten vor der Tür, die sechste Kriegsweihnacht ! Von der Zuversicht der ersten Jahre, als man jedesmal meinte, es wäre die letzte Kriegsweihnacht, weil das nächste Jahr den Sieg und den Frieden bringen würde, ist nichts mehr übrig.
Am Heiligabend macht sich einer der Bataillonskommandeure auf den Weg, um seine Posten und Vorposten in der HKL zu besuchen. Bei einer der Kompanien haben sie sich was Besonderes einfallen lassen. Der Hauptfeldwebel schließt sich dem Kommandeur und seinem Chef auf dem Rundgang an. Er hat sich einen Essenträger auf den Rücken gehängt, gefüllt mit gutem, kräftigem Eierlikör, fachmännisch zubereitet nach einem Rezept aus Großvaters Zeiten.
Sie gehen von Stellung zu Stellung, wo die Posten in ihren Löchern hocken, eine Zeltbahn oder Decke über sich als

notdürftigen Wetterschutz, das feuerbereite MG vor sich aufgelegt. "Frohe Weihnachten" kann man diesen Männern unter solchen Umständen schlecht wünschen, höchstens, daß man nächste Weihnacht hoffentlich wieder gesund zu Hause sein wird! Da hat der Spieß mit seinem Eierkognak schon den richtigen Einfall gehabt. Ein halber Trinkbecher von dem guten, wärmenden Zeug und das Gefühl, in einer solchen Nacht hier vorne nicht ganz alleingelassen zu sein, tut auch ganz gut.
Einem Gefechtsvorposten auf einer vorspringenden, kleinen Bergnase müssen sie sich vorsichtig nähern. Vor ihnen im Bachgrund sitzt der Amerikaner ziemlich nah in einer Mühle und ist hier auch besonders aktiv. Es wird leise gesprochen, die Posten bekommen ihren Likör, und dann geht es weiter. Aber schon nach hundert Metern hören die drei hinter sich Gebrüll und eine Knallerei, Handgranaten detonieren. Sie machen kehrt und rennen mit ihren Maschinenpistolen so schnell sie können den Posten zu Hilfe. Als sie oben ankommen, jagt der eine Posten gerade noch einige Feuerstöße hinter den Amis her. Es ist zum Nahkampf und Handgemenge mit einem feindlichen Stoßtrupp gekommen. Offenbar wollte der Stoßtrupp Gefangene einbringen und hat schon vorher vor der Stellung gelegen. Aber da waren es den Amis wohl zu viele, und sie warteten, bis die drei wieder weg waren.
Passiert ist weiter nichts, nur einer der Posten sucht im Dunkeln am Boden nach etwas. Er hat, so behauptet er steif und fest, dem einen Ami beim Gerangel ein Stück vom Daumen abgebissen, und das kann er jetzt nicht finden. Es klingt unglaublich, aber im Krieg passieren manchmal merkwürdige Dinge ! Sein Kamerad meint, die Amis wären bloß wegen des Eierkognaks so rabiat geworden, der vor ihrer Nase ausgeschenkt wurde.
Am Silvesterabend um zwölf liegt der ganze Abschnitt unter feindlichem Artilleriefeuer. Schuld daran sind einige Fallschirmjäger, die es nicht lassen konnten, punkt zwölf das Neue Jahr mit einigen Leuchtkugeln zu empfangen. Andere tun es ihnen mit Leuchtspurmunition nach, und im Handumdrehen ist eine muntere Knallerei im Gange. Die Amerikaner verstehen

keinen Spaß, oder sie glauben, die Deutschen hätten eine Schweinerei im Sinne. Jedenfalls legen sie mit ihrer Artillerie los, so daß denen, die damit angefangen haben, Hören und Sehen vergeht.

Natürlich ist so etwas ein Verstoß gegen die Disziplin ! Aber es sind 17-, 18-, 19-jährige, die hier schon längst die Lücken füllen, die der Krieg gerissen hat. Burschen, die zum Teil noch auf die Schulbank oder zum Meister in die Lehre gehören. Wenn die bei allem, was sie hier durchstehen müssen, nicht die Köpfe hängen lassen, sondern sich auch mal einen Spaß erlauben wollen, dann sollte man das nicht zu streng beurteilen.

Ende Januar wird das Regiment mit der 4. Division aus dem Raum südlich Bologna weiter nach Osten verlegt und bezieht Verteidigungsstellung bei **Faenza**. Die HKL verläuft entlang dem **Senio**, der durch ein weites, offenes Tal fließt. Die eigenen Stellungen, meist am Vorderhang, bieten zwar gute Wirkungsmöglichkeiten gegen jede feindliche Annäherung, sind aber bei Tage vom Feind eingesehen und seinem beobachteten Artilleriefeuer ausgesetzt. Besonders unangenehm ist, daß die Amerikaner immer häufiger Phosphorgranaten verschießen. Nach über fünf Jahren Krieg ohne Gaseinsatz schleppt kaum noch jemand seine Gasmaske mit sich herum. Da ist es dann ein häßliches Gefühl, wenn die weißen, ätzenden Schwaden auf einen zukriechen, man husten muß und sich überlegt, wo jetzt die eigene Gasmaske wohl liegen mag.

Die Amerikaner protzen jetzt schon mit ihrer materiellen Überlegenheit. Hier am Senio können sie es sich sogar leisten, ihren gesamten Frontabschnitt nachts zu beleuchten wie den Broadway ! Am Hinterhang des jenseitigen Senio-Ufers strahlt Nacht für Nacht eine Kette starker Scheinwerfer ihre Lichtkegel in den Himmel und erhellt das ganze Hinterland.
Wozu das gut sein soll, ist nicht ganz klar, denn Angriffe deutscher Flieger brauchen die Amerikaner nicht zu befürchten,

und ihre Nachschubwege brauchen sie nicht nachts zu beleuchten, denn die können sie auch bei Tage ungestört befahren.
Diese Stellung, links der **Via Emilia**, ist auch als **Marsala-Stellung** in die Geschichte der hier kämpfenden Fallschirmjäger eingegangen. Für den, der Marsala nicht kennt : Es ist ein schwerer Süßwein, der es in jeder Beziehung in sich hat. Irgendwo in der Nähe ist der Sitz der Winzergenossenschaft, der sich alsbald zu einem gut besuchten Wallfahrtsort entwickelt. Und natürlich gehört zu einem Wallfahrtsort auch eine Legende : Es heißt, im riesigen Tank der Kellerei würden schon seit längerer Zeit zwei tote SS-Männer schwimmen, die anläßlich einer "Weinprobe" das Gleichgewicht verloren und in den Tank gefallen sind. Die einhellige Meinung der Fallschirmjäger ist, daß es ein schöner Tod gewesen sein muß und daß der Geschmack des Weines jedenfalls nicht gelitten hat.
Von Faenza wird die Division, und mit ihr das 11. Regiment, bis auf Höhe von **Imola** zurückgenommen. Es herrscht nach wie vor eine rege beiderseitige Späh- und Stoßtrupptätigkeit. Unter den Gefangenen, die dabei gemacht werden, befinden sich neben Amerikanern und Engländern Soldaten verschiedenster Kolonialtruppen aus Afrika und Asien. Indische Gurkhas, Filipinos, Basuto-Neger, Marokkaner, dazu Polen und sogar Angehörige eines "Palästina-Korps". Der deutsche Soldat kämpft jetzt schon gegen die halbe Welt, gegen Truppen aus fünf Erdteilen.
Trotz überdehnter Frontabschnitte und zunehmendem Feinddruck müssen in dieser Zeit weitere Einheiten für Neuaufstellungen abgegeben werden.
Das II. Bataillon/FschJgRgt 11 wird aus dem Regimentsverband herausgelöst und zur Aufstellung eines neuen Verbandes nach Österreich verlegt. Der bisherige Kommandeur, Hauptmann Engelhardt, ist inzwischen zum Korpsstab versetzt worden. Sein Nachfolger, Hauptmann Rabe, bleibt ebenfalls in Italien und wird mit der Aufstellung eines neuen II. Bataillons für das 11.Regiment im Raum Pozzolengo in der Nähe des Gardasees beauftragt.

Am 10. April beginnt die lange erwartete Offensive auf den norditalienischen Raum. Die Amerikaner kündigen sie mit Flugblättern an : " Fallschirmjäger, ölt Eure Ochsenkarren, es geht los !" Zunächst hält die Front, und das Vorgehen der Alliierten kann planmäßig verzögert werden. Mit nur 2 Bataillonen geht das 11.Regiment über **Medicina** und **Budrio** hinhaltend kämpfend zurück. Die eigene Taktik, den Gegner immer wieder auflaufen zu lassen und zu einer Bereitstellung zum Angriff zu zwingen, ehe man sich rechtzeitig absetzt und ihn ins Leere stoßen läßt, hat sich bisher bewährt.

Aber am 18. 4., nach zweitägigem Durchhalten in der **Kanalstellung** bei Medicina kommt der Befehl zum Stellungswechsel zu spät.

Um 21.00 Uhr setzt auf dem gesamten Abschnitt Trommelfeuer ein, das jede Bewegung unmöglich macht. Fast 7 Stunden dauert dieses Vernichtungsfeuer und verwandelt den deutschen Frontabschnitt in ein Stück Weltuntergang. Gegen 04.00 Uhr täuscht der Feind durch "Shock-Shells" die Fortdauer des Artilleriefeuers vor, um die Verteidiger in Deckung zu halten, und greift an.

Um seiner Infanterie im dichten Qualm und Nebel die Orientierung zu ermöglichen, markiert er die Angriffsstreifen durch konstantes Punktfeuer mit Leuchtspurgeschossen leichter Flak. Zwischen dem I.Bataillon des 11. Regiments und dem II. Bataillon des 12.Regiments gelingt dem Feind in den Morgenstunden des 19. 4. ein tiefer Einbruch. Er kann unter schweren Verlusten nur vorübergehend abgeriegelt werden, und das Regiment muß mit der Division kämpfend weiter zurückgehen.

Da die Übergänge über den **Po** nordwestlich **Ferrara** zerstört sind, gehen beim Übersetzen fast alle schweren Waffen verloren. Eine nachhaltige Verteidigung am Nordufer ist daher nicht mehr möglich.

Auf dem Rückzug in die Dolomiten erreicht am **2. Mai 1945** ein Tagesbefehl des Kommandierenden Generals des I.Fallschirm-

korps die Fallschirmjägerverbände, wonach die ihm unterstellten Truppen im Rahmen der allgemeinen Kapitulation der Italienfront die Kampfhandlungen einzustellen haben.
Er verbindet diesen Befehl mit einem Appell an alle Fallschirmjäger, in der kommenden Zeit zueinander zu stehen, Würde und Anstand zu bewahren und den Kopf hoch zu tragen. Und er dankt ihnen für ihre einmaligen Leistungen in den letzten Wochen und Monaten.

Teil IV.

Gedenktafel

Kreta

OZ.	Zuname u.Vorname	Komp.geb.am:	gef.am:	Todesort bzw.Grablageort
1.	Ahlers, Heinrich	Stab 20.04.17	20.05.41	Maleme
2.	Ahlmann, Heinz	14. 11.12.17	25.05.41	Pyrgos
3.	Albers, Wolfgang	15. 20.05.16	25.05.41	Aga Marina
4.	Baum, Helmut	15. 03.02.21	20.05.41	Höhe 107 Maleme
5.	Berger, Johann	13. 02.12.18	20.05.41	Maleme
6.	Blettner, Anton	14. 11.02.22	21.05.41	Castelli
7.	Brandt, Hans-Jörg	15. 31.12.17	25.05.41	Laz. Athen
8.	Braß, Theodor	14. 17.03.14	20.05.41	Maleme
9.	Breitenberg, Emil	15. 20.03.15	20.05.41	Maleme
10.	Brogl, Franz	Stab 10.07.23	20.05.41	Maleme
11.	Brünning, Ernst	14. 01.07.14	26.05.41	Laz.Griechenland
12.	Bubigkeit, Kurt	14. 26.03.11	20.05.41	Castelli
13.	Buchholz, Paul	13. 30.06.16	20.05.41	Camissana
14.	Decke, Hans	14. 25.12.17	25.05.41	Galatas
15.	Deichmann, Walter	14. 21.12.21	22.05.41	Maleme
16.	Dobke, Arthur	15. 01.06.13	20.05.41	Maleme
17.	Dörfler, Walter	14. 20.02.09	22.05.41	Maleme
18.	Evart, Heinz	14. 18.02.21	22.05.41	Pyrgos, Höhe 235
19.	Eckmaier, Hans	14. 24.11.11	22.05.41	Pyrgos
20.	Eichmann, Herbert	14. 19.09.14	20.05.41	Pyrgos
21.	Elzner, Walter	14. 23.03.20	21.05.41	Pyrgos
22.	Erhardt, Werner	16. 04.01.22	23.05.41	Cantanos
23.	Frankenstein, Egon	14. 03.03.21	22.05.41	Pyrgos
24.	Fellner, Hans	16. 11.12.22	25.05.41	Laz. Athen
25.	Frenzel, Karl	15. 04.03.21	25.05.41	Candanos
26.	Friedel, Michael	14. 28.12.17	21.05.41	Pyrgos
27.	Friedrich, Georg	13. 16.12.12	20.05.41	Camissana
28.	Ganz, Fritz	13. 21.08.19	20.05.41	Maleme
29.	Gerlach, Karl	14. 19.12.21	20.05.41	Pyrgos
30.	Hännesgen, Heinz	14. 18.05.21	20.05.41	Camissana
31.	Hahn, Hans	13. 22.05.18	23.05.41	Laz. Athen
32.	Hakuba, Heinrich	14. 13.08.14	20.05.41	Pyrgos
33.	Hampe, Helmut-Herbert	14. 23.05.21	22.05.41	Castelli
34.	Hanke, Rudolf	14. 16.12.19	20.05.41	Pyrgos
35.	Hauser, Kurt	14. 18.10.15	20.05.41	Pyrgos

OZ.	Zuname u.Vorname	Komp.	geb.am:	gef.am:	Todesort bzw.Grablageort
36.	Hegenauer, Josef	13.	13.03.18	22.05.41	Brücke Maleme
37.	Heim, Alexander	16.	27.07.21	24.05.41	Cantanos
38.	Heupel, Heinz	15.	22.08.21	21.05.41	Maleme
39.	Hertel, Hans	13.	20.09.11	20.05.41	Maleme
40.	Hitzler, Ernst	15.	15.04.21	27.05.41	Laz.Athen
41.	Hochwald, Heinz	14.	22.01.17	20.05.41	Pyrgos
42.	Jacksch, Heinz	14.	10.04.19	26.05.41	Hospital Athen
43.	Jahn, Richard	15.	09.05.21	25.05.41	Maleme
44.	John, Karl-Heinz	16.	08.05.21	23.05.41	Cantanos
45.	Kajetanzik, Paul	16.	27.04.19	20.05.41	Kirche v.Sirili
46.	Kenzler, Fritz	15.	04.07.20	20.05.41	Maleme
47.	Kiesel, Erhard	14.	23.12.09	20.05.41	Pyrgos
48.	Kindl, Thomas	15.	21.06.21	20.05.41	Maleme
49.	Klammt, Walter	13.	05.11.11	23.05.41	Galatas
50.	Klopfer, Lothar	14.	20.09.19	22.05.41	Castelli
51.	Knappe, Arthur	16.	13.01.13	23.05.41	Cantanos
52.	Koch, Manfred	14.	20.04.21	20.05.41	Pyrgos
53.	Köhler, Eduard	14.	17.12.21	20.05.41	Pyrgos
54.	Kogler, Paul	14.	21.06.14	21.05.41	Pyrgos
55.	Kohlhaas, Helmut	16.	29.09.22	25.05.41	Laz. Korinth
56.	Kokott, Emil	13.	12.12.18	20.05.41	Maleme
57.	Konreny, Karl	16.	20.10.19	22.05.41	Maleme
58.	Kormann, Albert	15.	14.09.21	20.05.41	Maleme
59.	Kossak, Werner	14.	12.10.19	02.07.41	Saloniki
60.	Kowollik, Josef	13.	25.02.20	26.05.41	Laz. Athen
61.	Kreuzer, Josef	16.	15.08.18	20.05.41	Maleme
62.	Krzosok, Theodor	16.	09.11.21	21.05.41	Laz. Athen
63.	Kuhnel, Willi	16.	07.03.20	21.05.41	Laz. Athen
64.	Kunz, Erwin	15.	02.03.17	21.05.41	Maleme
65.	Lagler, Karl	14.	03.09.14	20.05.41	Pyrgos
66.	Lederle, Hans	14.	28.01.20	20.05.41	Kolytihre
67.	Lessmann, Heinz	16.	09.07.15	20.05.41	Cantanos
68.	Lucas, Hans	14.	12.03.14	25.05.41	Galatas
69.	Madelung, Hermann	13.	12.12.19	21.05.41	Camissana
70.	Mader, Georg	14.	12.04.16	20.05.41	Pyrgos

OZ.	Zuname u.Vorname	Komp	geb.am:	gef.am:	Todesort bzw. Grablageort
71.	Marterna, Franz	13.	04.10.19	25.05.41	Galatas
72.	Michel, Wilhelm	13.	27.10.20	20.05.41	Camissana
73.	Muschalla, Ernst	16.	18.02.19	20.05.41	Cantanos
74.	Nielbock, Helmut	15.	16.11.20	20.05.41	Maleme
75.	Pauluschad, Alfred	14.	05.01.19	22.05.41	Pyrgos
76.	Pecinka, Kurt	13.	21.09.19	20.05.41	Camissana
77.	Peisker, Karl	16.	07.04.21	20.05.41	Cantanos
78.	Poggel, Heinrich-Hugo	16.	27.07.21	20.05.41	Cantanos
79.	Polster, Walter	16.	21.04.22	24.05.41	Laz. Athen
80.	Predel, Jost	14.	14.08.13	20.05.41	Pyrgos
81.	Riesenegger, Anton	14.	08.11.15	23.05.41	Hospital Athen
82.	Robaskowitz, Karl	14.	04.05.15	20.05.41	Pyrgos
83.	Rudolf, Alfred	14.	08.08.20	22.05.41	Pyrgos
84.	Rückli, Alois	14.	05.10.19	20.05.41	Pyrgos
85.	Rupprecht, Karl	14.	29.12.13	20.05.41	Pyrgos
86.	Sauer, Mathäus	15.	20.12.09	20.05.41	Maleme
87.	Sauerborn, Friedolin	16.	19.12.09	25.05.41	Cantanos
88.	Seidler, Paul	15.	23.06.21	20.05.41	Maleme
89.	Seitz, Kurt	14.	16.01.19	26.05.41	Kamoytnxos
90.	Simon, Gerhard	14.	01.05.20	20.05.41	Pyrgos
91.	Spanier, Johann	16.	26.05.22	24.05.41	Cantanos
92.	Speer, Gerhard	16.	08.09.12	20.05.41	Maleme
93.	Schmidt, Herbert	14.	09.04.19	20.05.41	Castelli
94.	Schmitt, Otto	15.	19.08.06	20.05.41	Maleme
95.	Schmitz, Rochus	14.	10.03.15	22.05.41	Maleme
96.	Schneider, Reinhard	15.	08.12.18	20.05.41	Maleme
97.	Schulz, Ewald	14.	20.07.13	24.05.41	Hospital Athen
98.	Stawartz, Kurt	16.	20.06.21	21.05.41	Maleme
99.	Stoll, Adolf	13.	03.11.18	25.05.41	Galatas
100.	Thomas, Peter	13.	18.12.19	25.05.41	Galatas
101.	Tschochner, Franz	13.	18.01.15	20.05.41	Maleme
102.	Trute, Martin	15.	30.04.17	21.05.41	Maleme
103.	Veit, Kurt	Stab	09.06.13	22.05.41	Laz. Athen
104.	Veitleder, Alfons	16.	05.07.21	23.05.41	Cantanos

OZ.	Zuname u.Vorname	Komp.	geb.am:	gef.am:	Todesort bzw.Grablageort
105.	Vörös, Aladar	14.	29.09.16	22.05.41	Pyrgos / See
106.	Vogelsang, Peter	14.	17.06.19	20.05.41	Pyrgos
107.	Walteroth, Johann	14.	12.04.18	22.05.41	Pyrgos / See
108.	Wannemacher, Helmut	15.	17.07.16	21.05.41	Maleme, verm.
109.	Weber, Hans	16.	26.01.20	20.05.41	Cantanos
110.	Weickert, Edmund	Stab	10.11.18	20.05.41	Flpl. Maleme
111.	Weidenmüller, Werner	13.	03.11.19	21.05.41	Agia Marina
112.	Woldt, Rudolf	15.	26.08.16	21.05.41	Maleme
113.	Wrzosck, Theodor	16.	09.11.21	21.05.41	Cantanos
114.	Zeller, Anselm	13.	12.06.20	20.05.41	Maleme
115.	Zupp, Edmund	16.	20.05.23	23.05.41	Cantanos
116.	Unbekannt	14.			Grab 3 - 22 - 710 Maleme

Rußland

OZ.	Zuname u. Vorname	Komp.	geb. am:	gef. am:	Todesort bzw. Grablageort
1.	Bauer, Heinrich	13.	26.06.19	31.12.41	Iwanowka
2.	Baumgärtl, Sepp	14.			Rußland
3.	Boog, Ernst	Stab	07.10.21		vermißt Rußland
4.	Borowski, Kurt	14.	28.02.20	04.05.42	Lipowik
5.	Breining, Wilhelm	Stab	23.03.21	23.12.42	tödl. Unfall
6.	Bretthauer, Otto	14.	15.12.22	13.05.42	Wolschow
7.	Busch, Max	Stab	10.01.20	23.05.42	Laz. 269, Toßno
8.	Demandt, Reinhold	16.	02.01.21	01.04.42	Tarassowa
9.	Eckert, Fritz	14.	09.10.21	16.04.42	Lipowik
10.	Fehres, Wolfgang	14.	05.07.21	13.05.42	Lipowik
11.	Feldmann, Gerhard	Stab	02.12.20	08.05.42	Lipowik
12.	Freudenberg, Walter	16.	18.08.20	26.05.42	Krapiwno
13.	Friedrich, Heinrich	16.	03.12.22	22.01.42	Woroschilowka
14.	Geipel, Karl	14.	19.08.17	11.02.42	Iwanowka
15.	Gerhard, Udo	14.	25.03.21	29.12.41	Petropolowka
16.	Gleitmann, Walter	16.	14.09.14	22.01.42	Woroschilowka
17.	Gritzen, Paul	Stab	19.09.20	08.05.42	Lipowik
18.	Hartl, Leopold	15.	05.02.21	02.06.42	Lipowik
19.	Herhauser,	16.			Pistoris
20.	Herten, Herbert	16.	01.07.21	10.05.42	Lipowik
21.	Husmann, Willi	14.	25.12.12	20.06.42	Fjenjew
22.	Jurgeit, Herbert	15.	06.06.12	18.04.42	Lipowik
23.	Katz, Ernst	15.	09.05.21	30.04.42	Lipowik
24.	Koko, Alexander	Stab	24.02.16	09.05.42	Lipowik
25.	Kontny, Erwin	15.	01.03.21	17.04.42	Lipowik
26.	Kovacs, Johann	14.	06.09.19	08.05.42	Lipowik
27.	Krobel, Walter	15.	20.02.21	25.01.42	Iwanowka
28.	Kuhfuß, Heinz	15.	27.04.21	18.04.42	Lipowik
29.	Kumpfert, Willi	Stab	30.11.19	22.01.42	Woroschilowka
30.	Lange, Willi	16.	14.03.21	29.04.42	Krusikkapriwno
31.	Lindner, Heinz	15.	01.12.21	20.02.42	Iwanowka
32.	Lutherer, Erich	15.	18.09.13	08.05.42	Lipowik

OZ.	Zuname u.Vorname	Komp.	geb.am:	gef.am:	Todesort bzw.Grablageort
33.	Meissner, Hans	Stab	04.08.22	12.05.42	Lipowik
34.	Meyer, Hans	Stab	05.11.21	03.06.42	Uschaki
35.	Neumann, Rudolf	15.	19.07.23	18.04.42	Lipowik
36.	Pamperin, Hans-H.	15.	20.08.19	14.05.42	Lipowik
37.	Patzdera, Augustin	15.	25.07.19	08.05.42	Lipowik
38.	Petersen, Alfred	13.	28.08.14	1943	Rußland
39.	Pfundt, Georg	15.	28.02.22	13.01.42	Iwanowka
40.	Piesk, Roland	16.	03.03.20	02.03.42	Flugpl.Remissowa
41.	Reinhard, Heinz	14.	11.11.12	03.05.42	Kriwino
42.	Roth, Michael	Stab	25.01.21	21.01.42	Schaikowka
43.	Seiler, Werner	15.	08.02.18	18.04.42	Lipowik
44.	Scharfenberg, Werner	13.	13.12.19	20.02.42	Iwanowka
45.	Schnak, Karl	14.	09.02.24	05.03.42	Iwanowka
46.	Schneider, Bruno	14.	29.07.19	13.05.42	Tarassowa
47.	Stähler, Erich	14.	04.10.19	10.05.42	Lipowik
48.	Staufenbeil, Benedikt	13.	16.01.17	24.05.42	Susstje-Poljanka
49.	Stelzer-Müller, Hans	Stab	27.01.19	24.05.42	Lipowik
50.	Stoltz, Roland	14.	20.01.18	13.05.42	Lipowik
51.	Thude, Horst	Stab	04.11.19	24.05.42	Lipowik
52.	Vinkeloe, Willi	13.	12.10.23	01.03.42	Iwanowka
53.	Wagner, Gerhard	15.	01.07.21	10.02.42	Wanoka
54.	Weber, Emil	15.	10.05.16	18.04.42	Lipowik
55.	Wilkes, Theodor	15.	12.07.15	14.05.42	Lipowik

Italien

OZ.	Zuname u.Vorname	Komp.	geb.am:	gef.am:	Todesort bzw.Grablageort
1.	Aarns, Peter	1.	18.12.22	06.06.44	Viterbo
2.	Abraham, Stefan	9.	30.05.22	19.03.44	Pomezia
3.	Adrian, Norbert	13.	21.10.26	26.09.44	Monte Rosso
4.	Ahrend, Herbert	10.	01.02.24	16.07.44	unbekannt
5.	Albrecht, Rudolf	6.	07.09.24	26.02.45	Villa Bosi
6.	Alexi, Siegfried	4.	08.08.25	12.09.44	
7.	Alt, Karl	9.	05.08.24	07.05.44	Pomezia
8.	Anders, Hans	NZ.	23.06.19	04.10.44	Ancenello
9.	Andres, Bernhard	5.	26.08.25	04.02.44	Pomezia
10.	Angele, Franz		04.01.11	09.09.43	Monterotondo
11.	Appenzeller, Hugo	III.	21.04.21	17.05.44	Pomezia
12.	Arend, Theodor	3.	08.09.24	17.09.44	Monte Calvi
13.	Armgarth, Alfred	10.	11.04.18	01.04.44	Pomezia
14.	Aschenbrenner, Hermann	7.	01.05.24	23.02.44	Abschn. Moletta
15.	Augustinok, Georg	11.	09.06.25	26.08.44	Florenz
16.	Avemarg, Erich	14.	26.10.26	02.06.44	Pomezia
17.	Bachus, Willi	9.	06.03.18	18.03.44	Pomezia
18.	Back, Albert	10.	09.07.26	27.09.44	Monte Beni
19.	Backes, Willi	10.	12.06.24	09.07.44	unbekannt
20.	Bahr, Willi	5.	19.10.	13.06.44	Orvieto
21.	Bartel, Rudolf	12.	21.05.22	19.03.44	Pomezia
22.	Bartel, Werner	6.	08.07.14	16.02.44	Moletta
23.	Barth, Willi	9.	16.09.16	16.04.44	Pomezia
24.	Bartsch, Wolfgang	11.	25.04.25	31.03.44	Pomezia
25.	Batz, Ludwig	4.	09.01.24	20.09.44	Paracia
26.	Bauens, Arthur	1.	16.08.23	12.09.44	
27.	Bauer, Josef	8.	30.11.21	20.02.44	Moletta
28.	Bauer, Sepp	13.			Nettuno
29.	Becker, Stephan	6.	30.12.22	24.02.44	Nettuno
30.	Becker, Wilhelm	Stab	11.03.18	29.05.44	Pomezia
31.	Beer, Wilhelm	III.	15.10.14	20.04.44	Pomezia
32.	Behle, Heinrich	10.	21.07.26	02.07.44	unbekannt
33.	Behrend, Heinz	13.	05.03.20	20.06.44	Pomezia
34.	Benseler, Herbert	5.		14.08.44	Florenz
35.	Berg, Helmut	III.	08.04.44	16.04.44	Pomezia
36.	Berger, Kurt	12.	04.08.23	01.07.44	unbekannt

OZ.	Zuname u.Vorname	Komp.	geb.am:	gef.am:	Todesort bzw.Grablageort
37.	Berger, Rubert	1.	22.10.20	18.02.44	
38.	Beyküfner, Hans	11.	28.01.25	13.09.44	Gagliano
39.	Bieber, Hans-Hermann	2.	23.05.23	20.02.44	Pomezia
40.	Bindsteiner, Sebastian	14.	14.04.25	09.02.44	Castel Porziano
41.	Binias, Fritz	7.	07.01.14	18.02.44	Pomezia
42.	Bintzig, Georg	11.	27.06.00	11.09.44	Colle Barucci
43.	Bischof, Werner	2.	13.09.22	31.01.44	Pomezia
44.	Bittner, Adolf	8.	17.07.25	26.09.44	Futa-Pass
45.	Bittig, Johann	11.	02.08.19	17.04.44	Pomezia
46.	Blaga, Alois	4.	28.07.16	03.08.44	
47.	Blum Karl	11.	21.01.24	31.03.44	Pomezia
48.	Blumenschein, Bernhard	9.	07.05.19	26.09.44	Monte Benin
49.	Bock, Hans	6.	14.01.25	16.02.44	Moletta
50.	Blockfeld, Hans-Erich	14.	01.03.15	24.09.44	Belverdern
51.	Böhm, Alfred	Stab	30.09.25	22.05.44	Pomezia
52.	Böhm, Gerhard	5.	08.06.21	09.02.44	Pomezia
53.	Böhm, Werner	4.	24.11.17	17.09.44	Riarficcia
54.	Börger, Kurt	5.	26.01.19	06.10.44	Monte Calvi
55.	Borch, Joachim	12.	07.10.25	10.09.44	Pretaglia
56.	Borde, Josef	5.	04.10.24	05.02.44	Pomezia
57.	Bormuth, Hans	Stab	06.01.23	25.02.44	Pomezia
58.	Bose, Werner	9.	10.12.26	06.06.44	unbekannt
59.	Boudon, Wilhelm	1.	07.11.19	31.01.44	Castel Porziano
60.	Brakelsberg, Werner	14.	11.12.18	06.06.44	
61.	Brandhofer, Balthasar	11.	18.06.17	17.04.44	Pomezia
62.	Braun, Bernhard	2.		28.05.44	
63.	Braune, Rolf	7.	01.12.24	23.02.44	Moletta
64.	Brecht, Alfons	11.	02.02.20	02.05.44	Pomezia
65.	Brecht, Otmar	13.	12.10.22	13.04.44	Pomezia
66.	Brede, Karl-Heinz	14.	31.01.20	19.03.44	Pomezia
67.	Breit, Hermann	12.	23.12.23	26.04.44	Pomezia
68.	Breitfuß, Alexander	1.	16.10.25	31.01.44	Castel Porziano
69.	Breuer, Theodor	12.	07.02.22	19.05.44	Pomezia
70.	Brokate, Karl-Heinz	9.	17.02.25	26.09.44	Monte Beni
71.	Brüttger, Gustav	4.	28.12.22	18.06.44	v.Partis.erschossen
72.	Bruhn, Niko	14.	18.06.23	08.06.44	

OZ.	Zuname u. Vorname	Komp.	geb. am:	gef. am:	Todesort bzw. Grablageort
73.	Brunner, Rupert	8.	12.09.21	19.02.44	Pomezia
74.	Buche, Willi	11.	17.06.20	03.08.44	Galuzzo
75.	Bürgel, Werner	9.	21.02.25	26.09.44	Monte Beni
76.	Bugla, Rudolf	2.	21.09.15	07.02.44	Castel Porziano
77.	Bund, Werner	7.	12.02.22	06.06.44	Monte Rosi
78.	Bung, Josef	Stab	29.01.20	11.02.44	Pomezia
79.	Burgstaller, Franz	5.	30.10.25	09.02.44	Pomezia
80.	Buss, Heinz	3.	08.08.19	17.09.44	Ricasiccio
81.	Butz, Heinrich	8.	13.10.26	25.02.44	Moletta
82.	Certa, Josef	13.	05.07.17	03.03.44	Pomezia
83.	Christ, Ferdinand	9.	25.05.21	01.06.44	
84.	Christmann, Alfons	1.	22.03.21	18.02.44	als Unbek. in Pomez.
85.	Clade, Herbert	9.	20.11.20	19.03.44	Pomezia
86.	Clemens, Willi	5.	30.03.19	15.09.44	Monte Calvi
87.	Collbalt, Kurt	3.	17.05.23	09.02.44	
88.	Conradi, Otto	11.	18.02.25	28.04.44	Pomezia
89.	Conradi, Wilhelm	10.	12.03.22	01.04.44	Pomezia
90.	Cruse, Paul	7.	21.05.16	17.04.44	Via Laurentia
91.	Dahle, Wilhelm	1.	07.02.20	30.01.44	Castel Porziano
92.	Danielzik, Hermann	9.	09.07.26	19.03.44	Pomezia
93.	Danler, Fritz	5.	06.11.25	14.03.45	Riola
94.	Dannenberg, Kurt	7.	16.08.23	02.10.44	Fradusto
95.	Danz, Konrad	12.	15.12.13	17.03.44	Pomezia
96.	Danzinger, Franz	14.	09.09.25	16.09.44	Monte Calvi
97.	Degen, Friedrich	2.	24.01.24	29.01.44	Pomezia
98.	Denser, Karl	3.	21.05.25	10.02.44	
99.	Detters, Wilhelm	14.	27.10.19	26.02.44	Aprilia
100.	Deutsch, Heinrich	3.	04.06.17	02.03.44	
101.	Deutscher, Reinhold	9.	27.09.23	01.06.44	
102.	Dieke, Heinz	1.	13.10.25	23.02.44	Castel Porziano
103.	Dielenschneider, Wilh.	2.	13.07.12	12.09.44	Futa-Pass
104.	Dietsch, Johann	Stab	30.05.12	01.09.44	Bologna
105.	Dietz, Ludwig	1.	10.07.22	17.02.44	als Unbek. in Pomez.
106.	Dix, Max	13.	21.10.03	29.12.44	Verona
107.	Dollinger, Emmeran	3.	03.04.23	31.01.44	Castel Porziano

Nr.	Zuname u. Vorname	Komp	geb.am:	gef.am:	Todesort bzw. Grablageort
108.	Dommer, Günter	2.	06.09.23	07.02.44	Castel Porziano
109.	Dosa, Gerd	2.	30.10.12	03.08.44	
110.	Dose, Ewald	1.	07.05.23	27.05.44	Pomezia
111.	Dötzer, Günther	1.	19.11.22	20.02.44	Pomezia
112.	Drechsler, Paul	16.		09.09.43	Monterotondo
113.	Drews, Werner	7.	20.04.08	16.10.44	Areo Trento
114.	Drunk, Karl-Heinz	6.	15.07.25	23.02.44	Moletto
115.	Duchting, Albert	3.	21.09.21	16.09.44	Colle Retini
116.	Dzaek, Walter	1.	13.09.22	20.02.44	
117.	Dzugga, Gustav	3.	12.05.17	30.06.44	Vascovado
118.	Ebberg, Helmut	11.	11.06.18	22.04.44	Pomezia
119.	Ebermeier, Alfons	1.	03.08.22	30.07.44	Futa-Pass
120.	Effenberger, Oswin	2.	22.05.20	02.02.44	Genzana
121.	Einerhand, Ludwig	14.	10.12.25	02.06.44	Pomezia
122.	Elze, Gerhard	Stab	29.06.22	10.02.44	Aprilia
123.	Engelmann, Hubert	6.	18.12.15	23.02.44	Moletta
124.	Enger, Rudolf	13.	10.03.	13.04.45	Medina
125.	Engler, Otto	6.	05.03.21	09.02.44	Valletata
126.	Englisch, Adolf	1.	23.09.05	19.09.44	Höhe 840
127.	Erb, Hans-Günther	8.	19.03.26	24.02.44	Pomezia
128.	Erschold, Erich	3.	03.01.24	28.02.44	
129.	Eske, Heinz	6.	21.12.21	24.02.44	Moletta
130.	Eschinger, Erich	Stab	08.02.21	07.02.44	Castel Porziano
131.	Essling, Matthias	2.	24.07.44	03.08.44	
132.	Ewald, Gustav	3.	13.02.25	31.01.44	Heyershausen
133.	Falke, Werner	12.	01.11.21	26.09.44	Pietramala
134.	Fasching, Josef	14.	06.02.17	31.01.44	Pomezia
135.	Feierabend, Gustav	1.	03.11.16	31.01.44	Castel Porziano
136.	Feller, Willi	2.	23.09.21	09.02.44	Castel Porziano
137.	Fenker, Gustav	7.	19.02.17	24.02.44	Senio
138.	Ferk, Franz	PiZg	09.03.23	07.07.44	Poggibonsi
139.	Fettes, Hans	1.	07.02.26	15.09.44	Monte Calvi
140.	Feuerstein, Wilhelm	7.	22.11.25	19.06.44	Orvieto
141.	Finkbeiner, Erich	9.	28.07.22	29.06.44	Bologna
142.	Finkbeiner, Otto	11.	07.07.14	13.09.44	Gagliano

OZ.	Zuname u. Vorname	Komp	geb.am:	gef.am:	Todesort bzw. Grablageort
143.	Firle, Franz	9.	02.07.11	14.01.44	Pomezia
144.	Fischer, Robert	12.	24.07.18	30.05.44	Pomezia
145.	Flatscher, Josef	12.	19.12.19	31.03.44	Pomezia
146.	Forster, Isidor	11.	10.02.22	20.03.44	Pomezia
147.	Frakowiak, Ewald	8.	23.01.22	20.02.44	Nettuno
148.	Frank, Peter	4.	01.02.18	06.06.44	
149.	Franke, Josef	4.	05.06.20	28.05.44	Pomezia
150.	Franke, Werner	1.	02.10.19	16.07.44	Poggibonsi
151.	Frankel, Josef	3.	10.01.24	26.09.44	
152.	Frey, Emil	12.	20.07.25	19.03.44	Pomezia
153.	Frey, Gerhard	11.	04.01.21	17.04.44	Pomezia
154.	Friedrich, Heinz	3.	05.05.20	01.03.44	Cassino
155.	Friedrich, Johannes	III.	26.08.23	03.05.44	Pomezia
156.	Fritsch, Gerhard	Stab	14.01.24	17.02.44	Moletta
157.	Fröhlich, Fritz	3.	15.05.25	23.02.44	
158.	Fuchs, Georg	12.	20.03.24	06.06.44	Pomezia
159.	Fürbringer, Alfred	5.	17.05.23	13.02.45	Casalore
160.	Gadermeier, Xaver	7.	21.10.21	22.03.45	Passerina
161.	Galla, Friedrich	9.	06.08.20	19.03.44	Pomezia
162.	Gallian, Josef	NaZg	31.03.25	12.06.44	Pomezia
163.	Ganser, Karl	6.	01.08.18	31.05.44	Artena
164.	Geiger, Fritz	2.	26.10.20	11.05.44	Pomezia
165.	Geisendorf, Karl-Heinz	6.	03.07.25	02.06.44	Artena
166.	Gerst, Heinrich	6.	18.08.22	18.02.44	Pomezia
167.	Gleber, Otto	10.	24.04.24	01.07.44	Pomezia
168.	Glomski, Bruno	1.	02.09.20	19.09.44	Poggio
169.	Glowania, Viktor	11.	04.10.18	01.10.44	Casa Marei
170.	Gnettner, Heinz	Stab	24.03.23	18.04.44	Varese
171.	Goebel, Ludwig	13.		17.09.44	Gioge
172.	Goedel, Friedrich	IV.	27.03.24	17.07.44	Pomezia
173.	Goels, Hans	8.	07.10.18	02.06.44	Nettuno
174.	Goldmann, Heinz	1.	21.05.18	22.04.44	Arco
175.	Golombeck, Albert	6.	08.10.17	19.02.44	Moletta
176.	Goos, Heinrich	10.	11.01.22	01.04.44	Pomezia
177.	Gortjes, Heinrich	10.	18.11.16	08.06.44	Alerona
178.	Graetz, Karl	8.	23.04.19	18.02.44	Nettuno

OZ.	Zuname u. Vorname	Komp.	geb. am:	gef. am:	Todesort bzw. Grablageort
179.	Greita, Kurt	2.	29.03.20	09.02.44	Ca
180.	Grell, Günther	7.	27.04.24	26.09.44	Florenz
181.	Grickschutz, Günther	7.	13.02.24	25.02.44	Abschn. Moletta
182.	Griessmayer, Josef	2.	17.01.23	12.09.44	Spazarento
183.	Gromeier, Rudolf	6.	27.06.12	05.03.45	Riola
184.	Gross, Ernst	15.	16.02.21	01.03.45	Bubano
185.	Gross, Karl	12.	12.06.21	23.07.44	Futa-Pass
186.	Grosse, Werner	6.	20.10.26	01.06.44	Arteno
187.	Großwald, Heinrich	4.	28.12.19	25.03.44	Pomezia
188.	Grotki, Paul	7.	19.10.26	19.06.44	Orvieto
189.	Gruber, Max	15.	27.05.20	11.09.44	Castro St. Martino
190.	Gruber, Walter	1.	08.07.17	19.09.44	Monte Calvi
191.	Gudewill, Hans	13.	06.07.20	09.09.43	Pomezia
192.	Gudowius, Heinz	7.	18.06.23	18.02.44	Moletta
193.	Güth, Armin	7.	18.02.25	01.02.45	Futa-Pass
194.	Guth, Werner	2.	13.03.20	02.02.44	Pomezia
195.	Gutsfeld, Alois	3.	19.09.18	31.05.44	Pomezia
196.	Haag, Camilo	4.	14.05.24	18.06.44	Futa-Pass
197.	Haas, Hermann	12.	23.03.16	23.07.44	Tavernelle
198.	Hable, Franz	3.	21.10.23	09.02.44	Castel Porziano
199.	Hablich, Wilhelm	10.	01.04.23	29.05.44	Pomezia
200.	Häfner, Karl	14.	24.05.22	09.09.43	Pomezia
201.	Hänel, Herbert	7.	09.02.18	26.09.44	Florenz
202.	Halfmann, Helmut	8.	17.11.23	20.02.44	Moletta
203.	Halke, Siegfried	15.	04.12.17	15.10.44	Vallasole
204.	Haller, Hermann	7.	24.05.25	24.02.44	Pomezia
205.	Hammer, Albert	3.	16.11.25	28.05.44	Pomezia
206.	Hann, Stefan	7.	26.01.18	13.03.45	Riolo
207.	Hanser, Hermann	Stab	29.11.24	29.05.44	Castel Porziano
208.	Harnecker, Philipp	1.	24.11.20	03.08.44	Villa Caponi
209.	Hartl, Georg	4.	02.02.17	30.05.44	Campo Leone
210.	Hartmann, Leonhard	2.	05.07.26	29.06.44	Pomezia
211.	Hartwig, Franz	13.		10.04.45	
212.	Häusinger, Anton	2.		30.01.44	als Unbek. in Pom.
213.	Hauer, Franz	PiZg	19.06.18	17.04.44	Pomezia

OZ.	Zuname u. Vorname	Komp.	geb. am:	gef. am:	Todesort bzw. Grablageort
214.	Hausner, Erwin	2.	27.11.26	30.06.44	Pomezia
215.	Hautz, Wilhelm	1.	14.09.19	28.05.44	
216.	Heidegger,	3.	06.08.25	31.01.44	Linz / Donau
217.	Heidkamp, Johann	7.	14.01.23	23.02.44	Moletta
218.	Heidmann, Fritz	13.	01.03.26	14.06.44	Viterbo
219.	Heier, Alfred	9.	30.01.21	04.05.44	Pomezia
220.	Heimbockel, Johann	3.	02.10.19	14.08.44	Costermano
221.	Heinemann, Herbert	4.	15.02.25	04.06.44	Pomezia
222.	Heinze, Gerhard	9.	03.12.26	27.05.44	
223.	Heist, Arthur	10.	04.03.21	05.08.44	Florenz
224.	Held, Hermann	7.	27.06.21	18.02.44	Moletta
225.	Helfert, Gustav	1.	17.07.04	12.09.44	
226.	Hellmuth, Werner	11.	20.03.25	04.09.44	Monterotondo
227.	Hellwig, Otto	11.	26.01.15	31.03.44	Pomezia
228.	Henkel, Rudolf	9.	22.01.23	19.03.44	Pomezia
229.	Henning, Erwin	4.	21.06.26	31.05.44	
230.	Hermann, Erich	4.	15.02.24	07.04.44	Pomezia
231.	Hermann, Hans	8.	26.09.24	16.02.44	Moletta
232.	Hermann, Heinz	13.	05.06.20	10.03.44	Pomezia
233.	Herrich, Günther	6.	25.01.25	05.03.45	Riola
234.	Herrmann, Melchior	9.	16.03.21	26.09.44	Monte Beni
235.	Herrmann, Rudolf	7.	06.02.20	10.03.45	Riola
236.	Herrmann, Walter	7.	16.10.21	13.06.44	Orvieto
237.	Herting, Werner	3.	31.10.22	10.02.44	Castel Porziano
238.	Herzig, Helmut	4.	20.09.18	19.09.44	Monte Alto
239.	Herzig, Roland	3.	26.02.23	11.02.44	Pomezia
240.	Herzog, Jakob	12.	18.07.03	23.09.44	Castel del Alpi
241.	Herzogenrath, Hans	1.	18.03.19	02.04.44	Pomezia
242.	Heybach, Robert	3.	04.08.24	29.09.44	Futa-Pass
243.	Hilbert, Jakob	15.	04.12.18	15.10.44	Vallasole
244.	Hockhauf, Gerhard	8.	29.12.21	18.02.44	Moletta
245.	Hoefer, Siegfried	Stab	24.01.23	14.06.44	Pomezia
246.	Höhenberger, Christian	4.	08.07.21	18.09.44	Futa-Pass
247.	Höhn, Edgar	14.	25.12.22	22.05.44	Pomezia
248.	Hönle, Artur	15.	01.12.06	31.12.44	Loreto
249.	Hof, Josef	8.	14.04.21	28.09.44	Lazarett

OZ.	Zuname u.Vorname	Komp.	geb.am:	gef.am:	Todesort bzw. Grablageort
250.	Hoffmann, Georg	8.	26.07.17	02.03.44	Nettuno
251.	Hoffmann, Herbert	14.	11.05.14	30.07.44	St. Andrea
252.	Hoffmann, Karl	13.	30.10.24	06.06.44	Pomezia
253.	Hoffmann, Siegfried	11.	02.01.21	30.05.44	Pomezia
254.	Hoffmann, Walter	3.	24.11.02	19.09.44	Mt. Jaggio Ombrellio
255.	Hofmann, Georg	11.	18.01.25	30.04.44	Pomezia
256.	Holste, Egon	1.	21.09.25	03.05.44	Pomezia
257.	Holtermann, Heinz	10.	16.01.23	08.06.44	Pomezia
258.	Homann, Paul	15.	06.10.26	03.10.44	Farne
259.	Horner, Josef	2.		19.03.44	Pomezia
260.	Horstmann, Friedrich	14.	17.07.22	08.01.45	Nonantola
261.	Hortel, Wilfried	2.	19.06.21	07.02.44	Castel Porziano
262.	Hosl, Willi				
263.	Hoth, Kurt	9.	15.04.15	01.10.44	Casa Marei
264.	Hoyer, Franz	III.	20.11.22	03.05.44	Pomezia
265.	Huber, Georg	5.	21.09.20	14.03.45	Riola
266.	Hülsbeck, Günther	Stab	30.09.23	01.03.44	Pomezia
267.	Hütten, Christian	I.	22.09.25	31.05.44	Pomezia
268.	Hundt, Heinz	6.	16.10.24	27.02.44	Nettuno
269.	Huslage, Heinz	3.	24.09.19	10.02.44	
270.	Ihle, Werner	1.	26.11.19	02.03.44	Pomezia
271.	Isenhardt, Erich	2.	15.03.22	07.02.44	Castel Porziano
272.	Iven von, Herbert	11.	25.08.19	04.09.44	Monterotondo
273.	Jäger, Johann	12.	23.09.25	31.03.44	Pomezia
274.	Jäger, Kurt	4.	10.02.22	26.09.44	Futa-Pass
275.	Jäger, Rudolf	14.	20.04.13	30.01.44	Aprilia-Pomezia
276.	Jahnke, Günther	7.	29.11.22	02.10.44	Fradusto
277.	Jendreyek, Gerhard	7.	18.07.17	19.06.44	Orvieto
278.	Jennemann, Hans	7.	07.12.21	18.02.44	Moletta
279.	Jensen, Friedrich	7.	27.05.20	22.02.44	Pomezia
280.	Jersack, Erich	9.	03.10.11	26.09.44	Monte-Beni
281.	Kahl, Willi	9.	23.04.25	23.07.44	Strada
282.	Kalb, Karl	9.	23.09.26	13.05.44	Pomezia
283.	Kalnsa, Johann	14.	14.01.15	04.06.44	

OZ.	Zuname u.Vorname	Komp	geb.am:	gef.am:	Todesort bzw.Grablageort
284.	Karner, Siegfried		01.09.19	31.01.44	Castel Porziano
285.	Karsten, Walter	6.	14.08.25	16.02.44	Moletta
286.	Kasper, Gerhard	7.	10.01.23	18.02.44	Moletta
287.	Kastel, Harald	12.	28.02.25	30.03.44	Pomezia
288.	Kaupa, Karl	11.	14.01.18	03.04.44	Pomezia
289.	Kayma, Eckehardt	NaZg	02.05.25	01.10.44	Balelini
290.	Keinert, Karl	2.	07.05.19	04.02.44	Pomezia
291.	Keller, Johann	2.	13.01.17	26.05.44	
292.	Kellert, Gustav	7.	21.10.16	13.03.44	Riola
293.	Kern, Franz	1.	10.01.23	18.02.44	Pomezia
294.	Keseberg, Werner	4.	09.06.17	20.09.44	Paracia
295.	Keune, Bernhard	13.	08.02.26	27.01.45	Bubano
296.	Kienzler, Helmut	5.		31.07.44	Florenz
297.	Kiesler, Rudolf	10.	17.05.26	03.06.44	Nettuno
298.	Killer, Günther	11.	14.09.25	24.04.44	Pomezia
299.	Kindermann, Josef	11.	20.07.10	15.12.44	südl. Bologna
300.	Kindervater, Willi	12.	09.09.25	16.06.44	Celle/Italien
301.	Kintscher, Richard	13.	24.12.23	10.03.44	Pomezia
302.	Kirchheins, Heinz	3.	16.12.22	01.02.44	Castel Porziano
303.	Kistler, Jakob	2.	05.04.22	18.02.44	Pomezia
304.	Klatt, Heinz	11.	04.10.24	04.09.44	Monterotondo
305.	Klausmann,	5.		12.06.44	Viterbo
306.	Kleber, Helmut	6.	16.12.22	16.02.44	Nettuno
307.	Klein, Erich	7.	11.11.21	18.02.44	Pomezia
308.	Klein, Hermann	7.	21.10.21	23.02.44	Moletta
309.	Klein, Hugo	I.	16.10.23	17.02.44	Pomezia
310.	Klein, Otto	7.	27.08.17	29.09.44	Florenz
311.	Kleiner, Gerhard	6.	14.06.12	29.02.44	Gardone
312.	Klekotten, Badeus	5.	20.01.24	19.09.44	Monte Calvi
313.	Kleye, Oskar	I.	25.02.06	10.02.44	Nettuno
314.	Klielsch, Herbert	Stab	23.11.19	25.09.44	Castel des Alpi
315.	Klietsch, Ernst	4.	09.12.20	28.05.44	San Basilio Mot.
316.	Kling, Philipp	7.	01.10.25	12.06.44	Pomezia
317.	Klingebiel, Werner	5.	29.01.23	08.12.45	Casalore
318.	Kloss, Hans	9.	15.10.20	22.03.44	Pomezia
319.	Klotz, Engelbert	12.	14.12.23	12.09.44	Gagliano

OZ.	Zuname u. Vorname	Komp.	geb.am:	gef.am:	Todesort bzw. Grablageort
320.	Klug, Josef	14.	25.12.21	12.09.44	Monte-Celli
321.	Knezel, Karl-Heinz	14.	02.08.20	16.03.44	Pomezia
322.	Knipphals, Arno	5.		13.06.44	Monte-Porzio
323.	Knospe, Bruno	9.	15.07.24	26.09.44	Monte-Beni
324.	Knüttel, Otto	12.	28.12.23	16.06.44	Futa-Pass
325.	Knusse,	13.			Monterotondo
326.	Koch, Gerhard	2.	03.02.26	28.05.44	Campoleone
327.	Koch, Johann	NaZg	12.05.23	19.03.44	Pomezia
328.	Koehler, Herbert	6.	14.09.21	16.02.44	Moletta
329.	Köhler, Kurt	2.	05.12.18	07.04.44	Pomezia
330.	Koenen, Franz	1.	02.02.25	10.07.44	Poggibonsi
331.	Kogel, Gerhard	5.	22.12.21	12.06.44	Viterbo
332.	Kohlmann, Alfred	3.	19.10.21	17.09.44	C. Retini
333.	Kolb, Hermann	7.	17.02.24	17.02.44	Moletta
334.	König, Helmut	2.	31.10.21	17.09.44	Monte Calvi
335.	Konet, Ernst	1.	14.09.24	23.02.44	Pomezia
336.	Kopinski, Karl	4.	15.10.17	31.05.44	
337.	Koppensteiner, Franz	10.	31.10.21	01.04.44	Pomezia
338.	Kossmann, Walter	9.	29.11.21	12.09.44	Gagliano
339.	Kotzmann, Paul	PiZg	02.03.22	20.06.44	Monte Falci
340.	Kovacs, Stefan	15.	14.12.13	15.10.44	Vallasole
341.	Kovats, Bruno	NaZg	17.04.20	04.03.44	Pomezia
342.	Kowallik, Gerhard	6.	02.06.17	28.05.44	Pomezia
343.	Kowawatsch, Max	III.	03.01.20	17.05.44	Pomezia
344.	Kracht, Ernst	3.	11.11.20	10.02.44	Castel Porziano
345.	Krämer, Wilhelm	3.	22.02.24	09.02.44	Castel Porziano
346.	Kramer, Walter	7.	06.06.14	27.09.44	Bologna
347.	Krauth, Ludwig	A-Z	29.12.10	25.06.44	Pienza
348.	Kreitmeier, Thomas	10.	28.05.21	01.04.44	Pomezia
349.	Krenn, Leonhard	2.		30.01.44	Castel Porziano
350.	Krenzke, Erich	5.	17.08.22	03.02.45	Casalore
351.	Kress, Adolf	1.	17.07.23	18.02.44	Castel Porziano
352.	Krieger, Alois	3.	27.03.20	17.09.44	Monte Linari
353.	Krieger, Paul	15.	22.02.10	15.10.44	Vallasole
354.	Kronthaler, Werner	1.	24.03.23	02.03.44	Pomezia
355.	Krotzek, Konrad	Stab	23.12.26	18.09.44	Monte Alto

OZ.	Zuname u. Vorname	Komp	geb. am:	gef. am:	Todesort bzw. Grablageort
356.	Krüger, Kurt	4.	10.05.22	05.06.44	Pomezia
357.	Krüger, Paul	12.	20.08.17	31.03.44	Pomezia
358.	Krüger, Walter	1.	10.01.21	29.01.44	Castel Porziano
359.	Krull, Wilhelm	9.	15.04.17	16.05.44	Pomezia
360.	Krümpelmann, Hans	1.	16.04.21	28.05.44	Nettuno
361.	Krupper, Walter	Stab	17.05.23	20.02.44	Moletta
362.	Kruse, Karl-Heinz	Stab	11.05.21	07.06.44	Pomezia
363.	Krysik, Heinrich	6.	26.05.17	22.03.45	Riola
364.	Küffner, Alfons	Stab	29.09.18	25.02.44	Pomezia
365.	Küffner, Hans	Stab	23.01.22	07.06.44	Pomezia
366.	Kühne	4.	22.02.44		
367.	Kuerfner, Max	14.	14.05.25	16.09.44	Monte Calvi
368.	Kummer, Reinhold		04.12.22	13.05.44	Pomezia
369.	Kunz, Reinhard	7.	21.04.24	19.06.44	Orvieto
370.	Kürsch, Bruno	3.	04.11.16	07.04.44	Pomezia
371.	Kuhn, Hans	15.	09.06.24	31.12.44	bei Fazzano
372.	Kuhn, Helmut	12.	16.12.22	25.09.44	
373.	Kunert, Alfred			27.05.44	südw. Aprilia
374.	Kurch, Kurt	3.	01.08.21	01.02.44	Castel Porziano
375.	Kuyken, Walter	6.	11.01.23	19.02.44	Moletta
376.	Laabs, Johannes	4.	05.02.21	07.04.44	Pomezia
377.	Lackert, Werner	9.	30.11.21	06.04.44	Pomezia
378.	Landes Richard	4.	16.09.22	03.04.44	Pomezia
379.	Landwehr, Emil	15.	10.06.20	26.01.45	Casone
380.	Lang, Anton	3.	04.08.23	23.02.44	Pomezia
381.	Lange, Paul	1.	08.01.25	18.02.44	Pomezia
382.	Lange, Walter	7.	28.10.22	24.02.44	Pomezia
383.	Langenhöfel, Karl	9.	23.11.17	26.09.44	Monte Beni
384.	Langrock, Fritz	14.	15.08.24	. .45	
385.	Langusch, Paul	2.	10.07.26	26.05.44	Pomezia
386.	Latten, Georg	2.	12.06.22	17.09.44	Monte Calvi
387.	Lauer, Theodor	10.	20.01.25	17.09.44	Faldibeco
388.	Lazar, Alois	3.	11.11.20	16.07.44	Lazarett
389.	Lebans, Fritz	11.	03.07.19	23.04.44	Pomezia
390.	Leibeck, Ruprecht	13.	10.12.24	24.02.44	Aprilia

OZ.	Zuname u. Vorname	Komp	geb. am:	gef. am:	Todesort bzw. Grablageort
391.	Leist, Josef	Stab	19.07.24	28.01.44	Castel Porziano
392.	Leitmeier, Engelbert	2.	08.11.44	10.05.44	Pomezia
393.	Lemke, Ernst	2.	23.05.24	02.02.44	Pomezia
394.	Lemke, Heinz	9.	20.05.25	28.04.44	Pomezia
395.	Lenfert, Heinz	10.	26.12.25	01.04.44	Pomezia
396.	Lenk, Manfred	NaZg	27.02.25	05.12.44	San Giovanni
397.	Lenz, Rudolf	10.	24.04.19	20.04.44	Pomezia
398.	Lenz, Wilhelm	12.	11.11.19	03.06.44	Pomezia
399.	Leps, Heinz	3.	17.10.22	06.10.44	Futa-Pass
400.	Lepson, Anton	6.	18.07.20	25.02.44	Moletta
401.	Lerner, Max	7.	04.02.15	22.03.44	Pomezia
402.	Leufer, Josef	1.	27.05.18	02.02.44	Pomezia
403.	Lichter, Erich	10.	11.03.23	27.05.44	Castel Porziano
404.	Liebing, Friedhelm	Stab	02.02.23	25.02.44	Pomezia
405.	Liebscher, Fritz	1.	28.06.23	31.01.44	Castel Porziano
406.	Link, Karl	4.	11.11.20	04.03.44	
407.	Linke, Erich	11.	17.02.24	23.07.44	Strada unbekannt
408.	Lischnewski, Karl	2.	17.05.25	12.09.44	
409.	List, Stefan	3.	13.11.18	03.06.44	Lazarett
410.	Litke, August	6.	13.07.23	16.02.44	Moletta
411.	Lobes, Ernst	3.	21.01.22	01.02.44	Castel Porziano
412.	Löser, Horst	7.	30.01.22	23.02.44	Pomezia
413.	Lohsteiner, Karl	9.	24.10.26	19.05.44	Pomezia
414.	Lorenz, Karl-Heinz	3.	04.03.23	05.02.44	Castel Porziano
415.	Lorenz, Peter	14.	14.06.22	01.07.44	Pomezia
416.	Lotz, Wilhelm	11.	23.12.16	02.05.44	Pomezia
417.	Ludes, Hermann	3.	07.12.17	01.03.44	Pomezia
418.	Ludwig, Günter	10.	28.12.24	15.09.44	Faldibeco
419.	Lüders, Oskar	12.	02.04.21	31.05.44	Pomezia
420.	Luef, Franz	6.	19.04.21	19.02.44	Pomezia
421.	Lüers, August	1.	11.04.20	30.01.44	Castel Porziano
422.	Lütt, Paul	3.	21.04.21	27.02.44	Pomezia
423.	Lutz, Wilhelm	12.	08.09.09	01.10.44	Monghidoro
424.	Lutzenberger, Johann	10.	01.06.19	02.06.44	Pomezia
425.	Makies, Gustav-Adolf	12.	15.06.21	18.07.44	Nordfriedh. Augsburg

OZ.	Zuname u. Vorname	Komp	geb.am:	gef.am:	Todesort bzw. Grablageort
426.	Mandrysch, Konrad	RZg.	08.11.25	05.05.44	Pomezia
427.	Mann, Dietrich	12.	13.02.25	19.03.44	Pomezia
428.	Manzke, Werner	1.	11.02.20	18.02.44	Pomezia
429.	Markowski, Alfred	14.	05.09.14	16.09.44	Monte Calvi
430.	Maschke, Karl	10.	29.04.17	30.07.44	Forlace
431.	Mattusek, Georg	7.	02.09.22	23.02.44	Pomezia
432.	Matzner, Kurt	PiZg	06.02.19	22.07.44	Vigliano
433.	Mayer, Leo	11.	20.09.23	20.03.44	Pomezia
434.	Mayenburg, Harry	NaZg	20.10.25	12.01.45	Casa di Mazza
435.	Meeh, Helmut	10.	19.03.21	01.04.44	Pomezia
436.	Megen von, Albert	4.	31.08.22	03.08.44	
437.	Meier, Fritz	12.	16.10.25	30.05.44	Pomezia
438.	Meihost, Heinrich	PiZg	17.03.21	05.05.44	Pomezia
439.	Meise, Bruno	10.	02.04.19	20.04.44	Pomezia
440.	Mendler, Georg	12.	22.02.22	25.05.44	Verona
441.	Meneghini, Hermann	13.	21.04.24	06.02.44	Campo Jemini
442.	Mensch, Josef	3.	27.02.23	28.02.44	Pomezia
443.	Menschig, Ernst	4.	27.04.21	18.06.44	Civitella
444.	Mertins, Gustav	2.	07.08.19	07.02.44	Pomezia
445.	Merx, Rudolf	1.	01.11.14	18.02.44	Pomezia
446.	Mayer, Albert	Stab	24.12.24	07.02.44	Castel Porziano
447.	Meyer, Anton	8.	01.09.23	18.02.44	Nettuno
448.	Meyer, Wilhelm	2.	17.06.20	17.09.44	Monte Calvi
449.	Michal, Franz	9.	28.02.22	31.03.44	Pomezia
450.	Michel, Friedrich	6.	17.02.25	20.02.44	Moletta
451.	Michel, Heinrich	9.	18.06.24	01.06.44	Piano di Trasso
452.	Mihelitz, Wolfgang	2.	20.12.24	30.01.44	Pomezia
453.	Mikoleiczyk, Helmuth	11.	06.05.20	02.05.44	Pomezia
454.	Mittelstädt, Max	NaZg	14.05.20	08.03.44	Pomezia
455.	Moebus, Heinrich	2.	22.08.21	27.02.44	Pomezia
456.	Moeller, Otto	7.	02.08.22	23.02.44	Abschn. Moletta
457.	Mohr, Arthur	8.	10.01.23	14.06.44	Moletta
458.	Moisl, Siegfried	7.	28.12.25	23.02.44	Nettuno
459.	Mommsen, Joach-Friedr.	3.	12. .25	17.09.44	Monte Linari
460.	Moog, Peter	3.	15.12.21	28.05.44	Pomezia

OZ.	Zuname u. Vorname	Komp	geb. am:	gef. am:	Todesort bzw. Grablageort
461.	Möbis, Heinrich	13.	22.08.21		Velettri
462.	Möser, Erich	NaZg	09.03.14	15.05.44	Pomezia
463.	Moschinski, Erhard	12.	01.01.21	02.10.44	Monghidoro
464.	Mosinburg, Rudolf	13.	12.05.22	05.10.44	H.V.Pl.
465.	Muck, Karl	7.	21.01.22	16.02.44	Pomezia
466.	Mücke, Heinz	Stab	12.01.12	03.06.44	Rom
467.	Müllenberg, Günter	14.	21.08.23	22.05.44	Pomezia
468.	Muench, Anton	6.	18.09.21	22.02.44	Moletta
469.	Müller, Carl	10.	05.11.23	01.04.44	Pomezia
470.	Müller, Erwin	10.	09.02.19	14.09.44	Gagliano
471.	Müller, Johann	12.	12.11.24	10.09.44	Pretaglia
472.	Müller, Karl	9.	06.12.22	11.04.44	Pomezia
473.	Müller, Waldemar	1.	09.05.21	16.02.44	Pomezia
474.	Müller, Xaver	I.	24.11.22	19.06.44	Sinalunga
475.	Muth, Hans	6.	16.10.21	16.02.44	Moletta
476.	Nagel, Arno	14.	18.09.23	25.05.44	Pomezia
477.	Naumann, Gerhard	2.	22.08.26	14.09.44	
478.	Nawrath, Georg	11.	07.10.13	31.05.44	
479.	Neubach, Theo	8.	26.05.20	11.02.44	Abschn. Moletta
480.	Neubert, Leo	11.	08.08.22	03.05.44	Pomezia
481.	Niemeier, Gerhard	12.	19.08.23	01.10.44	Monghidoro
482.	Nienaber, Heino	8.	01.07.26	08.10.44	Costermano
483.	Nitzschke, Siegfried	13.	08.03.15	26.09.44	Futa-Pass
484.	Nollau, Rolf	11.	05.03.23	23.07.44	Futa-Pass
485.	Nothaft, Fritz	7.	09.04.21	22.02.44	Moletta
486.	Nowak, Stanislaus	11.	29.03.23	31.05.44	Pomezia
487.	Nusshardt, Herbert	7.	11.02.23	24.02.44	Moletta
488.	Oehmke, Herbert	11.	13.12.18	20.03.44	Pomezia
489.	Ofner, Josef	10.	10.03.24	19.07.44	Barberino
490.	Ohm, Willi	11.	09.06.21	06.04.44	Pomezia
491.	Ollborn, Erich	9.	15.04.20	26.09.44	Monte Beni
492.	Oppenauer, Franz	9.	06.04.14	28.03.44	Pomezia
493.	Ortner, Johann	3.	03.12.22	19.09.44	Monte Jaggio
494.	Ostermann, Hans	7.	29.08.19	23.02.44	Abschn. Moletta

Oz.	Zuname u.Vorname	Komp	geb.am:	gef.am:	Todesort bzw.Grablageort
495.	Ott, Jakob	7.	07.07.22	09.06.44	Monte Fiescone
496.	Otto, Wilhelm	7.	05.05.16	07.02.44	Abschn. Moletta
497.	Pantel, Bruno	3.	22.08.22	24.07.44	Cast.Villa Mola
498.	Paschkewitz, Hans	1.	18.10.21	11.02.44	Pomezia
499.	Path, Helmut	10.	05.12.07	14.09.44	Panua
500.	Pech, Bruno	14.	25.07.15	04.05.44	Pomezia
501.	Peil, Friedrich	13.	13.11.21	09.04.44	Pomezia
502.	Pekarek, Egon	5.	10.03.20	17.03.44	Pomezia
503.	Pelz, Franz	2.	14.12.11	02.03.44	Pomezia
504.	Peters, Kurt	3.	21.08.20	19.09.44	Monte Jaggio
505.	Pettelkau, Heinz	7.	13.07.21	13.03.45	Riola
506.	Pfeffer, Siegfried	NaZg	06.05.18	25.07.44	Futa-Pass
507.	Pfeiffer, Kurt	9.	04.05.26	07.05.44	Pomezia
508.	Pfeiffer, Lothar	9.	16.02.24	27.09.44	Monte Beni
509.	Pfleger, Heinrich	5.	20.11.17	04.02.44	Pomezia
510.	Pfrang, Wilhelm	NaZg	04.01.23	04.03.44	Pomezia
511.	Pfriemer, Johann	NaZg	20.11.23	16.02.44	Pomezia
512.	Pippig, Kurt	8.	?	10.03.44	Nettuno
513.	Podzuweit, Emil	1.	20.04.	16.09.44	Höhe 480
514.	Pöhler, Rolf	9.	10.10.15	31.03.44	Pomezia
515.	Pöhlmann, Adolf	3.	15.07.26	15.09.44	del Voglio
516.	Pohl, Klaus	5.	20.02.23	12.06.44	Viterbo
517.	Poppl, Anton	4.	22.03.21	31.01.44	Pomezia
518.	Possekel, Hans	1.	29.07.20	18.02.44	als Unbek.in Pom
519.	Praeger, Albert	1.	03.01.20	19.02.44	Pomezia
520.	Prasch, Karl	1.	04.07.07	16.02.44	Monte Calvi
521.	Freisendörfer, Kurt	6.	03.05.	16.02.44	Moletta
522.	Preißler, Rolf	9.	10.02.21	04.05.44	Pomezia
523.	Frosch, Josef	1.	06.08.21	18.02.44	Höhe 72
524.	Prüfer, Gerhard	1.	24.08.24	24.02.44	Pomezia
525.	Prusseit, Karl-Heinz	10.	08.01.22	23.07.44	Strada unbekannt
526.	Querfurth, Arne	6.	20.02.25	22.03.45	Riola

OZ.	Zuname u.Vorname	Komp	geb.am:	gef.am:	Todesort bzw.Grablageort
527.	Rademacher, Karl	13.	31.01.18	26.09.44	Monte Rosso
528.	Ramond, Willi	4.	08.08.18	04.06.44	
529.	Rapp, Hans	7.	21.07.23	18.02.44	Pomezia
530.	Rappenecker, Alfred	3.	24.09.23	15.07.44	Futa-Pass
531.	Rappersberger,	2.	25.01.24	05.02.44	Pomezia
532.	Rauchhans, Horst	9.	30.07.21	16.05.44	Pomezia
533.	Rauschmeiser, Jakob	2.	26.09.23	20.05.44	Pomezia
534.	Rees, Ludwig	1.	05.07.22	30.01.44	Castel Porziano
535.	Reesing, Hans	1.	19.12.24	18.09.44	Höhe 840
536.	Reinhold, Erich	10.	27.03.24	01.04.44	Pomezia
537.	Reitmeyer, Franz	3.	28.10.18	11.02.44	Castel Porziano
538.	Retzer, Fritz	7.	29.07.22	02.03.45	Faenza
539.	Retzlik, Heinrich	11.	23.03.18	31.03.44	Castel Porziano
540.	Ribarich, Hans	10.	14.07.24	21.08.44	Careggi/Florenz
541.	Riederer, Josef	10.	28.10.19	01.04.44	Pomezia
542.	Rietdorf, Gerhard	1.	19.06.22	26.06.44	Siena
543.	Ringer, Franz	5.	14.06.20	09.02.44	Pomezia
544.	Ritsche, Heinrich	4.	06.08.23	05.06.44	
545.	Rochling, Hans	7.	27.05.23	16.02.44	Pomezia
546.	Rösch, Jakob	12.	03.10.23	01.04.44	Pomezia
547.	Rohrmeyer, Alois	I.	03.07.23	11.02.44	Castel Porziano
548.	Ronzahl, Franz	3.	01.10.21	08.03.44	Pomezia
549.	Rosenkranz, Kurt	7.	23.11.20	25.09.44	Florenz
550.	Roski, Horst	3.	17.01.22	01.03.44	Pomezia
551.	Roth, Johann	3.	07.06.25	10.02.44	Pomezia
552.	Rothe,	2.		28.05.44	
553.	Rothenberger, Robert	Stab	09.10.19	19.07.44	Barberino
554.	Rücker, Robert	II.	07.08.15	28.02.44	Pomezia
556.	Rüger, Kurt	10.	23.02.22	08.06.44	Pomezia
557.	Rühlemann, Heinz	5.	15.06.25	06.01.45	Brento
558.	Ruhs, Karl	7.	06.05.17	19.06.44	Orvieto
559.	Rumpella, Wilhelm	6.	29.05.25	02.03.44	Nettuno
560.	Rusbenach, Hans	PiZg	30.07.24	15.02.44	Höhe 80 Aprilia
561.	Objg. Ruth,	2.		23.02.44	

OZ.	Zuname u.Vorname	Komp	geb.am:	gef.am:	Todesort bzw.Grablageort
562.	Ruther, Johannes	1.	14.09.24	22.02.44	Pomezia
563.	Ruthmann, Günter	14.	03.09.21	09.09.43	Pomezia
564.	Ryschawy, Ernst	6.	03.02.24	16.02.44	Moletta
565.	Sachs, Herbert	7.	13.03.25	19.06.44	Pomezia
566.	Sackmann, Gustav	5.	16.05.18	16.02.44	Aprilia
567.	Sandmann, Walter	9.	16.05.22	31.05.44	Pomezia
568.	Sauter, Hermann	1.	02.05.20	17.02.44	Pomezia
569.	Seeberger, Erwin	11.	28.11.20	01.05.44	Pomezia
570.	Seeger, Horst-Günter	3.	12.11.23	28.02.44	Pomezia
571.	Segelke, Heinrich	12.	16.08.25	13.10.44	La Tomba
572.	Sequalini, Wolfgang	11.	28.11.24	17.04.44	Pomezia
573.	Serocka, Karl-Heinz	6.	25.09.19	03.06.44	Rom
574.	Servatius, Fritz	11.	18.03.25	30.05.44	Pomezia
575.	Siebert, Alfons	14.	13.02.22	16.09.44	Monte Calvi
576.	Siegelhofer, Josef	13.	11.03.22	23.09.44	Belverdern
577.	Simm, Fridolin	Stab	09.01.24	02.03.44	Pomezia
578.	Singer, Erich	9.	30.03.26	25.03.44	Pomezia
579.	Sittig, Alfred	7.	06.04.22	02.10.44	Fradusto
580.	Sittig, Karl	3.	06.05.22	28.02.44	Pomezia
581.	Slotta, Reinhard	2.	18.06.23	09.02.44	Castel Porziano
582.	Smyra, Fritz	5.	28.03.45	14.03.45	Riolo
583.	Sombatzki, Franz	13.	26.10.23	05.10.44	Fkt.427-Foggiale
584.	Sommer, Friedrich	7.	09.03.21	18.02.44	Pomezia
585.	Sommermeier, Wilhelm	Stab	11.02.18	16.02.44	La Castelpeolo
586.	Sossna, Hermann	10.	28.04.24	17.09.44	Paldibeco
587.	Souvageol, Walter	6.	18.02.24	18.02.44	Moletta
588.	Spaas, Johann	11.	03.11.22	30.04.44	Pomezia
589.	Spielvogel, Karl	12.	26.05.22	19.05.44	Pomezia
590.	Subke, Horst	13.	10.07.23	06.03.44	Aprilia
591.	Szameitat, Albert	7.	31.03.00	17.03.45	Riolo
592.	Szynkiewitz, Heinrich	7.	05.08.25	17.06.44	Orvieto
593.	Schade, Willi	6.	27.12.25	31.05.44	Artena
594.	Schäfer, Josef	3.	03.09.24	10.02.44	Castel Porziano
595.	Schäfer, Theodor	?	07.01.21	30.01.44	Pomezia

OZ	Zuname u. Vorname	Komp.	geb. am:	gef. am:	Todesort bzw. Grablageort
596.	Schaffarzik, Gerhard	1.	03.12.18	04.02.44	Castel Porziano
597.	Schaid, Josef	6.	25.04.19	23.02.44	Moletta
598.	Scheler, Fritz	2.	16.03.21	23.02.44	Pomezia
599.	Schember, Hermann	9.	05.03.23	04.05.44	Pomezia
600.	Schlenther, Daniel	7.	06.05.18	18.02.44	Moletta
601.	Schlesinger, Johann	9.	18.11.26	20.04.44	Pomezia
602.	Schlitz, Josef	8.	14.09.19	15.02.45	Casanova-unbek.
603.	Schmelter, Franz	14.	08.09.20	09.02.44	Aprilia
604.	Schmelzer, Otto	12.	27.12.05	26.09.44	Pietramala
605.	Schmidt, Georg	9.	24.06.15	23.07.44	Strada unbekannt
606.	Schmidt, Heinz	6.	06.02.21	04.03.44	Nettuno
607.	Schmidt, Helmut	6.	13.06.23	01.06.44	Artena
608.	Schmidt, Helmut	Stab	26.01.24	08.02.44	Aprilia
609.	Schmidt, Kurt	3.	11.12.22	06.04.44	Pomezia
610.	Schmidt, Werner	1.	17.09.26	14.09.44	Italien
611.	Schmidt, Willi	2.	20.12.19	29.01.44	Pomezia
612.	Schmitt, Friedrich	4.	13.09.22	31.05.44	Italien
613.	Schmitz, Friedrich	9.	26.06.18	01.06.44	ungeborgen
614.	Schmücker, Alois	1.	13.12.23	31.01.44	Castel Porziano
615.	Schnarkowski, Paul	4.	22.02.26	19.09.44	Monte Alto
616.	Schneider, Arnold	10.	24.09.26	03.04.44	Pomezia
617.	Schneider, Heinrich	7.	24.10.22	18.02.44	Moletta
618.	Schneider, Willi	3.	22.01.23	09.02.44	Castel Porziano
619.	Schoendure, Gerhard	14.	25.07.20	16.09.44	Monte Calvi
620.	Schoenhardt, Karl		10.10.21	18.02.44	Moletta
621.	Schreiber, Horst	9.	04.12.26	15.10.44	La Tomba
622.	Schreiber, Jakob	4.	28.11.25	04.06.44	Civita-Castellana
623.	Schröder, Günter	12.	25.05.22	22.03.44	Pomezia
624.	Schümann, Hans-J.	2.	04.03.17	28.05.44	Pomezia
625.	Schumacher, Hermann	5.	28.09.25	09.02.44	Pomezia
626.	Schmann, Gerhard	10.	18.02.22	30.06.44	Pomezia
627.	Schulz, Heinrich	14.	04.12.25	29.05.44	Pomezia
628.	Schulze, Walter	1.	24.05.22	19.07.44	Trespiano
629.	Schuster, Leopold	Stab	19.02.22	10.06.44	Pomezia
630.	Schutty, Georg	3.	16.01.21	04.03.44	Pomezia

OZ.	Zuname u.Vorname	Komp	geb.am:	gef.am:	Todesort bzw.Grablageort
631.	Schwalke, Herbert	9.	12.04.20	23.07.44	Strada unbekannt
632.	Schwarz, Herbert	12.	26.03.24	01.06.44	Pomezia
633.	Schwarz, Josef	1.	26.06.19	01.02.44	Pomezia
634.	Schwarzpaul, Heinz	7.	03.04.	23.02.44	Nettuno
635.	Schwille, Hermann	11.	12.03.25	04.09.44	Monterotondo
636.	Schwinn, Josef	13.	03.01.22	10.03.44	Pomezia
637.	Stadler, Karl	Stab	29.06.18	16.02.44	Castelpeolo
638.	Stadler, Xaver	13.	15.12.19	.02.45	
639.	Stadtmüller, Werner	II.	02.10.24	09.03.44	Pomezia
640.	Staffel, Adolf	10.	31.01.26	21.07.44	Barberino-Tresp.
641.	Stelte, Winfried	ErsBt	09.01.26	11.02.45	Soare Verona
642.	Stempfer, Max	7.	02.05.25	18.02.44	Moletta
643.	Stephan, Otto	12.	31.05.21	02.10.44	Monghidoro
644.	Stiebing, Ewald	7.	25.04.20	18.02.44	Moletta
645.	Stiess, Fritz	7.	25.04.20	18.02.44	Moletta
646.	Stiller, Kurt	14.	06.12.19	29.05.44	Pomezia
647.	Stoetzel, Helmut	2.	09.08.23	28.05.44	Pomezia
648.	Störringer, Karl	5.	24.05.23	19.09.44	Monte Calvi
649.	Stohr, Michael	1.	14.02.23	31.01.44	Castel Porziano
650.	Stollberg, Heinz	3.	27.02.21	31.01.44	Bergal/Kelzra
651.	Strauch, Fritz	8.	08.04.26	28.02.44	Nettuno
652.	Strauss, Johannes	10.	18.01.22	12.09.44	Gagliano
653.	Striewer, Wilhelm	6.	29.01.24	16.02.44	Moletta
654.	Strohmann, Wilhelm	3.	23.12.19	26.09.44	Pianoro
655.	Taeger, Karl-Heinz	15.	27.11.22	10.09.44	Panna
656.	Tafertshofer, Karl	11.	25.07.22	03.04.44	Pomezia
657.	Tandin, Gert	13.	18.09.25	.04.45	
658.	Taubert, Alfred	II.	05.05.22	18.04.44	Pomezia
659.	Teitge, Walter	I.	01.11.12	16.02.44	Pomezia
660.	Telge, Artur	3.	25.02.23	28.02.44	Pomezia
661.	Terwissen, Fritz	10.	09.02.24	02.10.44	Monghidoro
662.	Tewes, Hinrich	1.	30.09.22	16.09.44	Monte Calvi

OZ.	Zuname u. Vorname	Komp	geb. am:	gef. am:	Todesort bzw. Grablageort
663.	Thamer, Paul	1.	08.03.26	15.09.44	Monte Calvi
664.	Therbille, Heinz	11.	11.12.22	08.06.44	Pomezia
665.	Therwalt, Werner	13.	19.09.24	05.02.44	Campo Jemini
666.	Thiel, Egon	13.	22.05.19	19.02.44	Pomezia
667.	Thiel, Helmut	4.	01.02.25	06.06.44	
668.	Thielbörger, K-Heinz	11.	27.02.26	28.05.44	Castel Porziano
669.	Thiermann, Werner	14.	28.11.19	25.05.44	Pomezia
670.	Thomas, Joachim	10.	16.07.21	03.06.44	
671.	Thomas, Werner	5.	26.05.16	23.02.44	Pomezia
672.	Thomitzeck, Erwin	2.	20.04.20	04.07.44	
673.	Till, Helmut	3.	16.03.21	30.06.44	Pomezia
674.	Topp, Kurt	12.	01.10.20	19.07.44	Barberino
675.	Tortilovins, Harry	1.	21.05.21	27.02.44	Pomezia
676.	Treiber, Peter	14.	25.10.16	22.02.44	Pomezia
677.	Trenssner, Max	14.	10.05.20	30.01.44	Castel Porziano
678.	Trizz, Max	8.		16.02.44	Moletta
679.	Tuisi,	7.		16.02.44	
680.	Ursel, Georg	10.	11.12.25	30.07.44	Forlace
681.	Veleta, Josef	14.	07.06.14	11.01.45	Monte Adone
682.	Viehbauer, Albin	7.	12.08.23	23.02.44	Pomezia
683.	Vogel, Arthur	3.	22.08.22	24.08.44	San Lorenze
684.	Vogl, Franz	11.	22.05.23	17.04.44	Pomezia
685.	Voigt, Franz	11.	01.04.25	11.08.44	Florenz
686.	Voss, Willi	13.	09.02.23	09.09.43	Pomezia
687.	Wächter, Friedrich	11.	28.03.19	01.07.44	Höhe 235 v. Cuna
688.	Wagenführer, Ernst	1.	20.06.13	15.09.44	Monte Calvi
689.	Wagner, Gerhard	16.	24.05.15	27.03.45	verm. Comacchio-See
690.	Wagner, Herbert	10.		27.06.44	
691.	Wallner, Rudolf	5.	20.04.25	29.02.44	Pomezia
692.	Walter, Richard	14.	16.02.25	30.07.44	St. Andrea
693.	Wasbisch, Erich	15.	30.03.11	15.10.44	Vallasole
694.	Wasemann, Franz	4.	22.12.24	31.05.44	bei Campoleone

lfd. Nr.	Zuname u.Vorname	Komp	geb.am:	gef.am:	Todesort bzw.Grablageort
695.	Weber, Helmut	1.	20.05.23	31.05.44	Pomezia
696.	Weber, Hermann	11.	03.04.25	25.05.44	Castel Porziano
697.	Weber, Karl	11.	07.08.20	28.06.44	Siena
698.	Weber, Karl-Heinz	1.	08.04.26	28.05.44	
699.	Wedler, Walter	4.	15.09.21	31.05.44	Pomezia
700.	Weestefeld, Johannes	1.	25.03.23	18.02.44	Höhe 72
701.	Wehner, Thomas	15.	03.08.21	09.09.43	Monterotondo
702.	Weigel, Ernst	1.	16.05.21	28.05.44	
703.	Weiland, Aloys	5.	29.08.18	04.03.44	Pomezia
704.	Weingärtner, Heinrich	12.	11.11.22	14.10.44	La Tomba
705.	Weinreich, Fritz	3.	28.10.24	28.02.44	Alleierschlucht
706.	Weise, Hans-Joachim	10.	03.09.20	17.07.44	Trespiano / Flor.
707.	Weise, Harry	Stab	06.06.25	14.09.44	Panna
708.	Weise, Rudi	3.	07.07.21	27.02.44	Pomezia
709.	Weiss, Richard	9.	10.01.13	23.07.44	Strada
710.	Weissbach, Gerhard	10.	26.11.22	17.05.44	Castel Porziano
711.	Weller, Hans-A.	6.	20.02.22	23.02.44	Moletta
712.	Weller, Walter	10.	02.07.16	27.06.44	
713.	Wenzel, Walter	III.	28.09.21	22.04.44	Pomezia
714.	Werban, Johann	Stab	18.07.23	10.02.44	Castel Porziano
715.	Werner, Richard	6.	08.03.23	18.02.44	Moletta
716.	Wesselowski, Heinz	11.	24.02.24	17.07.44	H. 132, Poggibonsi
717.	Wetzstein, Albert	13.	05.10.21	17.10.44	Palazzo Rossi
718.	Wiche,	1.		30.01.44	Castel Porziano
719.	Wiendl, Johann	1.	17.06.21	30.01.44	Castel Porziano
720.	Wiesner, Josef	2.	02.05.19	10.02.44	Castel Porziano
721.	Wilhoff, Alfred	3.	13.11.21	18.09.44	Monte Linari
722.	Willicke, Lothar	6.	28.07.23	18.02.44	Moletta
723.	Willimzik, Heinrich	4.	27.09.19	17.09.44	Riarficcia
724.	Windisch, Alfred	7.	25.03.21	04.01.45	Futa-Pass
725.	Winzen, Heinrich	Stab	27.11.24	29.02.44	Pomezia
726.	Winzer, Hans	3.	03.04.23	13.09.44	
727.	Wipplinger, Josef	3.	12.05.15	30.05.44	
728.	Wischkony, Gerhard	Stab	02.11.23	02.06.44	Pomezia
729.	Wissner, Rudi	6.	20.11.18	29.11.44	Brento
730.	Witon, Wazlaus	6.	25.03.24	24.02.44	Pomezia

OZ.	Zuname u. Vorname	Komp	geb. am:	gef. am:	Todesort bzw. Grablageort
731.	Witt, Willi	3.	28.11.19	30.06.44	Vascovodo
732.	Wittig, Erich	14.	29.05.21	30.01.44	Pomezia
733.	Wloka, Heinz-Joachim		05.11.20	30.01.44	Castel Porziano
734.	Wohlrab, Erwin	7.	18.08.18	22.02.44	Pomezia
735.	Wolf, Heinrich	2.	26.02.20	28.05.44	Lazzaria
736.	Wolf, Otto	14.	03.01.23	11.09.44	Castellana
737.	Wolff, Willi	3.	27.01.24	01.03.44	
738.	Wolter, Erich	3.	01.07.05	23.09.44	Monte Luazio
739.	Würth, Josef	12.	20.07.24	16.03.44	Pomezia
740.	Wüsthoff, Hans	7.	06.04.26	12.10.44	
741.	Wulf, Hans	2.	06.06.14	17.09.44	Monte Calvi
742.	Xelt, Heinz	6.	08.10.24	16.02.45	Riola
743.	Zander, Hans	14.	09.10.21	10.07.44	
744.	Zech, Georg	7.	25.08.	25.02.44	Raum Nettuno
745.	Zeier, Werner	1.	04.10.21	30.01.44	Pomezia
746.	Zeiringer, Josef	11.	24.12.20	23.07.44	Futa-Pass
747.	Zeisenberger, Max	4.	07.10.23	31.05.44	Pomezia
748.	Zeranski, Heinrich	8.	31.05.26	07.06.44	Monte di Rosi
749.	Zickora, Klaus	9.	03.03.20	07.04.44	Pomezia
750.	Ziegler, Georg	2.	23.01.23	03.02.44	Castel Porziano
751.	Ziehm, Paul	12.	10.06.21	29.05.44	
752.	Zielasko, Hans	9.	09.03.19	15.10.44	
753.	Zimmermann, Karl	9.	23.01.22	15.10.44	
754.	Zimmermann, Kurt	10.	15.03.25	02.07.44	Siena
755.	Zinnagel, Karl	9.	16.07.22	01.06.44	
756.	Zörkler, Franz	2.	02.05.24	31.05.44	
757.	Zuechner, Walter	7.	12.11.25	18.02.44	Nettuno
758.	Zuranske, Hermann	8.	31.08.26	07.06.44	

Quellenverzeichnis

Götzel, Hermann : "Generaloberst Kurt Student und seine Fallschirmjäger"
Podzun-Pallas-Verlag, Friedberg 3. 1980

Busch, Erich : "Die Fallschirmjäger Chronik"
Podzun-Pallas-Verlag, Friedberg 3. 1983

Staiger, Jörg : "Anzio-Nettuno"
Kurt Vowinkel Verlag, Neckargemünd. 1962

Vaughan-Thomas,: "Anzio"
Wynford   Longmans, Green and Co Ltd, London. 1961

Trevelyan, Raleigh : "ROME ´44"
Secker & Warburg, London. 1981

Whiting, Charles : "Hunters from the Sky"
Stein and Day/Publishers
BriarcliffManor, N.Y. 10510. 1974

- "Anzio Beachhead" American Forces in Action Series, Historical Division, Department of the Army. 1947

- "Monterotondo" Gefechtsbericht des II. Bataillons / Fallschirmjägerregiment 6 vom 15. 9. 1943

- "Landekopf Nettuno"
Gefechtsbericht des Fallschirmjagerregiment 11 vom 22. 4. 1944

Dietrich Brehde
Jahrgang 1913, Baltendeutscher. Humanistisches Gymnasium. Wehrpflicht in der estnischen Armee bei der Kavallerie. Höhere Landbauschule in Elbing/Westpreußen. 1939 Kriegsfreiwilliger. 1940 Offizierslehrgang in Potsdam, anschließend Versetzung als Feldwebel- Offiziersanwärter zum Luftlande-Sturmregiment. Zugführer, Kompaniechef, Bataillonskommandeur.
1956 Eintritt in die Bundeswehr. Luftlandeschule, Luftlandedivision. 1969 als Oberstleutnant in den Ruhestand getreten.

wohnhaft in 8735 Oerlenbach / Rothschlag 8